E. Klessmann / H. Eibach

Wo die Seele wohnt

Das imaginäre Haus als Spiegel menschlicher Erfahrungen und Entwicklungen

Edda Klessmann und Hannelore Eibach

Wo die Seele wohnt

Das imaginäre Haus als Spiegel menschlicher Erfahrungen und Entwicklungen

Verlag Hans Huber
Bern · Göttingen · Toronto · Seattle

Die Autorinnen und der Verlag danken
der Firma Farmitalia Carlo Erba GmbH
und der Firma Lilly für ihre Unterstützung.
Erst dank dieser Hilfe wurde die Drucklegung
dieses Werkes möglich.

Die Deutsche Bibliothek – CIP-Einheitsaufnahme

Klessmann, Edda:
Wo die Seele wohnt : das imaginäre Haus als Spiegel
menschlicher Erfahrungen und Entwicklungen /
Edda Klessmann und Hannelore Eibach. – 1. Aufl. –
Bern ; Göttingen ; Toronto ; Seattle : Huber, 1993
ISBN 3-456-82357-6
NE: Eibach, Hannelore:

1. Auflage 1993

Druck: Hubert & Co., Göttingen
Printed in Germany

Inhalt

Einleitung 9

1. Das Motiv des Hauses in unterschiedlichen Lebensphasen: Haus-Bilder von Kindern und Jugendlichen 15

1.1 Häuserbilder in der Kindheit
- 1.1.1 Das Haus als Ausdruck einer beginnenden Selbstrepräsentanz 15
- 1.1.2 Gibt es männliche und weibliche Häuser bei Kindern? 18
- 1.1.3 Wann und wie können Kinder-Häuser eine (innere) Lösung vom Elternhaus anzeigen? 20
- 1.1.4 Das Haus-Motiv bei psychischen und psychosomatischen Leiden 24
- 1.1.5 Das Hausmotiv bei sterbenden (leukämiekranken) Kindern (H. Eibach) 26
- 1.1.6 Das Hausmotiv bei familiären Belastungen 31
- 1.1.7 Unterscheiden sich Kinder-Häuser von Erwachsenen-Häusern? 33
- 1.1.8 Können Kinder ihre Zukunftserwartungen in Haus-Darstellungen projizieren? 35

1.2 Das Motiv des Hauses in der Adoleszenz 45
- 1.2.1 Häuser-Bilder der frühen und mittleren Adoleszenz 46
- 1.2.2 Häuser-Bilder der späten Adoleszenz 51

2. Das Motiv des Hauses in unterschiedlichen Lebensphasen: Haus-Bilder von Erwachsenen 63

2.1 Das Motiv des Hauses im mittleren Lebensalter 63
2.2 Das Motiv des Hauses im höheren Lebensalter 77

3. Das Haus-Motiv in Schwellen- und Grenzsituationen 83

3.1 Das Haus-Bild bei Familiengründungen (Klessmann/Eibach) 83
3.2 Das Haus-Bild bei Trennungen (Eibach/Klessmann) 92
3.3 Das Haus-Bild bei schweren Krankheiten, Behinderungen und Tod (Eibach) 97
3.4 Das Haus-Bild bei «Unbehausten» (Eibach) 107

4. Das Haus-Motiv als psychotherapeutischer Wegweiser 113

4.1 Das Haus in Träumen 113
4.2 Das Haus im Katathymen Bilderleben 118
4.3 Das Haus in Tanz und Imagination (Eibach) 126
4.4 Das Haus in der funktionellen Entspannung (Krietsch) 132
4.5 Das Haus in der Kunsttherapie (v. Spreti) 135

5. Zusammenfassung der unterschiedlichen Haus-Aspekte 140

5.1 Das äußere Haus-Bild und seine Umgebung 140
5.2 Das innere Haus-Bild 150

Die Autorinnen 161

Nachwort und Danksagung 163

Literaturverzeichnis 165

Verzeichnis der Bilder 169

Sachregister 173

Verschlossen ist des Hauses Sinn,
Viel dunkle Bilder sind darin,
willst du den Zugang finden,
dann mußt du sie ergründen.

Verschlüsselt ist ein jedes Bild,
Doch stumme Diener sind gewillt,
kannst du den Riegel brechen,
die Worte dir zu sprechen.

Vieldeutig aber ist das Wort,
es gilt nicht gleich an jedem Ort.
Hörst du den Spruch in rechtem Sinn,
bist du schon tief im Hause drin.

Inschrift an der Villa dei Sogni, Avane

Denn das Haus ist unser Winkel.
Es ist – man hat es oft gesagt –
unser erstes All.

G. Bachelard

Einleitung

Ist es nicht vermessen, ein Buch über «imaginäre Häuser» zu schreiben, über Häuser, die es in Wirklichkeit nicht gibt? Aber das Buch ist mit vielen Haus-Bildern ausgestattet – also gibt es diese Häuser doch? Wir wollten ergründen, wie «wirklich» diese Wirklichkeiten (Watzlawick, 1) eigentlich sind, wie real Erinnerungen und gegenwärtige Geschehnisse, Ängste und Hoffnungen sich in imaginären Häusern konkretisieren können. Und es hat uns weiter beschäftigt, ob sich solche, nur aus der menschlichen Einbildungskraft gebaute Häuser als Stationen am Weg erweisen, in denen man Zuflucht oder Aus-Wege suchen kann: Wohnstätten, die sich als vorübergehende Herbergen, vielleicht aber auch als eine endgültige Bleibe anbieten.

Unsere Häuser beziehen sich vor allem auf *psychotherapeutische Wegstationen.* Es ist uns aber wichtig, darauf hinzuweisen, daß sich – wie auch immer gestaltete – imaginäre Behausungen ja nicht nur im Intimraum psychotherapeutischer Begegnungen entfalten. Es gibt sie fast überall: sie finden sich als Ideogramme und Metaphern in der Literatur, als Sinn-Bilder in der darstellenden Kunst, als Gleichnisse in den Religionen, aber auch als Symbolträger von Ideen in Politik und Gesellschaft. Ehe wir uns mit unserem eigentlichen Gebiet, den eher mikrokosmischen, innerseelischen Behausungen beschäftigen, möchten wir daher den Blick durch einige makrokosmische Ausblicke auf das «Welten-Haus» (Grotjahn, 2) erweitern.

Benedetti und Rauchfleisch (3) beziehen sich in ihren Reflexionen über «die Welt der Symbole» nicht auf das Haus. Aber wir meinen, es können auch «Häuser» anstelle des Wortes «Symbole» in der folgenden Aussage eingesetzt werden: «Es scheint uns, daß wir heute in einer Zeit leben, wo alte gemeinschaftsbindende Symbole sowohl in religiöser wie in politischer Sicht ihre soziale Macht verlieren... Vielleicht waren wir noch nie in unserer Geschichte so nahe an einer totalen Erschütterung, die uns empfänglich macht für die Wahrnehmungen des Unbewußten.» Die Autoren erhoffen sich aus dieser Betroffenheit «eine progressive Dimension des Symbols zu erschließen, damit wir besser... der Gefahr des Realen gewachsen sind».

Liegt es nicht nahe, daß sich beispielsweise aus der eben genannten Gefahr auch die Vision eines symbolischen «gemeinsamen europäischen Hauses», wie sie Gorbatschow (4) und andere beschworen, entwickelt hat? In der Tat scheint kaum ein anderes Bild am Ende unseres Jahrhunderts eine so starke historische Relevanz erhalten zu haben, die noch kurze Zeit vorher niemand für möglich gehalten hätte. Und es stellt sich die Frage, ob hier – zumindest zeitweise – eine über das Zufällige hinausgehende Entsprechung bestand zwischen der Wortwendung und einer politisch-gesellschaftlich als «Wende» apostrophierten Veränderung. Warum konnte gerade das Bild des gemeinsamen Hauses eine solche Aktualisierung erfahren, daß Menschen fähig waren, diese Vorstellung über scheinbar unüberwindliche Mauern hinweg wahrzunehmen? Der Angstpegel einer apokalyptischen Endzeitvision – so scheint es – mußte wohl erst eine vorstellbare Konkretisierung und Größenordnung erreichen, um das rettende Gegenbild des gemeinsamen Hauses zu erkennen, unter dessen Dach wir alle Schutz finden könnten.

Konkret meinte Perger (5) seinerzeit dazu: «Das Haus und seine Bewohner, ein Plan, ein Traum, eine Vision, ein Bild auch mit zahllosen Möglichkeiten, das sich in unserem Denken einnistet und die Phantasie beflügelt. Politik, anschaulich gemacht... So ist das europäische Haus fürwahr das spannendste Projekt unserer Tage, ein Terrain mit vielen Baustellen und langen Zeiträumen.»

Und doch: Haben wir vergessen, daß es ein viel älteres, transzendentales, trost- und schutzbietendes Haus gibt (oder gab)? In der Bibel ist es im zweiten Korintherbrief in die Worte gefaßt: «Denn wir wissen, wenn unser irdisches Haus, diese Hütte, abgebrochen wird, so haben wir einen Bau, von Gott erbaut, ein Haus, nicht mit Händen gemacht, das ewig ist im Himmel». Aber das selbst entworfene «europäische Haus» scheint manchen realistischer, machbarer, obwohl es doch auch nur ein metaphorischer Begriff ist.

Ein anderes biblisches Haus hingegen, dessen mystische Kraft bis heute lebendig blieb (vielleicht, weil es von Menschenhand erbaut wurde?), ist Noahs Arche (6),[1] die das Überleben der Menschheit und der Tiere in einem «anthropokosmischen Drama» (Bachelard) schon einmal ermöglichte. Es gibt psychiatrische Einrichtungen, Übergangswohnheime, die sich «Arche» nennen, um nur ein Beispiel zu erwähnen. Es gibt aber auch individuelle Zeugnisse von der nach wie vor bestehenden Aktualität dieser Vision. Bachelard (9) berichtet von einem Arche-Bild, das er höchst persönlich entworfen hat: Wenn er vom nächtlichen Pariser Stadtlärm gepeinigt wird und nicht schlafen kann, so findet er «Beruhigung, indem (er) den Straßenlärm als Metaphorik des Ozeans ... als rauschendes Meer» umdeutet. «Mein Diwan ist dann ein auf den Fluten verlorenes Boot, jenes gräßliche Pfeifen ist der Wind in den Segeln ... und um mich zu trösten, spreche ich zu mir: Siehe, dein Fahrzeug bleibt fest, du bist in Sicherheit in deinem steinernen Schiff. Schlafe trotz des Sturmes. Schlafe im Sturm ... Und ich schlafe ein, gewiegt vom Pariser Stadtlärm.» In der nächtlichen Wachtraumphantasie des schlafgestörten Poeten verdichtet sich so das arche-ähnliche Haus-Boot als Hort individueller Geborgenheit gegenüber der apersonalen Beunruhigung, der Bedrohung durch die Außenwelt.

Aber Bachelard geht noch weiter. Das Haus kann in einem kosmischen Drama nicht nur Schutz gewähren, es kann sich zu einem anthropomorphisierten Wesen entwickeln, einem «Wesen reiner Menschlichkeit». Bachelard zitiert den von ihm als «großen Häuser-Träumer» bezeichneten Schriftsteller Henri Bosco mit seiner Erzählung «Malicroix» (10). Darin gerät ein Haus in den Mittelpunkt eines Zyklons. Wir erwähnen die Erzählung von Bosco mit der dazugehörigen Kommentierung durch Bachelard, weil hier die breite und gleichzeitig tiefe Symbolik des Hauses besonders deutlich wird. Neben den von Bachelard hervorgehobenen heroischen, d.h. eher männlichen Aspekten (er vergleicht das Haus mit dem Widerstand des Menschen, der «Résistance») wird von Bosco vor allem die weiblich bergende Mütterlichkeit betont (... «für einen Augenblick spürte ich seinen – des Hauses – Geruch mütterlich bis in mein Herz hinabsteigen ...»). In solchen, von intimer Menschlichkeit bis zu metaphysischer Abstraktion reichenden Vergleichen kann sich das Haus über die konkrete Aufgabe eines Wohnraumes hinaus als imaginärer Raum für menschliche Ängste und Wünsche, zugleich auch als Spiegel individueller und kollektiver seelischer Erfahrungen erweisen.

Es dürfte nach dem bisher Ausgeführten nicht überraschen, daß *C. G. Jung* (11) durch einen Haus-Traum zum ersten Mal auf den Begriff des «kollektiven Unbewußten» stieß, wie er schreibt. «In den verschiedenen Ebenen dieses Traum-Hauses – je tiefer ich kam, desto dunkler und fremder wurde es –», stellte sich ihm «etwas wie ein Strukturdiagramm der menschlichen Seele dar, eine Voraussetzung durchaus unpersönlicher Natur. Der Traum ... gab mir eine erste Ahnung eines kollektiven a priori der persönlichen Psyche, (über) die Funktionsweise ... der Archetypen». Das Haus symbolisierte – wie er es auch ausdrückte – «in seinen verschiedenen Ebenen unterschiedliche Bewußtseinszustände: Das Bewußtsein war durch den Wohnraum charakterisiert ... Die prähistorische Höhle in der Tiefe (stellte) verflossene Zeiten und überlebte Bewußtseinsstufen» dar.

Auch *Freud* (12) hat die Symbolik des Hauses für seine psychoanalytischen Vorstellungen angewandt: «Der analytische Prozeß zielt nicht darauf, dem Ich zur endgültigen Herrschaft in seinem Haus zu verhelfen ... Eher scheint der analytische Prozeß darauf hinauszulaufen, daß das Ich sich mit den anderen Bewohnern dieses Hauses vertraut mache (gemeint sind das «Es» und das «Über-Ich») und nicht alles darauf setze, sie zu vertreiben ...»

1 Genau das Gegenteil eines im Gottglauben gründenden Hauses der Geborgenheit drückt sich im «Turmbau zu Babel» aus. Hier strebt der Mensch nach unabhängiger Ebenbürtigkeit mit dem Allmächtigen (7). Dürrenmatt (8) hat ein Theaterstück zu dem megalomanen Ur-Drama schreiben wollen, das jedoch – wie beim Turm zu Babel – in einem Fiasko endete.

Und in einem Brief an Binswanger schreibt er: «Ich habe mich immer nur im Parterre und Souterrain des Gebäudes aufgehalten. – Sie behaupten, wenn man den Gesichtspunkt wechselt, sieht man auch ein oberes Stockwerk, in dem so distinguierte Gäste wie Religion, Kunst und anderes hausen... Hätte ich noch ein Arbeitsleben vor mir, so getraute ich mich, auch jenen Hochgeborenen eine Wohnstatt in meinem niedrigen Häuschen anzuweisen.» Im übrigen sah Freud (ähnlich wie Jung) die Kelleretage, eben das «Souterrain», als Ort des Unbewußten an (bei ihm allerdings, im Gegensatz zu Jung, auf das persönliche, «verdrängte», Material beschränkt).

Tiefenpsychologische Erfahrungen zeigen, daß sich das Bild eines Hauses in unterschiedlichen Therapieformen und -phasen häufig spontan einstellt und dann geradezu eine Schlüsselstellung im Therapieprozeß einnehmen kann. Die besondere Affinität zum Haus-Motiv überrascht vielleicht insofern weniger, als das Haus ja eine ausschließlich von Menschen geschaffene Einrichtung ist – im Gegensatz etwa zu bereits vorhandenen, natürlichen Zufluchtsstätten (Höhlen, Wälder u. ä.).[2] So scheint es auch «natürlich», daß sich der Mensch in Phantasievorstellungen, Träumen, Bildern, Gedichten, Romanen seine Wunsch-Häuser, Erinnerungs-Häuser, Rückzugs-Häuser u. a. m. schafft. Er kann dabei unterschiedliche Räume bevorzugen: Der eine wird sich in der großen Diele des Erdgeschosses, ein anderer in der Intimität eines winzigen Dachstübchens zu Hause fühlen. Ein dritter kann nur draußen auf der Terrasse bleiben und ein vierter mauert sich ein. Viele werden die Räume wechseln; sie werden sie nicht immer als die eigenen erleben. Und sie werden sich vielleicht auf den mühevollen Weg machen, ein Haus für sich selbst zu finden. Dabei werden sie auch Unerledigtes finden, denn: «Es sind ja nicht (nur) unsere konkreten Erinnerungen, sondern auch die Vergessenheiten (Freuds verdrängtes Material, d. Verf.) in unseren Seelenwohnungen einquartiert...» (Bachelard).

2 *Boesch (13)* weist darauf hin, daß sich das Haus grundsätzlich von den natürlichen Schutzbereichen durch die Willkür seiner Lokalisation unterscheide: «Wir nehmen gleichsam die Höhle und setzen sie dahin, wo sie uns angenehm oder nützlich ist.» Und: «Sich diese Geborgenheit selbst gewähren, selbst schaffen, selbst gestalten zu können, ist eine Erfahrung höchster funktionaler Potentialität.»

Aber wie kann man in einem Buch über Seelenräume Schwerpunkte setzen; wie lassen sich die unterschiedlichen Perspektiven im imaginären Raum einordnen? Ganz unerwartete Fragen beschäftigen uns.

Ist in der unteren Etage – wie bei einem konkreten Bau – die erste Entwicklungsphase der Kindheit zu erwarten, türmen sich die nächsten Dezennien, Adoleszenz und Erwachsenenzeit, darüber, bis schließlich im Dach die weise Abgeklärtheit des Seniums ihre Charakteristika entfalten kann? Stimmt dieses Bild überhaupt? Sollte man nicht eher auf die einzelnen Räume, auf ihren symbolischen Charakter eingehen, unabhängig davon, in welcher Etage sich beispielsweise die Küche, das Schlafzimmer befinden, vielleicht sogar ein geheimes Zimmer, in das der (die) Träumende nicht einzutreten wagt? Ist dieses Haus ein Haus des eigenen Ichs oder lebt der (die) Betreffende emotional noch im Elternhaus? Gibt es Häuser, die zu bestimmten Konstellationen passen, z.B. zu einer Magersüchtigen und ihrer Familie? Was verbirgt sich in Schränken und Schubladen oder im Keller? Können wir Familien- und Ehe-Häuser erkennen? Ist das Haus nur ein Seelen-Haus; ist es nicht auch ein Symbol unseres Körpererlebens? Und wie sieht es aus, wenn ein Mensch unheilbar krank ist, wenn er beispielweise an Krebs leidet? Wie kann er dann in seinem Körperhaus wohnen?

Ist es möglich, daß sich Häuser nicht nur in Tag- und Nachtträumen, in Bildern und Geschichten manifestieren, sondern daß sie sich auch aus Klängen und im Tanz erbauen lassen? Wie teilen sich unterschiedliche Bedürfnisse nach Nähe und nach Abgrenzung in imaginären Räumen mit? Wo und wie kann man sich stille Nischen schaffen? Und wie erfährt man den unvermuteten Schrecken, wenn das Haus plötzlich grenzenlos wird und mit dem Universum zu verschmelzen droht? Oder wenn es ein Gefängnis wird, gar eine «Hölle», wie sie Piranesi (14) in seinen «imaginären Gefängnissen» zeichnet, als «Abgründe ohne Boden und ohne Ausweg...»? Wie erlebt man andererseits das unerwartete Glück, wenn sich schützende Wände einziehen und allzu beengende verschieben lassen?

Doris Lessing (15) und Marie-Luise Kaschnitz (16) lassen in literarischen Traum-Häusern ihre Leser nicht nur Zukunftsvisionen, sondern auch Reisen in frühes Kindheitserleben wahrnehmen: Gerüche, Farben, Klänge in bestimmten Räumen verdichten sich zu peinigenden oder glückerfüllten Szenen, die teils museal-unpersönlich, irreal und doch auf andere Weise höchst intim und realistisch geschildert werden.

Wie unterschiedlich und individuell menschliche Einbildungs-Kraft ihre Phantasie-Häuser zu gestalten vermag, läßt sich auch in der darstellenden Kunst erkennen: Chagall und Feininger beispielsweise empfingen (zufällig?) im Jahre 1911 die gleichen Anregungen durch den Kubisten Delaunay in Paris; dennoch wurden die kubistischen Inspirationen ganz unterschiedlich ausgestaltet. Chagall wird als «tiefreligiöser, heimatverbundener Mystiker» gekennzeichnet (17). Aber auch Feininger bezeichnet seine Werke als «mystisch-innerliche Konstruktionen» (18). Bei beiden Künstlern klingt überdies die musikalische Sprache, die Feininger von allen Sprachen als die «lebendigste» empfand, in ihren Bildern an. (Bei Chagall braucht man nur an die immer wieder auftauchende Geige erinnert zu werden). Und doch, wie anders gestalteten sie ihre Häuser! Die erdverbundenen, russischen Holzhäuschen des «Schtetl» bei Chagall und die meist hochstrebenden kristallinen Steinwände des in New York geborenen Bauhaus-Malers Feininger: Sie spiegeln nicht nur das Umfeld der Kindheit wieder, sie sagen zugleich Entscheidendes über das Wesen ihrer Bewohner aus.

Die Vielfalt der Häuser der einzelnen Ich-Identitäten ist unerschöpflich. Jeder trägt wohl seine innere Haus-Vorstellung auf irgendeine – meist verborgene – Weise in sich. Wenn im therapeutischen Prozeß die schlummernden Häuser lebendig werden, sich als Repräsentanten des stärker werdenden Icherlebens offenbaren, ist jedes dieser Häuser einmalig (im Gegensatz zu realen Häusern, die man serienweise fertigen kann). Niemand kann sich umgekehrt ein beliebiges Seelenhaus konstruieren, es kann nur aus den ganz besonderen Lebensumständen des Betroffenen erwachsen.

In der psychotherapeutischen Sprechstunde begegnen uns häufig Menschen, die sich, bzw. ihr Haus (noch) nicht gefunden haben: Sie sind nicht «Herr im eigenen Hause». Die Weisheit dieses Sprichwortes ist immer wieder beeindruckend, vor allem auch in der Aufhebung der Negation, wenn der (die) Betreffende beginnt, sein (ihr) Haus doch zu bewohnen. In einem einzigen Spiegelbild ihrer Häuser können sie sich nicht selten besser wahrnehmen als in vielen Gesprächen. Haben sie aber erst einmal die Tür (und den Schlüssel) zu den eigenen Innenräumen entdeckt, dann öffnen sie die Tür oft auch ein zweites Mal (vielleicht sogar weitere Male), weil sie sehen wollen, wie es inzwischen dahinter aussieht, und weil sie wissen wollen, was es noch zu ordnen oder zu verändern gibt.

Wir möchten in diesem Buch vor allem Bilder sprechen lassen, die Worte sollen lediglich den begleitenden und zum Verständnis notwendigen Kontext vermitteln. Denn: «Das Bild hat die Tiefen berührt, bevor es die Oberfläche bewegte...» Und: «Das dichterische Bild steht im Ursprung des Bewußtseins, in ihm lebt die Lösung der Probleme, die für das Denken oft unlösbar sind», um noch einmal Bachelard zu zitieren. Die eingangs gestellte Frage, wie konkret, wie «wirklich» sich die Häuser der Einbildung in einem Selbst-Erkenntnisprozeß auswirken können, möchten wir den Lesern zur Beantwortung selber anheimstellen.

Für Therapeuten, die das Buch zum Nachschlagen, vielleicht auch zur Erweiterung des eigenen Spektrums anwenden möchten, sei hier angemerkt, daß wir für unsere Ausführungen keine spezielle Fachsprache benutzt haben. Wir wählten stattdessen Ausdrücke, für die ein allgemeiner Bekanntheitsgrad vorausgesetzt werden kann. Mit Petersen (19) möchten wir sagen, daß unser Anliegen «nicht so sehr die Definition im nominalistischen Sinn ist, sondern mehr die Phänomenbeschreibung im realistischen Sinn».

Gewisse Schwierigkeiten bereitete uns der «richtige» Gebrauch der Begriffe Symbol, Metapher u.ä., die ja in unserem Buch eine große Rolle spielen. Am liebsten würden wir mit Löffler (20) «spontan und ohne langes Überlegen sagen (wollen)..., daß ein Symbol etwas Gegenständliches, Sichtbares oder Greifbares sei, ein materielles Ding, eine Farbe, eine Handlung, die über sich hinausweist auf etwas Tieferes, Hintergründigeres, das sich anders schwer ausdrücken läßt». Diese allgemeine und übergreifende Definition entspricht jedoch keineswegs einer gängigen Übereinstimmung. Müller-Sternberg (21) konstatiert beispielsweise: «Das Symbol ist niemals bloß eine Metapher, ein eindeutiges, intellektuell festgelegtes Gleichnis, sondern eine geheimnisvolle, vieldeutige Realität.» Und: «Die Vieldeutigkeit des Symbols steht im Gegensatz zur Allegorie, die nur einfache, meist moralisierende Gleichnisse darstellt.» Aber er stellt später auch fest: «Für die anderen, die im Symbol nur ein äußerliches, oft herausfordernd abstruses Zeichen sehen, ist es bloß eine mehr oder weniger deutliche Allegorie.»

Selbst in der engeren psychoanalytischen Theorie (von den divergierenden Interpretationen Freuds und Jungs ganz abgesehen) «finden wir» – so Rauchfleisch (22) – «keine einheitliche Verwendung». Es bestehe «allerdings insofern Einigkeit, als die meisten psychoanalytischen Autoren... das Symbol in die Kategorie der Zeichen einordnen». (Das heißt, Metapher und Symbol werden nicht sonderlich unterschieden).

Wir hielten es für angemessen, das Wort Symbol explizit dann zu gebrauchen, wenn es um tiefreichende, vielschichtige Phänomene ging, es aber auch dort einzusetzen, wo man unseres Erachtens «Metaphorik» und «Symbolik» nicht klar voneinander abgrenzen konnte.

«Es wirkt das Unvollendete im vollendeten Bild, es regt die ihm Begegnenden zu fortwährender Rezeption an, indem es immer neu rezipiert...» Mit dieser, wiederum von Benedetti und Rauchfleisch formulierten Antizipation wünschen wir uns, daß das Buch vielleicht auch bei dem/der einen oder anderen Leser/in eigene Häuser-Impressionen anregen und begleiten möge.

Anmerkungen

1 Watzlawick, P.: Wie wirklich ist die Wirklichkeit, Neuausgabe bei Piper, München, 1978.

2 Grotjahn, F.: Wo Gott wohnt, ist auch der Mensch zu Hause, Radius, 3/90.

3 Benedetti, G. und U. Rauchfleisch (Hrsg.): Einleitung zu «Welt der Symbole». Vandenhoeck und Ruprecht, Göttingen, 1988.

4 Angeblich hat Gorbatschow die Metapher von seinem Vorgänger Breschnew übernommen; auch Adenauer soll sie schon angewandt haben. Die Zeit war aber offenbar weder bei dem einen noch bei dem anderen so empfänglich für die Botschaft, daß diese seinerzeit eine nennenswerte Resonanz fand.

5 Perger, W. A.: «Wände, die stören. Europawahl und europäisches Haus: Ein architektonisches Abenteuer». Sonntagsblatt, 24, 1989.

6 G.Wollschläger (mündliche Mitteilung) weist darauf hin, daß das Wort «Arche» etymologisch nichts anderes als «Kasten» bedeute. Dennoch ist das Bild der Arche in der biblischen Beschreibung (1. Mos. 6, 7) nicht anders, denn als «Haus» zu verstehen: «Mache einen Kasten von Tannenholz... und mache Kammern darin... dreihundert Ellen sei die Länge, fünfzig Ellen sei die Breite und dreißig Ellen die Höhe... ein Fenster sollst du daran machen... die Tür sollst du mitten in eine Seite setzen. Und er soll drei Stockwerke haben.» Später (1. Mos. 8, 13) heißt es auch: «Da tat Noah das Dach von der Arche...» Bedenkt man weiter, daß nicht nur Noah und seine Familie, sondern auch die Tiere vierzig Tage und Nächte darin leben mußten, so läßt sich das wohl nur mit der Vorstellung eines «schwimmenden Hauses» vereinen.

7 1. Mos. 11, 4: «Und sprachen: Wohlauf, laßt uns eine Stadt und einen Turm bauen, dessen Spitze bis an den Himmel reiche, damit wir uns einen Namen machen.»

8 Dürrenmatt, F.: Der Turmbau zu Babel, S. 47, in: Turmbau, Diogenes, Zürich, 1990.
«Ich plante, jeden Akt in einem höheren Stockwerk spielen zu lassen, in einem Turm, der sich dem Himmel entgegenschiebt, die Wolken durchstößt, in die Leere des Alls vordringt, bis die Akteure nur noch in Sauerstoffmasken auftreten... Es sind die letzten Menschen, die mit immer verwegeneren Konstruktionen auf immer halsbrecherischeren Gerüsten weiterbauen, vom Turmbau nicht ablassen, bis sie in tagelangem freien Fall zur Erde zurückstürzen oder in der Pechschwärze des Himmels, ans Gerüst geklammert, in der Glut der Sonne verkochen.»

9 Bachelard, G.: Poetik des Raumes, Hanser-Verlag, München, 1975. Bachelard verstand sein Bild des steinernen Schiffes im Orkan als Antwort auf die Frage: «Wie kann man die kosmische Durchdringung des äußeren Raumes und des Großstadt-Zimmers fördern?» Obwohl er den Vergleich mit der Arche hier nicht explizit erwähnt, darf man es wohl so sehen und Haus und Schiff in ihrer schützenden Funktion als einander entsprechend einsetzen, selbst wenn sie im Hinblick auf das sie umgebende Element (Erde, resp. Wasser) unterschiedlich konstruiert sind.

10 Wörtlich heißt es darin u.a.: «Das Haus kämpfte tapfer... Das bereits menschlich gewordene Wesen, das meinen Körper beschützte, wich nicht vor dem Sturm... In dieser Nacht war es wirklich meine Mutter...»

11 Jung, C. G.: Erinnerungen, Träume und Gedanken. Herausgegeben von Aniela Jaffé, Walter, Olten, 1988.
Jung befand sich, als er den Haus-Traum hatte, zusammen mit Freud auf einer Schiffsreise in die Vereinigten Staaten. Aus seiner Sicht bahnte sich hier – nicht zuletzt unter dem Eindruck dieses Traumes – bereits der spätere Bruch zwischen ihm und Freud an.
Es sollte vielleicht auch erwähnt werden, daß Jung sein Leben lang ein ganz persönliches Haus, seinen «Turm in Bollingen» immer wieder an- und umgebaut hat. Er setzte seinen Haus-Traum sozusagen – zumindest teilweise – in Stein um.

12 Zitiert aus Rutschky, M.: Freud und die Mythen. In: Bohrer, K. H. (Hrsg.): Mythos und Moderne. Suhrkamp, Frankfurt, 1983.

13 Boesch, E.: Kultur und Handlung. Huber, Bern, 1980.

14 Yourcenar, M.: Die imaginären Gefängnisse des Giovanni Battista Piranesi. In: Oesterle, H. (Hrsg.): Traum, Texte und Bilder. Konkursbuchverlag, Tübingen, 1986.

15 Lessing, D.: Die Memoiren einer Überlebenden. Fischer, Frankfurt, 1989.

16 Kaschnitz, M. L.: Das Haus der Kindheit. Fischer, Frankfurt, 1989.

17 Alexander, S.: Marc Chagall. Eine Biographie. Kindler, München, 1984.
Chagalls Weg bewegte sich zwischen den beiden Welten der russisch-ostjüdischen Heimat und der französischen Metropole Paris, einige Jahre gehörten auch die Vereinigten Staaten dazu. Im Gegensatz zu dem eher großbürger-

lich geprägten Feiniger wuchs Chagall in ärmlicher Enge als erstes von neun Kindern «zwischen Synagoge, Ofenbank und Geschäft» in Witebsk auf.

18 Hentzen, A.: Lyonel Feininger, Aquarelle. Piper, München, 1988.
Feininger wurde als Sohn deutscher Eltern in New York geboren und schon früh zum künstlerischen Schaffen angeregt (beide Eltern waren Musiker, der Sohn trat bereits mit 12 Jahren als Geiger in Konzerten auf. Er komponierte auch, u.a. etliche Fugen). Neben dem Haus-Motiv bevorzugte er übrigens auch Schiffe. Er sollte eigentlich Musik studieren, entschloß sich auf dem Weg nach Deutschland aber für ein Kunststudium. Lange war auch er ein Wanderer zwischen zwei Welten (Amerika und Deutschland, kurzfristig gleichfalls Frankreich).

19 Petersen (Hrsg.): Ansätze kunsttherapeutischer Forschung. Springer, Berlin, Heidelberg, 1990.

20 Löffler, H.: Das sprachliche Symbol. In: Benedetti, G. und U. Rauchfleisch (Hrsg.): Welt der Symbole. Vandenhoeck, Göttingen, 1988.

21 Müller-Sternberg, R.: Die Dämonen. Allegorie und Symbol. Schünemann, Bremen, 1964.

22 Rauchfleisch, U.: Die Verwendung des Symbols in der psychoanalytischen Psychotherapie. In: Benedetti, G. und U. Rauchfleisch (Hrsg.): Welt der Symbole. Vandenhoeck, Göttingen, 1988^2.

1. Das Motiv des Hauses in unterschiedlichen Lebensphasen: Haus-Bilder von Kindern und Jugendlichen

1.1 Häuserbilder in der Kindheit

Kinderzeichnung

Du hattest ein Viereck gemalt
darüber ein Dreieck
darauf zwei Striche
mit Rauch – fertig war das Haus

Man glaubt gar nicht
was man alles nicht braucht.

R. Kunze

Als ich ein kleiner Knabe war, wohnte ich in einem alten Haus, und die Sage erzählte, daß darin ein Schatz versteckt sei. Gewiß, es hat ihn nie jemand zu entdecken vermocht, vielleicht hat ihn auch nie jemand gesucht. Aber er verzauberte dieses ganze Hause. Mein Haus barg ein Geheimnis auf dem Grunde seines Herzens...

A. de Saint-Exupéry

In einem autobiographischen Roman (1) beschreibt der Schwede P. C. Jersild seinen Schuleintritt, der die bisherige Kindheit in einem kleinbürgerlichen Stockholmer Reihenhausvorort einschneidend verändert. Jersild gestaltet den Schicksalstag zu einer Parabel über die Begegnung zweier sehr ungleicher Häuser. Das eine steht für seine damalige Ich-Identität: «Ein Turm mit zwei Gucklöchern, durch die man heraussehen, wenn man will, auch hinausgehen kann.» Das andere Haus wird als ein «überwältigender Gebäudekörper» charakterisiert. Der kontrastiert erschreckend zu der bisherigen Reihenhausidylle. Die eigene «monumentale Selbstüberschätzung» in Gestalt des (scheinbar) autarken Turmes kann nun nicht mehr aufrechterhalten werden. Der Junge ahnt, daß die Welt anders proportioniert, daß sie ein komplexes Abhängigkeitsfeld ist und daß er es schwer haben könnte in dem neuen (Schul-)Haus: «Ich weiß, ich werde nicht mehr in mir selber stehen können, jedenfalls nicht so wie bisher», so heißt es im Rückblick.

Jersild erzählt nicht, in welchem Alter er seine Turmidentität gefunden hat. Möglicherweise wurde sie ihm erst in der eben beschriebenen Brechung bewußt. Aber wann mag er wirklich angefangen haben, sich als kleiner, bzw. viel zu großer Turm zu fühlen?

Wann überhaupt fangen Kinder an, «ihr» Haus als eine Art Selbstrepräsentanz zu erleben und wie tun sie das? Gibt es dabei Unterschiede zwischen Jungen und Mädchen? Was können uns ihre Häuser erzählen?

1.1.1 Das Haus als Ausdruck einer beginnenden Selbstrepräsentanz

Kinder zeichnen und malen als erstes neben Menschen (Kopffüßler) und Bäumen auch Häuser. Es besteht vielfach die Meinung, daß Vorschulkinder, die ja noch stark von ihren Eltern (oder Ersatzeltern) geprägt werden, keine persönlichen Häuser malen. Es handle sich – so meint man – eher um Häuser-Schablonen, die die Kinder sich irgendwo «abgeguckt» hätten und die sie über längere Zeit stereotyp zu malen/zeichnen pflegten. Inhaltlich würde sich in diesen Häusern, wenn sie überhaupt etwas Persönliches aussagen, am ehesten die Atmosphäre des Elternhauses widerspiegeln.

Stimmt diese Annahme? Was die Stereotypie der Hausform anbelangt, so kann man in der Tat immer wieder dieselbe monomane Hausdarstellung bei einem Kind beobachten. Der Verdacht, daß es sich hier um die vordergründige Übernahme eines Schemas handeln könne, das keine (oder kaum eine) persönliche Aussage beinhalte, liegt nahe, vor allem, wenn man an die einfachen Häuser von Drei- bis Vierjährigen denkt. Da Kinder in dem Alter ja auch noch wenig Erklärungen abgeben können, sind wir mehr oder weniger auf

Vermutungen angewiesen, wenn wir nicht das Glück haben, eine unmittelbare persönliche Aussage zu erhalten. Solche Zufallsbeobachtungen, die zwar keine statistische Relevanz besitzen, scheinen die oben genannte Hypothese aber teilweise in Frage zu stellen.

Das mag ein Beispiel zeigen. Julika, eine Vierjährige, ist bei den Großeltern zu Besuch. Sie kritzelt zusammen mit einer Cousine allerlei Undefinierbares auf ein Blatt. Die etwas ältere Cousine zeichnet dann «ein Haus für Oma», und die Eltern von Julika bitten nun die eigene Tochter *ihr* Haus zu malen. Julika fragt zunächst unwillig, dann nachdenklich: «Mein Haus?» Und sie beginnt – gegen ihre sonstige Gewohnheit – ein «dickes Dach» (Bild 1) zu zeichnen. Es folgte das übrige Haus mit einer Kopffüßler-Gestalt! «Das bin ich», ist Julikas Kommentar, und offenbar ist es somit auch ihr Haus, was sie gezeichnet hat. Auf die weitere Aufforderung der Eltern, vielleicht auch das Haus der Familie zu zeichnen, fängt Julika mit den Angehörigen an. Sie plaziert sich zwischen Vater und Mutter (der sie vorher den kleinen Bruder zugeordnet hatte) und umgibt die Familienszene mit einer Hülle, die das Haus darstellen soll. Vom «dicken Dach» ist nichts mehr übrig geblieben (Bild 2). Im Schoß der Familie – «die passen auf mich auf» – fühlt sich das Kind offenbar auch ohne das Dach sicher. Letzteres wird jetzt nur pro forma gezeichnet (ein Haus muß ja auch ein Dach haben ...).

Die Vierjährige stellt also eindeutig zwei unterschiedliche Häuser dar. Die Kommentierung läßt erkennen, daß es sich um verschiedene Haus-Identitäten handelt, von denen eine für die Selbstrepräsentanz zu stehen scheint. Spielte hier das besitzanzeigende Wort *mein* (Haus) als Auslöser einer Abgrenzung des Ich aus dem Familien-Wir eine Rolle, so muß man bei Julikas anfänglichem Unwillen auch an ein anderes Wort, das *«Nein»* denken, das gerade diese Altersstufe (Trotzalter) kennzeichnet. Mit einem «Nein» erfolgt ja gleichfalls eine Abgrenzung, eine Dokumentation des eigenen Willens. Das sich aufrichtende, kompakte

Bild 1 Das «dicke Dach»

Bild 2 Das «dicke Dach» ist weg

Dach könnte dann auch als Beschützer des keimenden Ichs im Zentrum des Hauses angesehen werden. Wir wissen es nicht. Wir haben keine konkreten Übersetzungen der Symbolsprache dieser Altersgruppe, die Piaget (2) dem «präoperationellen Stadium, in welchem die *symbolischen Funktionen* aktiv werden», zurechnet. (Wenn wir hier von Selbstbehauptung oder gar von der Selbstrepräsentanz eines Hauses sprechen, meinen wir das nicht im engeren Sinne, beispielsweise von Kohut (3), sondern in einem entwicklungspsychologischen Aspekt als Ausdruck der beginnenden Selbst-Entfaltung.)

Auch andere Beobachtungen könnten dafür sprechen, daß Drei- bis Vierjährige schon individuelle Projektionen in ihre Häuser-Bilder vornehmen. Verkörpert nicht das So-Sein (und eben nicht das Anders-Sein) des gezeichneten Hauses persönliche Akzentuierungen? Warum ist es dem einen Kind so wichtig, immer einen rauchenden Schornstein oder einen auffallenden Klingelknopf darzustellen, während ein anderes seine Häuser wie Gesichter zeichnet (zwei Fenster in der oberen Etage erinnern dabei an Gottfried Kellers Gedicht «Augen, meine lieben Fensterlein...»). Auch die zum Teil recht unterschiedlichen Häuser eines Kindergartenkollektivs[1] könnten dafür sprechen. Es handelt sich um Häuserbilder von zwanzig gesunden Kindern im Alter von vier bis fünf Jahren, je zehn Jungen- und Mädchendarstellungen. Da waren Einraum-Häuser mit nur einer Etage ebenso vertreten wie drei- bis vierstöckige Häuser, ferner Häuser ohne Türen, in denen die Fenster hoch oben saßen. (Sollte man da nicht «mit der Tür ins Haus fallen»?). Auch ein dreieckiges und ein rundes Haus waren dabei; jedes war anders.

Die Frage, *ab wann* Häuser als *individuelle* Repräsentanten kindlicher Vorstellungen angesehen werden können, läßt sich nicht auf ein bestimmtes Alter festlegen. Das ist eigentlich auch nicht zu erwarten, da sich Kinder ja in ihren emotionalen und kognitiven Merkmalen recht unterschiedlich entwickeln. Man kann also nur grobe Einteilungen vornehmen und sagen, daß selten schon Dreijährige, häufiger Vierjährige, in der Regel Fünf- bis Sechsjährige Zeichen einer eigenen Haus-Identität erkennen lassen. Das wird bei Schulkindern üblicherweise zur Regel.

1 Frau Inge Ahrendt, Lemgo, sei hiermit für ihre Unterstützung herzlich gedankt.

Baumgardt (4) bringt das Beispiel eines zehnjährigen Jungen, der explizit unter der Bezeichnung «Selbstportrait» zwei Hausdarstellungen ausführt, die mehr über ihn aussagen können, als es wohl ein echtes Selbstportrait vermocht hätte. Es sei hier nur das erste Bild beschrieben: Wir erfahren, daß «Bruno» sich unsichtbar machen wollte, indem er sich zunächst hinter einen überlebensgroßen Panzer stellte. Dieser schützte ihn vor dem Gesehenwerden, ermöglichte ihm aber durch zwei Gucklöcher selbst zu sehen, was draußen vor sich ging. Bruno hatte noch ein weiteres Loch zum Atmen und eins zum «Pinkeln» dazugemalt. Diese Löcher waren von innen mit Sicherheitsschlössern zu verschließen, zu denen nur er die Schlüssel hatte. In diesem Schutzpanzer hatte er sich so eingerichtet, daß er neben einem Bett, Geschirr, Eßwaren, Büchern und Kleidern auch eine Taschenlampe, ein Funkgerät und eine Atemflasche mit Sauerstoff zum Überleben besaß. Alles, was man von ihm erkennen konnte, waren die Schuhe, die unten herausguckten (Bild 3). Es handelte sich

Bild 3 «Panzerhaus» Bruno

um ein schwer gestörtes Kind mit panischen Ängsten, Schlaf- und Eßstörungen, das während der ersten Lebensjahre von seinem Vater sexuell ausgebeutet und zeitweise mit Morddrohungen belastet worden war. Das Panzerhaus, das von dem Jungen ja ausdrücklich als Selbstportrait bezeichnet wurde, sieht durch die Löcher tatsächlich wie ein Gesicht aus[2], aber ein sehr maskenhaftes, das auf der einen Seite die inneren Nöte kaschieren kann und wohl auch soll, um sie zugleich – verschlüsselt – um so eindrucksvoller zur Darstellung zu bringen.

1.1.2 Gibt es männliche und weibliche Häuser bei Kindern?

Wir möchten noch einmal auf das eingangs zitierte Turm-Beispiel des schwedischen Autors Jersild zurückkommen. Der phallische Charakter seiner Hausvorstellung legt die Frage nahe: Ist dies vielleicht die typische Haus-Form eines männlichen Kindes, oder könnte sich auch ein Mädchen in einer solchen Hausidentität spiegeln?

Die Beispiele des Kindergartenkollektivs (s. S. 17) liessen keine signifikanten Unterschiede zwischen Jungen und Mädchen erkennen. Es gab zwei turmähnliche Hochhäuser, die je von einem Mädchen und einem Jungen stammten. Das runde Haus war nicht von einem Mädchen gezeichnet worden ... Sie paßten also nicht in männlich-weibliche Klischee-Vorstellungen. – Von einem zeichnerisch besonders begabten Dreijährigen gibt es eine kleine Serie sehr unterschiedlicher Haus-Bilder, die er bis zu seinem sechsten Lebensjahr angefertigt hat. Das erste Bild dieser Reihe, ein Haus mit zwei Menschen, könnte der Turmvorstellung des Knaben Jersild durchaus entsprechen (Bild 4). Nicht nur das mehrstöckige Haus (in diesem Alter eine Rarität) wirkt eher wie ein Turm. Vor allem erinnern auch die beiden Menschengestalten an Jersilds Beschreibung des «Turmes mit den zwei Gucklöchern». Aber der Maler dieses Bildes hat auch andere Häuser dargestellt. Mit fünf Jahren malt er die Idylle eines einstöckigen Hauses mit Osterhasen und Blumenbeeten. Intuitiv würde man hier eher ein Mädchen als Malerin vermuten. Ein Schloß des Sechsjährigen hat allerdings wieder auffallend viele Türme. Und sieht man sich das dornröschenartige Haus eines Dreizehnjährigen an, der aus seinem Turm (Bild 5) Ausschau nach Freunden oder Feinden hält, dann scheint sich doch eine Turm-Prävalenz bei Knaben anzubieten.

Becker (6) erwähnt in einer Arbeit über Türme, daß die heilige Barbara die einzige Heilige sei, der ein Turm zugeordnet wurde, aber nur deswegen, weil es ihr gelang, durch das Gebet Türme zum Einstürzen zu bringen. Der Autor fährt fort: «Türme werden von Männern gebaut und scheinen von Männerphantasien so total besetzt zu sein, daß Frauen keine Rolle darin spielen. Falls doch, so sind sie darin eingesperrt – von Männern – um ihre Keuschheit zu schützen ... So ist der Turm in der christlichen Ikonographie auch ein Sinnbild für die Keuschheit Marias.» – Auch Erikson (7) meint aus der Art, wie Jungen und Mädchen Bauklötze einsetzen «signifikante Geschlechtsunterschiede» konstatieren zu können. Er spricht von der «männ-

2 Im House-Tree-Person-Test (5) werden solche «anthropomorphen» Häuser bei Kindern als normal eingestuft, bei Erwachsenen hingegen als ein regressives Zeichen interpretiert.

Bild 4 Der «Turm» eines 3jährigen

Bild 5 «Dornröschenturm» eines 13jährigen

lichen Variablen hoch/tief.» Das heißt «hohe Strukturen» (Türme), aber auch das Gegenteil: «Abstürze, Ruinen fanden sich ausschließlich bei den Jungen.» Mädchen hätten hingegen überwiegend «das Innere von Häusern» aufgebaut.

Wir werden auf Seite 51 ausführlicher auf Märcheninterpretationen eingehen, die die Rolle des heranwachsenden Mädchens (Dornröschen, Rapunzel) in der Abgeschlossenheit eines Turmes beleuchten. (Übrigens wurde Rapunzel nicht von einem Mann, sondern von ihrer Mutter in den Turm gesperrt.) Uns scheint der eben zitierte Turm-Aspekt, der so ausdrücklich dem männlichen Geschlecht zugeschrieben wird, zu eng. In der Regel lassen sich ja wichtige Symbole vielschichtig interpretieren. So kann man etwa mit Grunberger (8) die megalomane Kinderphantasie des schwedischen Autors gut erklären: Der Knabe Jersild berichtet, daß ihm die Gleichaltrigen körperlich überlegen waren und daß er ein Außenseiter war. – Von daher lassen sich seine überkompensatorischen Autonomie- und Größenphantasien in der Turmgestalt verstehen. Grunberger betont aber auch, daß «das häufige Auftreten dieses besonderen Bildes über die eigentlich sexuelle Bedeutung hinaus für alle Individuen und für beide Geschlechter» gelte. Das Bild des Phallus könne auch für den Träumer als ganze Person, «für das Streben nach Vollkommenheit» stehen. Wir möchten ergänzen, daß allzu hohe Türme zum Synonym menschlicher Hybris geraten können (s. S. 10, der Turmbau zu Babel), und davon nicht weit entfernt finden sich die «Elfenbeintürme».

Der Aspekt der Vollkommenheit deckt sich – wenn auch in anderer Sicht – mit Jungs Interpretationen (9) zum Symbol eines Turmes, speziell zu seinem Bollinger-Turm: «Von Anfang an wurde der Turm für mich zu einem Ort der Reifung – ein Mutterschoß oder eine mütterliche Gestalt, in der ich wieder sein konnte, wie ich bin, war und sein werde. Der Turm ... erschien mir als Verwirklichung des vorher Geahnten und als eine Darstellung der Individuation ... Man könnte sagen, daß ich den Turm in einer Art Traum gebaut habe ... und daß sich eine sinnvolle Gestalt ergeben hatte: Ein Symbol der psychischen Ganzheit.»

Schließlich dürfen wir – vor allem bei Kindern – nicht vergessen, daß der Turm ja nicht nur für die Subjektstufe (als Sinnbild des eigenen Ich), sondern sehr häufig für die Eltern-Imagines auf der Objektstufe steht. So hat z.B. der neunjährige Hannes in einem Tagtraum eine Kirche gesehen. Im Kirchenschiff waren drei Fenster in verschiedener Größe, im Turm gab es zwei Fenster. Dazu fiel ihm ein, daß die Fenster im Turm Vater und Mutter sind, die ihn beobachten, während er die unterschiedlich großen Fenster im Kirchenschiff sich und seinen beiden Geschwistern zuordnete. Der Junge hatte in dieser Zeit heimliche Diebstähle begangen, und so war es sicher kein Zufall, daß ihm die Eltern in der moralischen Instanz des Kirchturmes begegneten (Über-Ich).

Phallus, Elfenbeinturm, Mutterschoß, Elternsymbol – wir haben uns nicht ohne Grund ausführlicher mit diesen Aspekten beschäftigt. Es scheint uns wichtig, darauf hinzuweisen, wie vorsichtig man mit Zuordnungen und Deutungen sein muß; erst recht, wenn es um Kinderbilder geht, für die wir nur unzureichende Erklärungen erhalten. Entsprechend *zurückhaltend* müssen wir daher bei der Frage sein, ob es bei Jungen und Mädchen *kategoriale Zuordnungen zur äußeren Gestalt* ihrer Häuser gibt.

Anders kann das im Hinblick auf die *inhaltliche Ausgestaltung* der Häuserphantasien sein. Wenn der zehnjährige Wilhelm im Katathymen Bilderleben (KB, Leuner, 10), ein altes, verfallenes Haus entdeckt und dort im Keller ein ganzes Waffenarsenal und ein Skelett findet; wenn Udo (13 Jahre) mit einem U-Boot in die Tiefsee taucht und dort ein Wrack aufspürt, an dem er eine Seeräuberfahne mit Totenkopf sieht, wenn er schließlich zu einem Herrscherpalast kommt, der zur versunkenen Insel Atlantis gehört und dort ein Forschungslabor einrichtet (Bild 6), dann kann man annehmen, daß

Bild 6 «Forschungslabor»

dies Häuser von Jungen sind. Umgekehrt werden Puppenhäuser vor allem von Mädchen geträumt oder gemalt, wobei hier nicht diskutiert werden soll, wie weit gesellschaftliche Einflüsse solche Vorstellungen mitgeprägt haben. – Auf jeden Fall lassen sich diese Unterschiede doch als relevant einordnen[3]. Bei Erwachsenen verwischen sich unseres Erachtens die Unterschiede; wir fanden jedenfalls weder formal noch inhaltlich relevante Unterschiede bei «männlichen und weiblichen Häusern».

Finden wir bei der Inneneinrichtung des Hauses von einem Jungen Rüschengardinen, Zierdeckchen u.ä., dann pflegt sich hier in erster Linie Atmosphärisches des Eltern- (Mutter-) Hauses zu dokumentieren: So hat ein dreizehnjähriger, noch stark an die Mutter gebundener Junge ein «romantisches Haus» im KB gesehen. Er erkannte in diesem Bild aber auch, wo sein eigentliches Problem lag, und so erwies sich die Begegnung mit dem ihn von den Gleichaltrigen isolierenden «Mutterhaus» als erster therapeutischer Einstieg für eine eigenständige Entwicklung, wie wir sie im nächsten Absatz schildern.

1.1.3 Wann und wie können Häuser eine (innere) Lösung vom Elternhaus anzeigen?

Ammann (13) berichtet von dem zwölfjährigen Peter, «der begann, sich von den im Elternhaus erlebten Werten abzusetzen und versuchte, sich ein eigenes Seelenhaus zu bauen». Peter träumte in Abständen von einigen Monaten vier Träume, die seinen inneren Ablösungsprozeß veranschaulichen können. Zunächst träumte er, daß es im Hause seiner Eltern noch weitere Räume gab, die er bis dahin nicht gekannt hatte. Einige Monate später baute er sich im Traum auf der Wiese hinter dem Haus der Eltern ein eigenes Haus, das durch eine Brücke mit dem Elternhaus verbunden war. Danach träumte er, die Brücke zwischen seinem und dem Haus der Eltern sei verschwunden. Sein Grundstück sei mit einem hohen Zaun gegen das der Eltern abgegrenzt und sein Haus sei von einem prächtigen Garten voller Blumen und Tieren umgeben. Schließlich, im vierten Traum, entstand sein Haus auf einem etwas höher gelegenen Grundstück, ein achteckiges, einstöckiges Haus mit einem leicht geschwungenen Zeltdach, das an eine asiatische Pagode erinnert.

Ammann meint, daß der jugendliche Träumer hier wahrscheinlich etwas von seinem späteren Leben, ein «religiöses, geistiges Seelenhaus» vorweggenommen haben könne, etwas, das ihm zu dem Zeitpunkt, als er es träumte, selbst noch «fremd erschien». Wie immer man diesen Traum, z.B. im Sinne eines Jungschen Individuationsschrittes, deuten will, es drückt sich zumindest mit dem exotischen Gebäude eine Tendenz zum Andersartigen aus, die eine Lösung vom bisher Vertrauten beinhaltet. Wir kennen das Motiv des Auffindens von unbekannten Räumen ja auch aus Märchen (hier meist mit dem Verdikt des Verbotenen belegt). Insofern ist Peters Traumserie, wie auch Ammann meint, relativ häufiges Motiv dieser Altersstufe.

Beschäftigte uns zunächst die Frage, wann und wie jüngere Kinder so etwas wie eine eigene Hausidentität entdecken (die man aber meist von der elterlichen Matrix noch nicht trennen kann), so geht es uns jetzt um innere Lösungsschritte und *Individuationsprozesse bei ältern Kindern.* Das geschieht in der Regel in der Vorpubertät, mit fließenden Übergängen ins puberale Stadium. Es ist bekannt, daß der Individuationsweg ein langer, meist ein Leben lang währender Prozeß ist. Parallel dazu gestaltet sich die *Auffindung eines eigenen neuen Hauses.* Der innere Lösungsprozeß verläuft jedoch nicht (oder selten) mit dem äußerlichen Weggang vom Elternhaus als einem einmaligen, abgeschlossenen Ereignis parallel. Wir werden später berichten, wie selbst Erwachsene, die einen Beruf gefunden, eine Familie gegründet haben, möglicherweise schon längere Zeit in einem eigenen Haus wohnen, in ihren Träumen erleben müssen, daß sie sich emotional in vieler Hinsicht noch gar nicht vom Elternhaus gelöst haben.

Dazu muß gesagt werden, daß der Individuationsprozeß ja nicht nur eine Angelegenheit des Individuums ist, sondern eng verknüpft ist mit einem synchronen Prozeß des Loslassens von seiten der Eltern. Es gibt Familien, in denen der

3 Keul (11) hat in einer Untersuchung von gezeichneten Zukunftshäusern bei österreichischen Kindern eindeutig in einer Gruppe von älteren männlichen Schulkindern das Überwiegen technischer Dartellungen gegenüber einem gleichaltrigen Mädchen-Kollektiv festgestellt. Zu ganz ähnlichen Resultaten kommt die Psychologin M. Nordström (12) durch die Auswertung von Aufsätzen schwedischer Schulkinder.

Mythos herrscht, daß man einander nicht verlassen, d.h. im Stich lassen dürfe. Autonomiebestrebungen sind dort mehr oder minder verpönt. Sensible Kinder spüren solche unsichtbaren Fäden, auch wenn verbal mitunter etwas anderes mitgeteilt wird. Und so werden ihre Häuser meist Sinnbilder einer unterdrückten Eigenständigkeit sein (s. S. 57, «Magersuchthäuser»). Diese Kinder sind ganz und gar auf die elterlichen Botschaften, die sie früh internalisiert haben (d.h., als eigene Bedürfnisse verkennen) eingestellt.

Der Prozeß einer inneren Lösung, resp. beginnenden Individuation, kann demnach mehr oder minder blockiert, disharmonisch, nicht zur rechten Zeit, mitunter sogar zu früh ablaufen. Wir haben im folgenden unterschiedliche Beispiele aufgeführt, die die Komplexität des Prozesses und seiner Störungsmöglichkeiten in Häusersymbolisierungen erkennen lassen.

Da gibt es die nicht geglückte innere Lösung eines dreizehnjährigen Kindes, das äußerlich zu früh aus dem Elternhaus entlassen wurde. Es handelt sich um einen intellektuell etwas retardierten Jungen mit einem Sprachfehler, der in einem Internat untergebracht wurde. Offensichtlich hat es vor allem an einer altersgemäßen Auseinandersetzung mit dem Vater gefehlt, dieser soll sich wenig um den Sohn gekümmert haben. So zeichnet der Junge ein «Traumschiff», das ihn von einer einsamen Insel (das Internat) holt. Der Vater steht am Steuer des großen Hausbootes, an dem noch ein kleines Boot für den Jungen hängt. Der Junge sieht sich auf dem väterlichen Boot, wie er mit einem Kopfsprung in ein Schwimmbad springt (Bild 7). (Der Kopfsprung kommt bei Jungen dieser Altersstufe relativ häufig vor, oft in einer abenteuerlich-tollkühnen Situation, s. auch S. 24). Die zu frühe äußere Trennung über-«sprang» hier gleichsam – ohne innere Korrespondenz – die eigene, noch nicht gewollte Lösung vom Elternhaus, insonderheit von dem idealisierten Vater. So findet der Junge kein Haus für sich, sondern sein Haus-Boot drückt den regressiven Wunsch aus, in den väterlichen Schoß zurückkehren zu wollen.

Zwiespältig muß auch der Lösungsversuch von Klaus, ebenfalls zwölfjährig, erscheinen. Seine Eltern waren geschieden, er wuchs in kargen Verhältnissen bei der Mutter auf, die wenig Zeit hatte. Seine Schulleistungen schwankten, mit den Gleichaltrigen gab es wenig Kontakt. Insgesamt wirkte der Junge depressiv. Sein Haus war grau, es lag in einsamer Gegend. Er imaginierte sich (es handelte sich um ein KB) allein im Haus. Er beschrieb das Wohnzimmer und die Küche, in der er sich selber das Essen bereitete. Dann saß er im Wohnzimmer, sah fern und las. Scheinbar autark sorgte er gut für sich selbst. Aber die Tür des Hauses war ein übergroßes Tor (Bild 8), und es wurde deutlich, daß dieses Tor für etwas anderes stand: Für seinen genauso großen Wunsch nach Kontakt und auch nach Versorgung (das große Tor als symbolischer Ausdruck unerfüllter «oraler Wünsche»). So war dieses Haus eher eine Zwangslösung, aus der allzu frühen Selbständigkeit das Beste zu machen, indem Klaus notgedrungen zum Selbstversorger wurde.

Überzeugender sind da *Lösungsversuche*, die in dieser Altersstufe *nicht selten* auftauchen: Die meist phantasievoll gestalteten *Baum-Häuser*. Hier spürt man Expansions- und Abenteuerlust. Das Baum-

Bild 7 Vaters Hausboot

Bild 8 Haus des «Selbstversorgers»

Haus wird gern mit einem oder mehreren Gleichaltrigen bewohnt. Es ermöglicht, die Welt und natürlich auch die Eltern von einer höheren Warte aus zu betrachten. Man sprengt die Alltagsgrenzen und träumt von fernen Ländern. Das Ich erweitert sich mit diesen Phantasien gleichermaßen. Ähnliches geschieht auch in Unterwasser-Häusern oder Science-fiction-Vorstellungen. Selbst wenn solche «Lösungen» utopisch sind und die Kinder äußerlich natürlich noch ins Elternhaus eingebunden bleiben, so stellen sie doch eine wichtige Zwischenstufe auf dem Weg zur Selbstfindung dar. S. auch S. 144.)

Bisher bezogen sich die inneren Lösungsversuche auf Jungen. Gibt es Ähnliches auch bei Mädchen, und wie sehen ihre Versuche aus, sich eigene Leitbilder in Häusern zu schaffen? Kann man bei einer Siebenjährigen schon von einem eigenständigen Lösungsversuch sprechen, wenn sie sich im Verlauf einer KB-Therapie von einem Märchenprinzen auf einem weißen Pferd in ein Schloß entführen läßt, dieweil ihre Mutter, die «alte Hexe» (das Kind war zwiespältig eng an die Mutter gebunden), in dem alten Schloß zurückbleibt? (Bild 9). Wir meinen, daß das märchenhafte Wunschbild (das in diesem Alter übrigens häufig auftritt) doch wenig mit einer Individuation im oben genannten Sinn zu tun hat. Wahrscheinlich ist der Märchenprinz sogar der idealisierte Vater, den das Mädchen für sich haben möchte. Das wäre dann ein ungelöster Konflikt auf der «ödipalen Stufe», aber noch kein eigener Reifungsschritt.

Anders sieht dagegen die Lösung der zwölfjährigen Jutta aus. Jutta hatte Schulprobleme, sie wirkte depressiv und hatte einen Suizidversuch

Bild 9 Schloß einer 7jährigen

unternommen. Ihre Eltern waren völlig absorbiert von ihrer Eheproblematik und hatten wenig Zeit und Verständnis für die frühreife Tochter. Sie stellten das Kind aber einer Psychotherapeutin vor, weil der Suizidversuch sie alarmiert hatte. Bei ihrer Psychotherapeutin malte Jutta unmittelbar vor Ferienbeginn (sie wäre am liebsten mit einer Freundin und ohne ihre Familie verreist) ein Bild, auf dem sie und die Freundin, beide in bunten Kleidern, vor einem offenen Gartentor stehen. Das schwarz gemalte Elternhaus mit der gleichfalls schwarz dargestellten Schwester, die ihr den Rücken kehrt, liegt hinter Jutta. Aus den Äußerungen, die sie bei der Psychotherapeutin machte, wurde deutlich, daß für sie, wie Boesch (28) es für Jugendliche formuliert, «das Heim eine neue Symbolqualität erhält: Es repräsentiert die eigene Unselbständigkeit und Mittellosigkeit, aber auch die Zwänge des Establishments und kleinbürgerliche Muffigkeit». Juttas Suizidversuch war aus dieser Sicht offenbar weniger als Resignation denn als alarmierendes Protestzeichen zu werten. So hat sie sich selbst und die Freundin vor dem offenen Tor dann auch als einzige farbig dargestellt (Bild 10). Ein eigenes neues Haus ist allerdings noch nicht zu sehen.

Zum Abschluß dieser Serie möchten wir das Haus-Bild einer anderen Zwölfjährigen erwähnen, wo sich unseres Erachtens weniger hoffnungsvolle Zeichen fanden. Es ist ein schönes Haus (Bild 11) mit einer Schaukel, sehr ordentlich und gepflegt. Aber zugleich wirkt es auch zwanghaft und unlebendig. Kein Kind sitzt auf der Schaukel, kein Rauch kräuselt sich aus dem Schornstein. Die Haustür ist geschlossen, die Fenster durch Gardinen halb geschlossen. Erschreckend wirkt die Isolation des Hauses, kein Weg führt darauf zu, ein sorgfältig gezeichneter Jägerzaun grenzt es ganz und gar ein. Dieses Kind wird sich schwertun, einen Ausgang zu einer eigenständigen Entwicklung zu finden. Es war sehr gewissenhaft und führte genau seine Schularbeiten aus. Den Leistungsansprüchen der Eltern folgte es uneingeschränkt, aber fröhlich-unbeschwerte Spiele mit Gleichaltrigen konnte es sich nicht gönnen. Der sichtbaren Isolation des Hausbildes entsprach die leider unsichtbare innere Einsamkeit dieses Kindes.

Haus-Bilder können zu einem Wegweiser werden, um aus festgefahrenen, unglücklichen Sack-

Bild 10 Jutta verläßt das schwarz-graue Elternhaus

gassen Ausblicke für neue Wegstrecken zu erkennen. Dabei läßt sich allerdings nicht immer vermeiden, daß ein ungeeignetes Haus abgerissen und ein neues aufgebaut werden muß oder daß man umzieht und das alte Haus stehen läßt. Solche Prozesse sind in der Regel schmerzhaft und mühsam. Auch Kinder können zu solchen Radikalkuren schon fähig sein. Das Beispiel von einem «weißen Klotz» (Bild 12), dessen vierzehnjähriger «Architekt» über dieses von ihm imaginierte Haus zunächst recht unglücklich war, kann hier stellvertretend für ähnliche Hauserneuerungen genannt werden. Nachdem er im Tagtraum in das Haus hineingegangen war und drinnen überhaupt nicht

Bild 11 Das «schöne Haus»

Bild 12 Der «weiße Klotz»

wohnen mochte, war es klar, daß er nur ein neues Haus «bauen» konnte. Auch an diesem Haus mußte noch manches verändert werden; so waren beispielsweise die Zimmer ursprünglich zu groß. Der Junge verstand überraschend schnell den Ausdruckscharakter seiner symbolischen Häuser, deren Veränderung dann mit einem inneren Wandlungsprozeß einherging.

1.1.4 Das Haus-Motiv bei psychischen und psychosomatischen Leiden

Max, ein achtjähriger, fröhlicher Junge hatte einige Ängste und mochte sich nachts nicht vom Elternbett trennen. Deswegen war er kurze Zeit in psychotherapeutischer Behandlung. Sonst hatte er keinen größeren Kummer. Das merkte man seinen KB-Häusern, die er in dieser Zeit imaginierte, auch an. Sein Haus präsentierte sich von außen in leuchtendem Rot. Als er es später von innen besah, entdeckte er im Keller einen Geheimgang mit Goldkisten, alten Ritterrüstungen u.ä. Voller Erwartung stürzte er mit einem Kopfsprung auf einen Goldschatz zu (Bild 13), in welchem er anschließend begeistert herumwühlte. Aus derselben Zeit stammt ein Drei-Baum-Test (Corboz, 14). Er hatte um die noch zarten Bäume einen Wassergraben gezogen und wässerte seine Bäume liebevoll, damit sie auch schön wüchsen (Bild 14).

Drei Monate später – nach Abschluß der Therapie – erlitt Max einen schweren Unfall. Er lag eine Woche bewußtlos auf der Intensivstation, und es bedurfte einer monatelangen klinischen Behandlung, bis er einigermaßen wiederhergestellt war.

Bild 14 3-Bäume-Test

Nach seiner Genesung kam er noch einmal zu seinem Therapeuten. Wir denken, daß die beiden Häuser, die er jetzt im KB «sah» und zeichnete, mehr aussagen können als Worte (er sprach sowieso kaum über seine Klinikzeit). Das betont schwarze Fensterkreuz an seinem Zimmer, das Ausbleiben jeder Farbigkeit (vorher waren seine Bilder immer bunt), alles wirkt auf den Betrachter sehr bedrückend (Bild 15).

Max wollte nach dem Unfall von sich aus noch einmal einen Drei-Baum-Test malen. Daraus entstand ein seltsames Baum-Haus (Bild 16). Die zarten Bäume, die auf seiner ersten Darstellung differenzierte Blattkronen aufwiesen, waren jetzt fast bedrohlich und leblos wirkende Stämme geworden. Sie wuchsen nicht aus der Erde, sondern zum Teil aus einem klobig-dunklen Haus heraus. Von den Stämmen gingen ein paar wie verkrüppelt wirkende, kümmerliche Äste aus. Es fehlten ihnen nicht nur der Boden, sondern auch

Bild 13 Sprung in den Goldschatz

Bild 15 Schwarzes Fensterkreuz

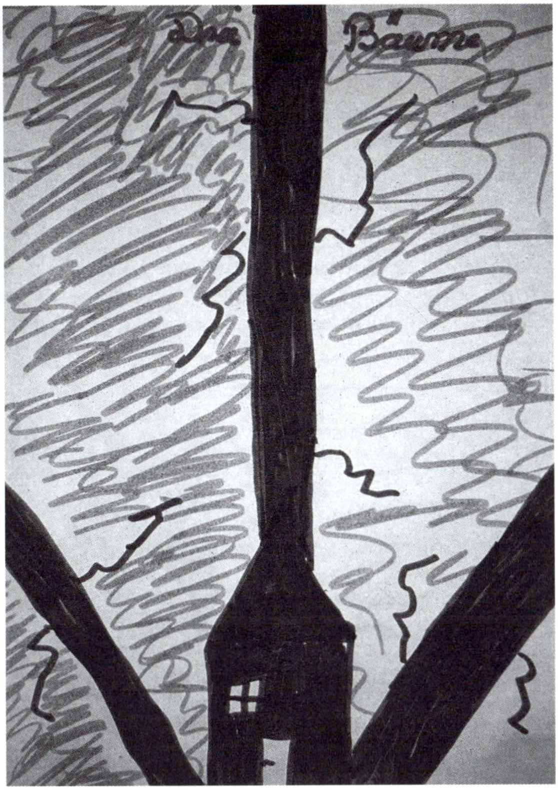

Bild 16 Baumhaus

die Wurzeln und die Kronen (Häupter?). Stattdessen stellte sich der dreigeteilte Baum-Torso auf einem Haus dar, dessen Rätselhaftigkeit der Junge durch keine Erklärung aufhellen konnte. Man wird sich aber kaum des Eindrucks erwehren können, wie entwurzelt, wie verstört Max nach seinem Krankenhausaufenthalt gewesen sein muß, wie wenig auch sein Baum-Haus zu tun hat mit den emanzipatorischen Phantasievorstellungen der Baum-Häuser, die wir auf den Seiten 24 und 144 erwähnt haben. Im Gegensatz zu seinen früheren Darstellungen, auf denen er immer als Akteur in Erscheinung trat, hat er sich nach dem Unfall nicht mehr selber gezeichnet.

Bei depressiven, aber auch bei zwanghaft-strukturierten Kindern, die Kontaktschwierigkeiten haben, ist das «einsame Haus» ein häufiges Motiv. So war es auch bei dem zwölfjährigen Bernhard, der sein Haus weit abgelegen in einem Wald angesiedelt hat. Er stellt es sich als eine Hütte vor. Ein Häschen leistet ihm Gesellschaft (Bild 17). Die beiden letzten Faktoren ließen die Prognose aller-

Bild 17 Hütte mit Häschen

dings als relativ günstig erscheinen: Zum einen hatte sich Bernhard trotz der selbst gewählten Einsamkeit ein Tier dazu imaginiert, für das er sorgen konnte, das ihm auch Nähe und Zärtlichkeit vermittelte. Zum anderen stellte sich statt eines Hauses eine Hütte ein. Das könnte man bei einem Zwangsneurotiker insofern als positives Zeichen werten, weil Hütten einen relativ provisorischen Charakter haben. Sie sind zugleich naturverbundener, alles ist nicht so fest gefügt, ist offener als in einem «richtigen» Haus. Unsere These bewahrheitete sich in den folgenden KB-Sitzungen, wo sich immer mehr Tiere, allmählich auch Menschen dazugesellten.

Nicht selten ist man überrascht, wie sprechend Kinder-Häuser die jeweilige seelische Verfassung auszudrücken vermögen: die Einsamkeit des depressiven oder die Verschlossenheit des zwanghaften Jungen. So kann sich auch ein psychosomatisches Leiden im Haus-Bild widerspiegeln. Da fehlt beispielsweise bei dem Haus eines Elfjährigen rechts ein Stück. Diesem Jungen fehlt auch die Mutter, die wegen großer Eheschwierigkeiten die Familie verließ. Der Junge bekam daraufhin eine psychogene Parese (Lähmung) der rechten Schulter, so daß er viele Verrichtungen nicht mehr allein ausführen konnte und ständig Hilfe brauchte. (Ein unbewußter Hilfe-Appell an die Mutter, so kann man es wohl verstehen.) Die Parese verschwand nicht durch physikalische Maßnahmen, aber nach einer Psychotherapie, in welcher der Konflikt des Kindes bearbeitet werden konnte. In demselben Haus, wo außen ein Stück fehlte (das symbolische Äquivalent der fehlenden Mutter), waren innen die Räume viel zu groß, so empfand es der Junge jedenfalls in seiner KB-Vorstellung. Er verstand, daß er in seiner Phantasie noch immer leere Räume für die Mutter bewahrt hatte, obwohl eigentlich klar war, daß sie nicht zurückkehren würde.

Ein ebenfalls elfjähriges Mädchen mit nächtlichem Einnässen stellt sich beim Thema «Bach» vor, «daß der Bach in ein ganz hohes Haus fließt, bis ins elfte Stockwerk (ihr Alter), wo es ein Schwimmbad gibt». Der Bach überschwemmt sozusagen das ganze Haus, bis in die untere Etage, in die er wieder hinunterfließt. Der Bach fließt anschließend über viele Felder und dann noch einmal «hoch zum Himmel» (Bild 18). Hier gerät die Bach-Vorstellung zu einer narzißtischen Allmachtsphantasie: «Es reiten Kinder auf ihm, rauf und runter, lassen sich vergnügt treiben, ich werd' eingesprudelt. Die Kleidung wird nicht naß... Wenn ich dem Bach sage, er soll etwas machen, dann macht er es auch.» Wenn man weiß, daß das nächtliche Überschwemmen des Bettes mit Lust-Angst verbunden sein kann (wenn die Kinder z.B. dabei erwachen), wie hier also etwas ausagiert wird, was am Tag nicht zugelassen werden kann, dann könnte das «Wasser-Haus» ein durchaus passendes Pendant zu dem psychosomatischen Symptom sein.

Das «fehlende Stück am Haus» und «die zu großen Räume» (bei Asthmatikern können wir analog zu ihrer Atemenge auch das «zu enge Haus» beobachten), das «Bach-Haus»; diese Beispiele, die eine so anschauliche Sprache sprechen, dürfen allerdings nicht darüber hinwegtäuschen, daß es auch nichtssagende Häuser bei psychosomatisch kranken Kindern gibt. Bei Erwachsenen spricht man in solchen Fällen von einer Alexithymie, einer Unfähigkeit, eigene Gefühle wahrnehmen und ausdrücken zu können (Nehmia, 15). Die Kinder sagen dann oft passend, es sei «nichts Besonderes». Um an dieser Stelle die Frage der Prognose aufzugreifen: Es stimmt uns meist bedenklicher, wenn wir ein solches ausdrucksloses Haus finden, als wenn sich auf der Symbolebene Defekte oder anderweitig erkennbare Störungen – und seien sie im Augenblick auch erschreckend – zeigen. Es ist in der Regel leichter, über die letztgenannten Häuser einen Zugang zu den eigentlichen Konflikten zu finden, als wenn das Haus keine Aussage hergibt.

1.1.5 Das Haus-Motiv bei sterbenden (leukämiekranken) Kindern

(von Hannelore Eibach)

Jahre liegen zurück, als mir anläßlich eines Klinikbesuches ein 15jähriger an Morbus Hodgkin erkrankter Jugendlicher spontan eine gerade fertiggestellte Zeichnung reichte. Während ich sie anschaute, begleitete er mich mit erwartungsvollen Blicken. Meinen Worten fügte er bestätigende Ergänzungen bei, oder er zeigte sich beim Versagen meiner Lesekünste enttäuscht. Er berichtete von der Chemotherapie, von scharfen, aggressiven Geschossen, die zur Behandlung eingesetzt würden (Bild 19). Dabei kam mir der Gedanke, daß er in dem fensterlosen Wehrturm und dem bröckelnden Gemäuer sein Befinden in seinem Körper auszudrücken versuchte. Als ich Verstehen signali-

Bild 18 «Bach»-Haus der Einnässerin

Bild 19 Wehr-Turm des Hodgkin-Kranken

sierte für seine Schwierigkeit, das Geschehen zu fassen und anzunehmen, nahm er das Blatt zurück und zeichnete einen Weg, der durch das dicke Dornengestrüpp direkt ins Turminnere führte. Er wollte mit seinen Nöten und Ängsten gesucht und ernstgenommen werden. Das Verstehen der bildhaft verschlüsselten Botschaft, in der symbolischen Einkleidung, hatte einen Weg zu ihm gebahnt.

Häufiger noch als Jugendliche zeichnen Kinder im Zustand schwerer körperlicher Erkrankung spontan ihr Erleben. Unsere Erfahrung ist, daß ihre ganzheitliche Erlebens- und Betrachtungsweise das Bild und die spontane Zeichnung zum bevorzugten Ausdrucksmittel ihrer Wahrnehmung und ihres Empfindens werden läßt. Die Bilder krebskranker Kinder können somit als Verschlüsselung, Verhüllung unbewußten und vorbewußten Wissens und Empfindens im Hinblick auf den Verlauf und den Ausgang der Erkrankung wegweisend sein.

Die im Folgenden besprochenen spontanen Zeichnungen entstanden auf der Onkologischen Kinderstation der Göttinger Universitätsklinik[4]. Sie wurden uns ohne Kommentare gegeben. Im Versuch, sie besser zu verstehen, legten wir die Erfahrungen von S. Bach zugrunde (16), die in ihrem Buch aufschlußreiche Einblicke in die Wechselbeziehung zwischen Psyche und Soma schwerkranker Kinder gewährt: Auf unmißverständliche Weise kommentiert die Psyche die körperliche Erkrankung und zeigt dabei sowohl Wege als auch Ausweglosigkeit.

Wenden wir uns nun dem Bild zu, das Jens malte, der im Alter von 9 Jahren erstmals an einer akuten Leukämie erkrankte (Bild 20). Er setzt das farbenfrohe Elternhaus an den linken Bildrand. Er selbst malt sich weit hinausgelehnt auf dem Balkon an der rechten Hausseite, dem Vater und dem jüngeren Bruder im Garten zuwinkend, während die Mutter die Blumen im Haus versorgt. Von der Station erfahren wir, daß die Mutter seit Mitteilung der Diagnose intensive Ängste entwickelt hat. Kinder können es schlecht ertragen, der Auslöser aufbrechenden Leids zu sein. Ob Jens deshalb auf eine harmonische Familiensituation zurückgreift, um die Mutter mit diesem Bild zu beruhigen oder zu trösten? Bemerkenswert ist jedenfalls, daß er sich gleichfalls im Haus (der Mutter) befindet, sich aber, so weit es geht, dem Vater und jüngeren Bruder im Garten entgegenneigt – also weg von der ängstlichen Mutter. Wenn wir Susan Bachs Raumsymbolik als Interpretationshilfe einsetzen, dann scheint es kein Zufall zu sein, daß Jens sich nicht nur dem hilfreichen Vater zuneigt, sondern zugleich auch in die Zukunftsseite weist. Sucht er hier Hoffnung? Aber zwischen ihm und dem Vater (sowie Bruder) befindet sich ein Baumstumpf in der vorderen Grundlinie. Was ist mit dem Baum geschehen, wodurch hat er seine Krone verloren? Wir wissen es nicht. Susan Bach hat beobachtet, daß Unvollständigkeiten in einzelnen Bildteilen nicht selten wichtige unbewußte Aussagen enthalten. Das trifft leider auch für Jens' Zeichnung zu. Wir erfuhren von der Station, daß Jens' Prognose sich erheblich verschlechtere. Er rückte in die Hochrisikogruppe vor. Müssen wir somit den beschädigten Baum als Ausdruck seines eigenen bedrohten Lebens, seines Lebensbaumes ansehen?

4 Frau Hanwar besonderen Dank für ihre Anregung und Hilfestellung.

Bild 20 Jens, der Baumstumpf unter dem Balkon

Anna malt ein Bild (Bild 21), das uns ebenfalls nachdenklich stimmt. Ihr Haus steht im Hochformat und füllt fast das ganze Blatt aus. Bedrohlich wirken sowohl der schwarze Schornstein, als auch vier schwarze Vögel, die ihn umfliegen. Um das Geschehen aus der Sicht und dem Erleben der 8jährigen Patientin aus Rußland nachzuvollziehen (s. Kiepenheuer, 17), versuchten wir, uns in die Vögel hineinzuversetzen und ihrer Flugbewegung nachzuspüren. Die Schwere drückte uns förmlich herab, so daß wir wie im Sturzflug auf dem Dach landeten. Gegen die Schwere richtete sie die Leichtigkeit im aufsteigenden Flug des Schmetterlings. Angst und Hoffnung ganz nah beieinander? Beachtens- und bedenkenswert scheint uns auch der blaue Punkt (Loch?), den Anna in den Giebel gemalt hat. Könnte es das von S. Bach beschrie-

Bild 21 Anna, die schwarzen Vögel

Bild 22 Felix, der Ruf aus dem Vogelkäfig

bene «Seelenfenster» darstellen, das sie bei schwerkranken Kindern als Ausdruck einer Vorahnung wiederholt beobachtete: Ein Fenster, das den Austritt der Seele aus dem sterbenden Körperhaus ermöglicht? Es bleibt uns verschlüsselt, ob der Schmetterling als Symbol der Hoffnung oder als Bild einer Seele, die den Körper verläßt, zu verstehen ist. Aber es ist Annas Anliegen, uns zu zeigen, in welche Dynamik ihr junges Leben eingespannt ist, so daß wir sie, die der deutschen Sprache nicht mächtig ist, in Bildern der Angst und Hoffnung wortlos verstehen können.

Auch Felix (Bild 22) unternimmt den Versuch, bildhaft auf sein schlechtes körperliches und seelisches Befinden aufmerksam zu machen. Die erneut notwendig gewordene Chemotherapie (3. Rezidiv bei akuter Leukämie) vermittelt ihm ein Gefühl, in seinem Körper wie ein Vogel im Käfig gefangen zu sein. Sein Piepton richtet sich an Schwester Karla, die Stationsschwester, die er sich anscheinend in seiner Angst und Einsamkeit herbeiwünscht. Besorgnis weckt die Zeichnung durch den deutlichen Farbverlust, den Felix im Federkleid darstellt. Nur noch die Schwanz- und äußeren Flügelfedern sind in kräftigen Farben gezeichnet. S. Bach hat der Farbe zu bestimmten Zeiten eine fundamentalere Bedeutung als den Objekten zugesprochen. Nach ihrer Beobachtung waren kritische Lebenssituationen durch schwindende Farbintensität bis hin zum Farbverlust gekennzeichnet.

Spürt Felix, daß seine Lebenskräfte trotz der Chemotherapie nachlassen, so daß Hoffnung auf Überwindung der schweren Krankheit nicht mehr recht aufkommen will? Die Kraftlosigkeit des zu schweren Körpers (somatisch durch massive Blutungen verursacht), auf dünnen Beinen ohne Halt, der kahle Kopf mit zartsprießenden Haaren, alles deutet darauf hin, daß Felix seinen Zustand sehr sensibel wahrnimmt und uns dies mitteilen möchte. Fassen wir sein Bild als unbewußte Darstellung seiner körperlichen und seelischen Wirklichkeit auf, so scheint er mit seinem «Piep» etwas sagen zu wollen. Auf der Suche nach einem Adressaten hat Felix wohl spontan an die Mutter gedacht. Mit Betroffenheit sehen wir, daß er das Wort Mama im linken Bildrand mit dicken schwarzen Strichen zugedeckt hat, um mit roter Farbe den Namen von Schwester Karla auf die rechte Bildseite aufzutragen. (Auch hier die Abwendung von der Mutter auf der linken Bildseite zu Schwester Karla, auf der rechten, der «Hoffnungsseite».)

Wir wissen, daß wesentliche Mitteilungen einen Menschen voraussetzen, der zum Mit-Teilen des Leids, zur Empathie, zur Offenheit befähigt ist. Der Mutter durfte er seine Traurig- und Hoffnungslosigkeit nicht zeigen. Sie suchte etwas Zuversichtliches in ihrer eigenen Angst. So malte Felix viele Bilder, in denen er kläglich piepend nach einem anderen Menschen suchte, dem er sich bildhaft offenbaren durfte.

Auch Katrin (Bild 23) (11 Jahre) malt ein bewegendes Haus-Bild. Ihr Gesundheitszustand hat sich so verschlechtert, daß ihr die Ärzte mit einer Knochenmarktransplantation zu helfen versuchen. Was Katrin ahnt, zeichnet und kommentiert sie mit den Worten: «Ich habe das Gefühl, ich schaffe es nicht.» Eine Woche später, noch in der Vorbereitungszeit zur Transplantation, stirbt sie. Ihr Haus wirkt bedrückend. Ihre Angst, ihre Angespanntheit schlägt sich in dick aufgetragenem Schwarz nieder. Vergitterte Fenster, schwarze Umrahmungen, bestimmen das Bild. Das Haus scheint verschlossen und unbewohnt. Das Schwarze sammelt sich in einer regengußartigen Rinne, die in ein Gefäß einmündet, das zugleich dicke Regentropfen auffängt. Vor das Haus hat Katrin zwei grüne Sträucher und einen grünen Baum gemalt. Die wiederkehrende Farbe Grün in Strauch, Baum und Regenfaß läßt auf eine Gemeinsamkeit schließen. Könnte sich im verbindenden Grün Katrins Hoffnung ausdrücken, daß Baum und Strauch durch aufgesammeltes Regenwasser vor dem Austrocknen bewahrt werden, zu einem Zeitpunkt, wo sie selbst zur Fürsorge nicht mehr in der Lage ist? Es ist uns immer wieder aufgefallen, daß Kinder in ihrem letzten Lebensabschnitt Vorsorge treffen, klärende Beziehungsangebote machen und dankbar sind, wenn wir ihre Hinweise verstehen[5].

Verschlüsselt blieb uns die Botschaft der dunklen, bedrohlich wirkenden Wolken, die eine nicht aufzulösende Spannung ins Bild bringen. Von der

Bild 23 Katrin, die schwarze Regenrinne

Station hörten wir, daß Katrin «bedrückt» gestorben ist, daß sie sich bis in die letzten Lebensstunden mit religiösen Skrupeln plagte, die ihr das Abschiednehmen und Loslassen sehr erschwert haben. Spiegeln das die Wolken wider? Wurde Krankheit mit Strafe in Verbindung gebracht, die sich aus den Wolken ergießt, so daß keine Angstfreiheit aufkommen konnte?

Als Michael, in Vorbereitung auf eine Knochenmarktransplantation, sich zunehmend von seinen Leidensgefährten auf der Onkologischen Station zurückzog und auch Ärzte und Schwestern keinen Zugang im Gespräch zu ihm fanden, bat die behandelnde Ärztin den Klinikseelsorger um Hilfe, nachdem Michaels Mutter wiederholt angedeutet hatte, daß sie zu dem Jungen, den sie außerehelich geboren hatte, in einer sehr schwierigen Beziehung stand. Nie hatte sie mit ihm über seine Herkunft sprechen können. Das Angebot des Seelsorgers, ihm etwas aus der Bibel zu erzählen, wies Michael zurück. Nein, hören wollte er nichts, doch etwas zeichnen zu dürfen, erfreute ihn.

Was ihn bedrängt, bringt er dann spontan ins Bild (Bild 24). Es ist die Familiensituation, die er im Bild des Familienhauses ins Zentrum rückt. Er begleitet die Zeichnung mit der Aussage: «Die Tür zum Haus ist fest verschlossen, da kann man nicht herein.» Bei der Betrachtung des Familienhauses fällt auf, daß es nur drei erleuchtete Fenster gibt (Mutter, Vater, Bruder). Er selbst malt sich auf die linke Seite des Bildes und den jüngeren Bruder auf die rechte Seite. Schauen wir, angelehnt an S. Bach, die Zeichnung an, befindet sich Michael auf der dunklen, lebensfernen Seite, mit erhobenen Händen. Suchen sie Hilfe? Michael kann sagen, daß er

5 Auch Wirsching (18) weist mehrfach auf die «altruistischen Grundtendenzen» bei (erwachsenen) Krebskranken hin.

Bild 24 Michael, Fußball und Springseil

sehr traurig ist, weil er nicht mehr Fußball spielen kann, deshalb hat er den Ball neben sich auf dem Boden liegend aufgemalt. Auf der lebenszugewandten Seite steht der jüngere Bruder, den er größer als sich selbst gemalt hat. Uns fallen die dunklen Farben auf, in denen Michael den jüngeren Bruder gemalt hat. Was will er damit ausdrücken? Er erzählt, daß er auf den jüngeren Bruder neidisch ist. Diese Aussage läßt, farbpsychologisch gedeutet, die Frage aufkommen, ob Michael unbewußte Todeswünsche gegenüber dem jüngeren Bruder hat. Das leuchtend gelb gemalte Springseil (gelb ist auch die Farbe des Neides) verstärkt noch den Kontrast zum schwarzen Oberkörper. Wiederholt konnten wir beobachten, daß tiefes Schwarz und intensives Gelb gewählt wurden, wenn eine spannungsgeladene Situation nach Auflösung drängte. Könnte das eine wichtige Mitteilung an uns sein?

Als der Seelsorger ihn fragte, wo er denn wohnen könne, wenn das Haus verschlossen sei, malte er einen Baum auf die rechte Bildseite mit einem schwarzen Loch im Stamm. Es war nach seiner Aussage eine Höhle, die ihm und dem Eichhörnchen Unterschlupf gewährte.

Der bildhaft ausgedrückte Wunsch nach einem «Zuhause» half der Mutter, ihre Bedenken zu überwinden. Als unerwartet schnell eine Verschlechterung eintrat, holte sie den Jungen zum Sterben nach Hause. Er konnte friedlich einschlafen.

Bild 25 Martin, 3 Häuser nehmen Abschied

«Mein Neuanfang ist mein Tod, und das ist jetzt mein schönster Sommer.» (Aus: Tränen im Regenbogen, 219). Mit diesen Worten hatte Anna sich von ihrer Freundin verabschiedet und sie getröstet. Etwas von dieser Tröstung spiegelt das letzte Bild des 7jährigen Martin (Bild 25) wider, der einige Tage darauf an Morbus Hodgkin starb. Sein Leben hatte sich in dem Augenblick abgerundet, als der leibliche Vater von weither angereist kam, um ihm beim Sterben beizustehen. Die Gelöstheit und Ruhe teilt sich in allen Einzelheiten des Bildes mit. Das mittlere gelbe Haus malte er für den Vater, der der Mittelpunkt ist. Im lila Haus wohnt seine Mutter, sein eigenes rotes Haus befindet sich jenseits des Flusses auf der linken Bildseite. Legen wir dieser Zeichnung das «Leseschema» Susan Bachs zugrunde, deutet Martin mit seiner Hauslage auf der äußersten linken Seite an, daß er auf etwas Unbekanntes, Dunkles zugeht. Er hat den Fluß überquert, das andere Ufer erreicht. Aber eine Brücke überspannt die beiden Flußufer, damit ist der Brückenschlag zum Vater gegeben. Am Horizont zieht eine auf- oder untergehende Sonne ihre Bahn. Verstehen wir die Sonne als Symbol, das sowohl Lebensvorgänge als auch Lebensvorstellungen und -erfahrungen widerspiegelt, so strahlt Martins Sonne etwas von dem Trost aus, mit dem Anna ihre Freundin im Leben zurückließ.

Die «Zeit» berichtet (Hoghe, 20) von einem krebskranken Mädchen, Bianca, das zum Zeitpunkt des Fortschreitens seiner Erkrankung schmerzlindernde Mittel verweigerte mit der Begründung, «um Herr im eigenen Haus zu bleiben». Die Kraft dazu nahm Bianca aus den offenen Gesprächen und der verständnisvollen Begleitung ihrer Eltern. Sie wollte ihren Abschied bewußt erleben und zeichnete den Leidensweg in vielen Bildern. Was von Bianca berichtet wurde, durften auch wir im Zusammentreffen mit schwerkranken, sterbenden Kindern erfahren: die Bereitschaft und den Wunsch, sich bildhaft zu verständigen. Es ist unsere Erfahrung, daß sich das ängstigende oder beruhigende Wohnung-haben im Körper häufig im Bild des Hauses widerspiegelt. Gelang es, im Austausch über die Bilder (Kübler-Ross, 21), die «Bewohnbarkeit», aber auch den Zerfall des Körperhauses ins Auge zu fassen, lebten die Kinder angstfreier und gelöster. Sie konnten sich auf ihren Abschied vorbereiten.

1.1.6 Das Haus-Motiv bei familiären Belastungen

Wer erfahren hat, wie sehr sich Konflikte im Selbst-Erleben in phantasierten Häusern zu spiegeln vermögen, den wird es nicht überraschen, daß auch Konflikte, die im zwischenmenschlichen, insonderheit im familiären Bereich angesiedelt sind, Ausdruck in Haus-Gestalt annehmen können.

Einige Beispiele, die wir schon an anderer Stelle schilderten (s. S. 22), sind im Grunde nicht denkbar ohne die dazugehörigen familiären Konflikte. Wir erwähnen hier nur den Jungen, der sich in seinem abgelegenen Haus zwar selber bekocht, durch sein übergroßes Tor aber zugleich kundtut, wie gern er noch besucht und versorgt worden wäre. (Seine Eltern waren geschieden, die Mutter von Anfang an berufstätig. Der Junge war sich viel selbst überlassen, gelegentlich wurde er von den älteren Geschwistern mitversorgt.)

Manchmal sind die Hinweise auf eine Scheidungs- (oder Trennungs-) Situation, um die es in den folgenden Beispielen geht, nur dezent. Ein Kind malt beispielsweise ein gespaltenes Haus oder eines mit zwei Türen u.ä. Hier gibt oft nur ein gezieltes Nachfragen die Antwort, daß z.B. «eine Tür für die Mama und die andere vom Papa ist», wie es eine Achtjährige erklärte. Es gibt jedoch Kinder, welche die Trennung der Eltern als sehr viel einschneidender durch verschiedene Haus-Identitäten dokumentieren.

Die achtjährige Susi zeichnete zwei Eltern-Häuser (was auch der Realität entsprach. Der Vater wohnte mit seiner zweiten Frau an einem anderen Ort). Susi zeichnete sich selbst auf einem fliegenden Teppich, der zwischen den Eltern-Häusern hin- und herpendelte. Ihre Ungeborgenheit auf dem Teppich, der keinen Bodenkontakt hatte, ließ sich auch in Worten erkennen: «Ich bin eigentlich bei keinem richtig zu Hause.»

Ein weiteres Beispiel bietet Marco (11 Jahre), an: Er versucht zum Teil die Realität (die Eltern sind seit sechs Jahren geschieden, der Vater lebt mit einem anderen Mann zusammen) zu verleugnen und/oder sich eigene Lösungen zu phantasieren. Die Mutter mußte eines Tages das bisherige Haus verkaufen. Dies barg noch Erinnerungen an den Vater. So war der reale Verlust des konkreten Elternhauses für Marco sicher doppelt schmerzlich, weil das kommunikative Elternhaus ja schon lange nicht mehr existent für ihn war. Da imaginierte und malte er sich einen Gang, der in einer Höhle mündete. Hier hatte er Vorräte zum Leben angesammelt, eine Kerze verschaffte ihm heimeliges Licht. Der Eingang zur Höhle war durch einen Busch verdeckt, bei Regen saß er warm und trokken im Schutz des Erdreiches (Regression in einen symbolischen Mutterleib) (Bild 26). Später tröstete Marco sich mit einer anderen, eher progressiven Phantasie: Er saß mit einigen Tieren auf einem imaginierten Elternhaus-Dach (Bild 27). Von dort rutschte er durch den Schornstein und landete in einem Wohnzimmer, in dem beide Eltern nebeneinander saßen und sich unterhielten. Marco hatte ihnen sozusagen ein imaginäres Wiedervereinigungs-Haus im KB erbaut. Wunsch und Wirklichkeit klafften dabei allerdings weit auseinander. Wir können bei ihm allenfalls von einer illusionären Lösung sprechen. Immerhin hatte diese aber eine vorübergehende Stärkungsfunktion, die dem Jungen doch etwas über das Trauma des verlorenen Elternhauses hinweggeholfen hat.

Bild 26 Haus unter der Erde

Bild 27 Ritt durch den Schornstein

Der zwölfjährige Jochen hat hingegen erkennen lassen, daß Haus-Bilder bei Kindern nicht nur eine tröstende Funktion haben können, sondern eigene Lösungen beinhalten. Jochen zeichnet zunächst ein Kombinations-Haus (Bild 28). Links stellt er ein Haus mit Fenstern und einer Tür dar, welches er als zu seiner Mutter passend deklariert. Das völlig verschlossene, kleinere Haus rechts repräsentiert hingegen die väterliche Welt, wie Jochen erkennen läßt. Er selbst «ist so dazwischen»: das kleine Haus ohne Fenster und Tür zwischen diesen beiden «Eltern-Häusern». Nach zwanzig Therapiestunden zeichnet er zunächst sein Haus in der Mitte, das diesmal das ausdrucksvollste ist und den größten Raum einnimmt. Es ist ein Großstadt-Haus (er möchte gern dorthin ziehen). Links daneben ist wieder das «Mutter-Haus» mit vielen Fenstern und einer Doppeltür. Rechts, beim «Vater-Haus», findet sich jetzt auch eine

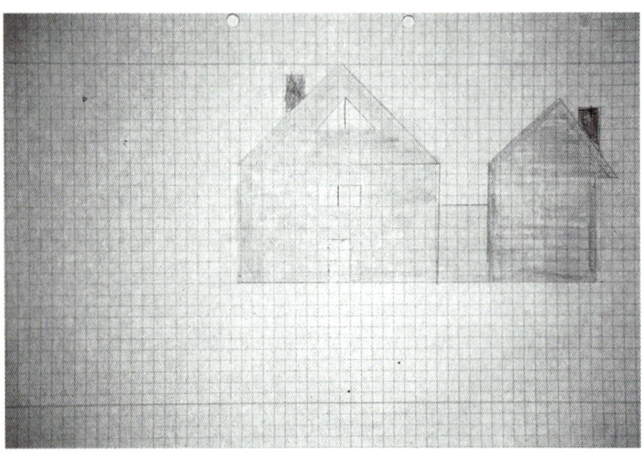

Bild 28 Vater-Mutter-Kind-Haus I

Bild 29 Vater-Mutter-Kind-Haus II

Doppeltür, aber es hat weiterhin keine Fenster. Das Haus von Jochen fällt durch ein spitzes Dach mit einem Schornstein auf. Interessant ist der Wandel des eigenen Hauses mit dem anderen Dach, wodurch es sich von den Eltern-Häusern deutlich unterscheidet (Bild 29). Daß das Vater-Haus inzwischen eine Tür hat, paßte zu der Tatsache, daß Jochen besseren Kontakt zu ihm bekommen hatte. So können imaginäre Häuser bei Familienkonflikten nicht nur tröstliche Wunschphantasien darstellen, sondern auch innere Entwicklungen und Wandlungen dokumentieren.

1.1.7 Unterscheiden sich Kinder-Häuser von Erwachsenen-Häusern?

Der analytische Kinder- und Jugendlichenpsychotherapeut G. Horn schreibt zum Thema «Häuser und Kinder» (persönliche Mitteilung), daß «das die eigene Persönlichkeit symbolisierende Haus im Kindesalter nur in Ansätzen erkennbar wird, weil das Haus an sich symbolischer Ausdruck des Erwachsenenseins ist». Dennoch bezweifelt er nicht, daß das Thema «Haus» nicht nur von Kindern häufig dargestellt wird, sondern auch in der Kinderpsychotherapie eine große Rolle spielt.

Wir möchten einige Beispiele und Gedanken skizzieren, die unseres Erachtens Aufschluß geben können für das, was Kinder- von Erwachsenen-Häusern unterscheidet (oder auch nicht unterscheidet). Bei *Vorschulkindern* besteht ja noch das *weitgehende Unvermögen, Phantasie und Wirklichkeit auseinanderzuhalten*. Kinder dieser Altersstufe haben offensichtlich ein Bedürfnis, sich eigene kleine Refugien zu schaffen (darin unterscheiden sie sich nicht von Erwachsenen!). Sie bauen sich gern Häuser aus Decken, u.ä., die sie von einem Tisch herabhängen lassen, oder sie verkriechen sich in Büschen und Höhlen, die sie zu Häusern deklarieren. Hier können sie – wie Horn sagt – als «Haus-Bewohner» agieren, indem sie das Haus als das ihrige ansehen. Oder sie sind «Haus-Besucher», d.h. sie erleben das Haus als das eines(r) Spielgefährten(in).

Dabei beobachten wir zwei Erlebnisebenen, die reale und die Wunschebene. In der ersten Ebene spielt das Kind sein Zuhause, wie es dieses erlebt. In der zweiten, der Wunschebene, richten sich die Kinder so ein, wie sie es gern haben möchten: Traum-Häuser, in denen sie verwöhnt werden und tun können, was sie wollen. Gelegentlich malen sie ihre Traum-Häuser und berichten so realistisch von ihnen, als ob es sich um reale Häuser handeln würde. (Darin unterscheiden sie sich von Erwachsenen!)

Wir haben aber auch bei *älteren Kindern* (sogenanntes *Latenzalter*) die Beobachtung gemacht, daß noch phantastische Geschichten, Bilder und Imaginationen über Häuser ablaufen können, deren Realitätsgehalt mitunter erstaunlich zäh verteidigt wird, obwohl die Kinder eigentlich wissen (müßten), daß es so nicht sein kann. Hier kommen uns Piagets Vorstellungen (zitiert bei Elkind, 22) zu Hilfe, der das eigentümliche Phänomen zu erklären sucht, daß bereits realistisch orientierte Kinder noch so realitätsfern fabulieren und daran «glauben» können.

Elkind zitiert insbesondere die *«kognitive Selbstzufriedenheit»* dieser Altersstufe. Er meint, daß die Kinder jetzt durch «konkrete Operationen» entdecken, daß ihre Eltern nicht allwissend sind, ja, daß sie, die Kinder, unter Umständen mehr wissen, als ihre Eltern. Aus der neuen Überlegenheit kommen sie mitunter «durch umstürzende Überlegungen dahin, ihre Hypothesen wie Fakten zu behandeln und die Fakten wie Hypothesen».

Einige Haus-Beispiele der genannten Altersstufe, die wir schon erörtert haben, lassen unseres Erachtens diese «egozentrische Selbstzufriedenheit» deutlich erkennen. Das Unvermögen (oder auch die Unwilligkeit?), Annahmen und Wirklichkeiten klar auseinanderzuhalten, offenbarte sich etwa in der Allmachtsphantasie des Bettnässerkindes (s. S. 26): «Wenn ich dem Bach sage, er soll was machen, dann macht er das auch.» Wir denken ferner an die Baum-Häuser (s. S. 143) oder das imaginäre Wiedervereinigungs-Haus von Marco (s. S. 32).

Es kann auch durch eine Angstvorstellung die realistisch erlebte Vision eines bedrohten Hauses auftauchen: Rambert (23) berichtet von einem achtjährigen Jungen und seiner Angst vor dem zukünftigen Stiefvater. Der Junge zeichnet angesichts dieser für ihn bedrohlichen «Katastrophe» (so Rambert) die Apokalypse seiner kleinen bisherigen Welt: Eine Steinlawine rollt auf sein behütetes Dasein herunter; Tiere, Bäume, nichts wird unversehrt bleiben. Das Haus der Mutter steht auf einem Abhang. Sie selber befindet sich links von ihrem Haus, rechts nähert sich ein Mann mit einem großen Stock: der zukünftige Vater des Kindes. Auf dieser Seite weist das «Mutter-Haus» starke Beschädigungen auf. Anschließend zeichnet der Junge ein Tier mit folgendem Kommentar: «Das ist das neue Tier im Zoo. Der Kopf ist so groß wie der Rumpf. Es hat schreckliche Augen. Sie schauen beinahe wie Fenster aus.» Dieses gräßliche Tier, so erklärt die Autorin, *ist* für den Jungen der Stiefvater, der immer schimpft, mit seinen Fensteraugen jede Unart sieht und das bisherige Heim zerstören wird.

Bei Erwachsenen (sofern sie nicht psychotisch sind) stellt sich bei ähnlichen unbewußten Projektionen schon bald ein distanzierendes Unwirklichkeitsbewußtsein ein. Man weiß trotz aller Betroffenheit (wer kennt das nicht aus einem Traum?), daß der emotionale Gehalt zwar echt ist, daß das Bild in einem viel tieferen Sinn auch «stimmt», dennoch wird man mit Erleichterung (oder Trauer) zugleich wissen, daß die Wirklichkeit eben doch anders ist.

Daß diese klare Zäsur bei Kindern im Latenzalter häufiger fehlt, geht auch aus einer anderen Beobachtung Horns hervor. Ihm fiel im KB auf, daß etliche Kinder, die sich gerade mit der Gestaltung eines bestimmten Motivs beschäftigten, unaufgefordert unruhig wurden und dann, als ob sie einer inneren Stimme folgen müßten, «einfach nach Hause gingen». Von insgesamt 111 Kindern (zwischen sieben und zwölf Jahren) waren es nach wenigen Minuten bereits 19, die sich vorstellten, daß sie heimgingen. Ein Zehnjähriger kann auch ein altes, verfallenes Haus entdecken, in dem er einen Tresor mit einem Diamanten findet. Dann kämpft er mit einem Drachen und so fort. Plötzlich fällt von oben ein Zettel herunter, mit der Aufschrift: «Dieses Haus gehört jetzt deiner Familie» – und damit ist die häusliche Realität wie selbstverständlich in die Phantasievorstellung hereingeholt. Der Realitätseinbruch in den Imaginationsablauf kann sich umgekehrt darin äußern, daß Kinder sich im KB weigern, ein Haus von innen zu besichtigen, da es sich ja um «das Haus von unbekannten Leuten» handle und sie «erwischt» werden könnten, wenn sie da einfach hineingingen.

In dem Beispiel von Rambert, das wir «die Angst vor dem Stiefvater» betiteln möchten, findet sich eine zeitliche Vorher-Nachher-Folge in der Rechts-Links-Orientierung, auf die wir hier noch eingehen möchten: Auf dem Bild des Kindes sieht man, daß die Mutter links und der bedrohliche Stiefvater rechts vom «Mutter-Haus» stehen. Solche unbewußten *Raum-Zeit-Zuordnungen*: Links das *Vergangene*, rechts das *Zukünftige*, aber auch die Welt des *Vaters*, finden wir immer wieder in kindlichen Haus-Darstellungen (wir erinnern an das Vater-Mutter-Kind-Haus von Jochen, S. 32). Die Zuordnung des väterlichen Prinzips zur rechten und des mütterlichen zur linken Seite finden wir gleichfalls in einem Raumschema von Grünwald (24) wieder. Baumgardt (25) bemerkt dazu allerdings kritisch: «Wir bewegen uns hier auf einem umstrittenen Gebiet, in dem sich die Interpretation aus wissenschaftlichen Spekulationen und empirisch erfaßten Werten zusammensetzt.» – Wir möchten, ohne wissenschaftlichen Anspruch, lediglich auf unsere empirischen Befunde hinweisen: Während wir bei unseren Kinder-Häusern immer die eben zitierte väterlich-mütterliche Seitenrepräsentanz fanden, entdeckten wir bei Erwachsenen-Häusern häufig das Umgekehrte (s. S. 74). Das stimmt wiederum mit Riedels (26) Ausführungen überein, die sich in erster Linie auf das Raumschema des Jungianers Michel beziehen. Woher dieser Unterschied rührt und ob er überhaupt statistische Relevanz besitzt, können wir bei unserem relativ kleinen Zahlenmaterial nicht sagen.

Völlige Übereinstimmung zwischen Kinder- und Erwachsenen-Häusern fanden wir hingegen in der vertikalen Anordnung der Oben-Unten-Charakteristika von Keller und Dachboden (s. auch S. 151). Der zehnjährige Wilhem (Bild 30) fand in seinem Keller ein Skelett und ein Waffenarsenal, eine unheimliche und doch zu ihm passende Welt.

Bild 30 Wilhelms verschiedene Stockwerke

Ähnlich wie Ammanns Peter und sein ihm damals noch fremdartiges Pagoden-Haus (s. S. 20) konnte auch Wilhelm das Geheimnis seines Kellers nicht enträtseln. Wir wissen aber, daß er als kleines Kind mehrfach operiert wurde und lange Zeit still liegen mußte (zum Teil ans Bett gefesselt). Da dies gerade in einer Zeit besonderer motorischer Expansion (mit zwei Jahren) stattfand, in welcher das Kind rational noch nicht verstehen konnte, warum es sich nicht bewegen durfte, läßt sich eine massive Aggressionsunterdrückung unschwer vermuten. Wilhelm sei danach fast beunruhigend «lieb» gewesen. Es ist anzunehmen, daß die gefesselte Motorik und die unterdrückten Affekte ihr verborgenes Eigendasein fortgesetzt haben und sich nun im Keller, in der unbewußten Tiefe, offenbarten. Die weitere Einteilung in den drei Stockwerken (in der Mitte die bürgerlich alltägliche Atmosphäre des Elternhauses, auf dem Boden Truhen, Koffer mit alten Bildern, Spielzeug und Bücher) entspricht weitgehend den Bildern, die wir bei Erwachsenen fanden.

Was Kinder- und Erwachsenen-Häuser in erster Linie voneinander unterscheidet, ist nach unseren Erfahrungen nicht der symbolische Gehalt (der bei Kindern zwar einfacher gestaltet ist), sondern der unterschiedliche Zugang, den sie zu ihren Häusern bekommen. Kinder pflegen unbewußt tiefere Ein-Sichten zu haben, als sie sie bewußt einordnen können. Umgekehrt haben wir erfahren, daß Kinder den Als-ob-Charakter ihrer Phantasie-Häuser nicht immer wahrhaben können oder wollen, was bei Erwachsenen nicht der Fall ist (wenn man von psychotisch gestörten Menschen absieht).

Die Tatsache, daß sich Kinder-Häuser in ihrer *Symbolik nicht wesentlich* von Erwachsenen-Häusern *unterscheiden*, mag vielleicht wenig überraschend sein. Daß sich aber *formal* in der Haus-Darstellung *mitunter kaum Unterschiede* erkennen lassen, vermutet man wahrscheinlich weniger. Wenn wir nicht gewußt hätten, daß dies oder jenes Haus-Bild von einem Kind bzw. Erwachsenen gemalt wurde, hätten wir tatsächlich öfter Schwierigkeiten mit der Zuordnung gehabt. Es ist bekannt, daß Erwachsene in einer Psychotherapie intensiv regredieren und sich entsprechend als Kinder erleben können, so «kindlich» zeichnen sie dann oft auch ihre Häuser. – Frau H., die sich in einer ausgeprägten Lebens- und Identitätskrise befand, erklärte, daß sie «keinen eigenen Boden unter den Füßen» habe und für ihren weiteren Lebensweg «keine Perspektive sah». Wir fanden bemerkenswert, daß bei ihrem zweidimensional gezeichneten Haus mit einem schräg auf dem Dach sitzenden Schornstein gleichfalls die räumlichen Perspektiven fehlten, bzw. nicht stimmten. Solche Häuser finden wir üblicherweise bei etwa achtjährigen Kindern. Nach beendeter Therapie zeichnete sie nochmals ein Haus und diesmal mit dreidimensionalen Erwachsenenperspektiven. Das Thema war übrigens nie diskutiert worden. Frau H. hatte also keine bewußte Korrektur vorgenommen. Unbewußt stimmten jedoch die perspektivischen Darstellungen mit ihrem Lebensgefühl so überein, daß sie sich in (scheinbar nur äußerlichen) formalen Kriterien äußerten.

1.1.8 Können Kinder ihre Zukunftserwartungen in Haus-Darstellungen projizieren?

Hundertwasser, der sich selber einen «Architektur-Philosophen» nennt, sieht in der Wohnung oder dem *Haus* die *«dritte Haut des Menschen,* neben der zweiten Haut, der Kleidung». Er hält es, angesichts der Tristesse vieler eintöniger Betonwohnsilos in den Großstädten, für lebenswichtig, daß «Häuser zum Träumen einladen... Wärme, Lebendigkeit und Fröhlichkeit ausstrahlen. Wer darin wohnt, soll gerne heimkommen, sich geborgen fühlen und wissen, daß es (das Haus) in seiner Eigenart nur einmal existiert.» Aus dieser Vision hat er ein Haus geschaffen, «in dem sich die Kreativität der Natur mit der Kreativität des Menschen begegnen».[6] Zur Ergänzung sei ein Zitat von E. Boesch (28) angefügt: «Der Mensch ist nicht zunächst Architekt, ein kühl-sachlicher Planer, um dann zum Träumer zu werden, sondern er ist vor allem ein Träumer, der sich dann zum Architekten entwickeln kann, wenn die Versachlichung genügend fortschreitet.» Und weiterhin: «Als Erbauer des Hauses werden wir *symbolisch* zu *Architekten unseres Schicksals.*»

Aber sind wir, die Erwachsenen, wie Schiefenhöfel und Eibel-Eibesfeld (29) es für unsere Nachkommen fordern, «in der Lage, Wohnungen zu schaffen, die... die architektonischen Grundlagen

6 Das «Hundertwasser-Haus» (27) wurde von 1983 bis 1985 in Wien gebaut und löste wegen seiner Eigenwilligkeit intensive Kontroversen aus.

für die zwanglose Ausbildung von Sozialkontakten für, mit und von Kindern» ermöglichen, um «nicht nur *Dächer* über dem Kopf, sondern auch solche über *der Seele* zu errichten»?

Die österreichische Pädagogin Ulrike Unterbruner (30) hat 1988/89 1100 Kinder und Jugendliche zwischen 13 und 18 Jahren zu Vorstellungen, Wünschen und Ängsten befragt, die sie im Hinblick auf ihre Zukunft hatten. Sie ging von der Annahme aus, daß das, «was in der Gegenwart wirklich Bedeutung hat, mit großer Wahrscheinlichkeit in Überlegungen zur Zukunft mit einfließt» und somit *«Zukunftsvorstellungen ... eine Art von Extrapolation des Gegenwärtigen»* sein müßten. Neben einer Fragebogenaktion veranlaßte sie 302 Jugendliche zu einer «Phantasiereise in die Welt in 20 Jahren». Die Phantasien, die die Kinder mit geschlossenen Augen in entspanntem Zustand entwickelt hatten, wurden anschließend in Bildern wiedergegeben. Die Kinder hatten für ihre Phantasiereisen keine direkten Vorgaben erhalten, d.h., sie hatten einen sehr großen Spielraum für ihre «inneren Bilder». Das Malen sollte ihnen helfen, auch die begleitenden Gefühle zu verdeutlichen. Das ist in diesem Alter in Bildern oft besser möglich als in Worten.

Sehen wir uns die Ergebnisse dieser Untersuchung an, so müssen wir feststellen, daß mehr als die Hälfte der Kinder eine pessimistische Welt imaginiert hatten. Sie sahen buchstäblich schwarz: Hochhäuser und Fabriken verpesteten mit dicken Rauchwolken die Luft. Neben solchen, zum Teil apokalyptisch anmutenden Zukunftsvorstellungen fanden sich Phantasien von einer idyllisch scheinenden «heilen Welt», nicht selten waren diese gemischten Welten durch einen Weg oder eine Mauer voneinander getrennt. Es zeigte sich, daß die «grüne Idylle» den Wunschvorstellungen der Kinder entsprach, während die andere Seite ihre Ängste (in erster Linie vor einem Atomkrieg und vor Umweltkatastrophen) repräsentierte.

Was die Ängste anbetrifft, so schien uns die Hausdarstellung eines 17 Jahre alten Jungen besonders eindrucksvoll zu sein (Bild 31). Sein Kommentar lautete: «Das Haus steht nicht nur für sich allein, sondern für eine ganze Stadt. Das Blaue ist eine Kuppel rundherum. Unter der Kuppel ist noch Leben, zwar nicht in Freiheit, aber es lebt noch etwas. Das Rote da an der Kuppel sind Lüftungen, damit saubere (lacht dazu ironisch) Luft

Bild 31 «Kuppelhaus» als Zukunftsvision

hereinkommt. Heraußen ist halt nur Wüste und Tod und so.» Der Junge hatte die Tagtraum-Vorstellung gehabt, «daß ein Atomkrieg war und daß die meisten dabei umgekommen sind. Diejenigen, die überlebt haben, haben sich dann solche Kuppeln gebaut».[7]

Die bedrückende Bilanz beschäftigte uns auch im Hinblick auf unser Thema. Wir überlegten, ob man Kindern eine Aufgabe stellen könne, die positive Assoziationen zu wecken vermag. So hatten wir bewußt in einer Oberschulklasse ein Thema vorgegeben, das die bergenden und die warmen Aspekte des Hauses betonte: «Das Haus als Schutz in Dunkelheit und Kälte.» Das Ergebnis hatten wir so nicht erwartet: Von 8 Bildern zu diesem Thema hatte lediglich ein Mädchen eine anheimelnde Familienszene in einem erleuchteten Haus dargestellt. Die anderen Häuser strahlten weder Geborgenheit noch Wärme aus. Sie wirkten kahl und nüchtern (Bild 32). Die wenigen Menschen darin schienen voneinander isoliert. Wenn sie überhaupt kommunizierten, dann nur mit dem allgegenwärtigen Fernseher, der in keinem Haus fehlte.

Anhand eines größeren Kollektivs (insgesamt 191 Kinder) wollten wir ferner herausfinden, ob sich Kinder zwischen 8 und 13 Jahren schon etwas einfallen lassen können zu einem Thema, das seinerzeit viele Erwachsene zu hoffnungsvollen Zukunftsvorstellungen inspiriert hatte: Das «gemeinsame europäische Haus» (s. S. 9). Diese Vorgabe enthielt einerseits einen verbindenden, möglicherweise auch konstruktiven Ansatz, andererseits war trotz der Vorstrukturierung doch genügend Raum

7 Wir danken Frau Dr. Unterbruner und dem Veritas-Verlag, Linz, für die freundliche Überlassung des Bildes.

Bild 32 Kahles, erleuchtetes Haus mit Fernseher

für freie Phantasien. Was uns besonders interessierte, war die Möglichkeit, Bilder von Kindern aus unterschiedlichen ethnischen Räumen zu diesem Projekt zu erhalten.

Wir hatten zunächst Gelegenheit, an 103 «europäische Häuser» zu gelangen, die vor allem von russischen Kindern und Aussiedlerkindern aus Rußland gemalt worden waren. Der überwiegende Anteil der Russenkinder lebte in Gomel, einer Region, die zu den weniger verstrahlten Gebieten um Tschernobyl gehört. Diese Kinder durften dennoch wegen der Strahlenbelastung vier Jahre lang nicht aus ihren Häusern gehen. Die einzige Ausnahme waren Busfahrten zwischen Schul- und Elternhaus. Die Kinder waren auf diese Weise praktisch in den eigenen Elternhäusern/wohnungen ghettoisiert. In der dort herrschenden Enge kam es, wie wir erfuhren, häufig zu Reibereien, ja aggressiven Ausbrüchen. Man fühlte sich zeitweise «wie im Gefängnis». Bei den anderen Kindern handelte es sich um Offizierskinder der russischen Garnison in Stendal (ehemalige DDR). Auch sie waren mehr oder minder ghettoisiert, d.h., sie waren an ihren Garnisonskomplex gebunden. Die weitere Umgebung war ihnen fremd; unter Umständen erlebten sie sie sogar feindlich. Ihr eigentliches Zu-Hause lag in einem weit entfernten Land. Die Aussiedlerkinder aus Rußland schließlich waren ebenfalls fremd im neuen Land. Sie lebten in Notunterkünften und beherrschten zum Teil die deutsche Sprache noch nicht. Alle diese Kinder haben also den fragwürdigen Schutz und die Brüchigkeit ihrer Eltern-Häuser erlebt.

Bei einer Malaktion zum Thema «Das gemeinsame europäische Haus» gab es in der Gruppe der Kinder aus Gomel[8] und den Aussiedlerkindern, die zugleich als Dolmetscher/innen fungierten, auch einige deutsche Kinder. Wir nennen diese Gruppe der Einfachheit halber die «Russenkinder», obwohl auch deutsche Kinder dabei waren. Die Bilder wurden im Januar 1991 in Lemgo/Lippe gemalt, kurz vor dem Ausbruch des Golfkrieges. Wir erwähnen das deshalb, weil eine Vergleichsgruppe von Lemgoer Hauptschüler/innen, sowie einiger deutscher Kinder aus Stendal (insgesamt waren es 88) im Juni/Juli 1991, also einige Monate nach Beendigung des Golfkrieges, dasselbe Thema noch einmal in Bildern gestaltete. Diese Gruppe nennen wir, gleichfalls etwas vereinfacht, «deutsche Kinder», obwohl einige ausländische Gastarbeiterkinder darunter waren. Die «Russenkinder» waren 8–13 Jahre, die «deutschen Kinder» 10–11 Jahre alt.

Unsere Erwartungen waren ganz allgemein: Das Kollektiv der Russenkinder würde vermutlich weniger hoffnungsvolle Bilder malen; die Kinder aus Gomel würden vielleicht häufiger ihre speziellen Ängste vor radioaktiven Folgeerscheinungen ausdrücken.[9] Der Begriff «Europa» würde bei diesen Kindern wahrscheinlich weniger konkrete Vorstellungen wecken, als bei dem deutschen Kollektiv. (Tatsächlich ergab eine Rückfrage, daß die Kinder aus Gomel Gorbatschows Metapher vom gemeinsamen europäischen Haus – bis auf wenige Ausnahmen – gar nicht kannten.) Schließlich könnte der drohende Krieg am persischen Golf vermehrte Kriegsängste evoziert haben.

Wie sah nun die Antwort auf unsere Hypothesen aus? Was uns zunächst bei den Russenkindern auffiel, war (gegenüber der Untersuchung von Unterbruner) eine relativ optimistische Sicht: Fast die Hälfte der Haus-Bilder ließen überwiegend positive Zeichen erkennen. Bei den anderen Bildern gab es sowohl optimistische als auch pessimistische Aspekte oder nur pessimistische Zeichen (diese allerdings bei über 30 % der Kinder). Bei den deutschen Kindern waren über die Hälfte der Bilder optimistisch gestaltet (ganz pessimistisch nur 16%).

8 Die Kinder aus Gomel waren durch Vermittlung von Frau Julia Opitz und Frau Dr. Erika Drees nach Stendal (ehemalige DDR) zur Erholung («Aktion Kinder von Tschernobyl») gekommen und hatten von dort aus der Partnerstadt Lemgo einen Wochenendbesuch abgestattet.

9 Entgegen unserer Annahme das Thema der Malaktion überwiegend andere Assoziationen geweckt.

Anstelle weiterer theoretischer Erörterungen möchten wir je 8 Bilder, die wir als repräsentativ für die russische und für die deutsche Gruppe ansehen, vorstellen. Zunächst die Bilder der Russenkinder: Das erste Bild (Bild 33) wurde von einem Jungen der russischen Garnison in Stendal gedruckt (Linolschnitt). Es handelt sich um eine recht persönliche Darstellung der Isolation, mit einem undurchlässigen Holzzaun und einem Block-Haus, das weder Fenster noch Türen aufweist. Der Junge hat zwar Menschen dargestellt, die aber bis auf eine Ausnahme keine Arme haben und beziehungslos hintereinander nach links aus dem Bild herausgehen. – Auch die beiden nächsten Abbildungen stammen aus der Garnison in Stendal. Während das erste Bild (Bild 34) eher als eine Klischee-Darstellung angesehen werden kann: Eine Rakete, aus der Zweige und ein dickes grünes Blatt wachsen, dazu der Text «Frieden der Welt! Es soll keinen Krieg geben! Alle Völker sollen Freundschaft halten!» (das Ganze mit der grünen Farbe der Hoffnung umgeben), zeigt das nächste Bild (Bild 35) die russischen Zeichen der (Gast-) Freundschaft: Brot, Salz und Wasser, eine, wie wir fanden, schöne bildliche Übersetzung für das «europäische Haus», selbst wenn auch sie etwas klischeehaft wirkt.

Bild 33 Blockhaus, Holzzaun, einsame Menschen

Bild 34 Rakete mit grünen Zweigen

Zwei weitere Bilder (Bild 36 und 37) wurden von Kindern aus Gomel gemalt und demonstrieren (mit den durchgestrichenen Emblemen einer Atomexplosion und eines Panzers im Dachstuhl eines Hauses) die Kriegsgefahr, welche zugleich mit einem Friedensappell verknüpft wird (die Sowjetunion als grüne Insel auf dem Globus und die Fahne mit der kyrillischen Aufschrift «Mir» – «Frieden» – über der Haustreppe). Während wir auch diese beiden Darstellungen den seinerzeit in der UdSSR verbreiteten Klischeevorstellungen[10]

Bild 35 «Brot, Salz und Wasser»

10 Rechnet man Kriegs- und Friedens-, sowie Freundschaftsembleme zusammen, so fanden sich diese bei 84,4 % der Russen- und 39,8 % der deutschen Kinder. Selbst wenn es sich um (scheinbar?) äußerliche Nachahmungen vertrauter Parolen handelt, macht die hohe Zahl derselben bei den Russenkindern doch betroffen: Entsprach das auch ihrer inneren Vortellungswelt?

Bild 36 Atomexplosion

Bild 37 Panzer im Dachstuhl und «Mir»-Fahne

Bild 38 «Goldenes Haus»

Bild 39 Weg durch den Todesstreifen

zuordnen möchten, ist das nächste Bild (Bild 38), wiederum von einem Mädchen aus Gomel gemalt, sehr viel persönlicher gestaltet. Es versinnbildlicht offensichtlich den Wunsch nach einer heilen Welt, deren Rarität und Kostbarkeit durch das Gold ausgedrückt wird. Freundliche Fenstergardinen und Blumen schmücken das runde Haus, das an beiden Seiten von Apfelbäumen flankiert wird ... Aber das Haus hat keine Tür! Muß es so sehr vor störenden Eindringlingen geschützt werden? So wirkt es trotz aller Freundlichkeit eher wie ein Bunker. Die nächste Darstellung wurde gemeinsam von zwei Aussiedlerkindern gestaltet (Bild 39): Ein Weg, an dessen Anfang ein Erwachsener ein Kind an der Hand hält; am anderen Ende ist ein blauer Sonnenhimmel zu sehen. Der Weg führt durch Niemandsland mit Stacheldrahtzaun, Wachtürmen und dem berüchtigten «Todesstreifen», der Ost- und Westeuropa trennte. – Das letzte Bild dieser Serie hat ein deutsches 13jähriges Mädchen gemalt (Bild 40). Es sagt dazu: «Auf der einen Seite, der grauen, da bringen die Menschen bunte Bausteine für das Haus Europa. Auf der anderen Seite, wo das Haus entsteht, da ist dann alles bunt.» (Die vorher schwarzen Strichmännchen sind hier in hellem Gelb dargestellt.)

Bild 40 Bausteine für das Europa-Haus

Bild 41 Menschenketten um das Europa-Haus

War es nur ein Zufall, daß es die deutschen Kinder der «Russen-Gruppe» waren, die eher konstruktive Lösungen fanden und weniger zu resignativen «Klischeevorstellungen» neigten? Eine Antwort auf diese Frage erteilten uns später die Kinder der deutschen Gruppe mit Bildern, die sich von dem russischen Kollektiv doch deutlich unterschieden. Die deutschen Bilder waren unbefangener, optimistischer, zum Teil illusionär-idyllisch, aber auch recht kritisch. Wir möchten das gleichfalls durch einige Bilder und Kommentare belegen: Es gab z.B. Menschenketten um das Europa-Haus (Bild 41). Es waren bunte Häuser mit der Einladung «Kommt!», resp. «Willkommen» zu sehen (Bild 42). Statt eines Hauses fanden sich «Europa-Busse» (Bild 43). Ein buntes Zelt auf einer grünen Wiese (Bild 44) oder auch phantastische Schlösser sollten die Menschen einladen, fröhlich und friedlich miteinander umzugehen. Dazu einige Kommentare: «Dies ist das Haus Europa, lustig auf alle Fälle und romantisch. Alle

Bild 42 Einladung: «Kommt»

Bild 43 Europa-Bus

Menschen, die da wohnen, fühlen sich wohl.» «Das Haus Europa soll bedeuten, daß jeder Mensch drin wohnen kann, und ich habe mir sehr, sehr viel Mühe gegeben.» «... ein Zelt, wo viele Menschen drin wohnen. Sie streiten sich nicht...» «Das Haus, was ich gemalt habe, bedeutet, daß die Menschen Boden unter den Füßen haben und daß sie Freiheit haben.» (Der Begriff Freiheit kam bei den Russenkindern nicht vor.).

Die kritischen Kommentare lauteten beispielsweise: «Dieses Bild stellt zwei Seiten Europas dar. Die gute und die schlechte Seite, die eine Mauer trennt. Doch die Mauer zerbröckelt langsam, und wenn wir nicht bald was tun, dann tut es keiner,

Bild 44 Buntes Zelt in der Wiese

Bild 45 Gute und schlechte Seiten Europas

Bild 46 Welt unter der Lupe

und dann ist es zu spät.» (Bild 45). «Auf den ersten Blick sieht die Welt ganz normal aus. Aber durch die Lupe gesehen, sieht sie doch sehr verschmutzt aus. Unten ist die Welt noch normal, ohne Autos und Fabriken» (Bild 46). Und schließlich: «Das Bild soll zeigen (durch die offene Haustür), was aus Europa wird, wenn die Menschen ihr Verhalten nicht ändern» (Bild 47).

Bild 47 Offene Haustür mit Müll

Nachdenklich stimmten uns auch die folgenden Bilder und Kommentare: «Mein Bild zeigt das Haus Europa auf einer Insel, wo alle Menschen Europas sind. Es kann keiner weg, weil kein Boot da ist. Darum müssen die Menschen so auskommen» (Bild 48). «Die Rakete hat fünf Stockwerke: 1. Stockwerk Kommandozentrale. 2. Supermarkt. 3. Schlafraum. 4. Freizeitcenter. 5. Küche und den Essensraum. 200 Mann Besatzung und Wachpersonal. 300 Passagiere. 200 Kommandopersonal. Sie sind von der Erde gestartet, weil die Vernichtung droht...» «Das Haus Europa ist ein Heim für Mensch und Tier. Es ist eine andere Welt, als die, wo ich lebe. Diese Welt, wo ich lebe, ist eine kranke Welt, und darum müssen wir der Welt helfen.»

Zusammenfassend möchten wir folgendes festhalten: Wir haben schon bei den leukämiekranken Kindern gesehen, daß sie Zukunftserwartungen, Ängste und Hoffnungen spontan in Haus-Darstellungen wiedergeben konnten. Es lag nahe, daß sich Häuser auch als Projektionsflächen für einen größeren, beispielsweise einen gesellschaftlichen Rahmen, eignen würden. Die subjektiven, ausschließlich von Menschen geschaffenen Eigenschaften eines Hauses, seine Lage, seine äußere Gestalt, ja man kann sagen, sein Charakter, bieten sich geradezu an für symbolische Übersetzungen von bewußten und unbewußten Vorstellungen.

Angesichts einer allgemein feststellbaren, überwiegend pessimistischen Zukunftserwartung unserer Kinder wollten wir erfahren, ob sich diese Erwartungen auch in Haus-Vorstellungen niederschlagen würden. In Bildern zum Thema «Das

Bild 48 Haus Europa auf einer Insel

gemeinsame Haus Europa»[11] aus der Sicht (ehemals) sowjetrussischer und deutscher Kinder zeigte sich, daß die seinerzeit mehr von polarisierten «Freund- Feindbildern», aber auch von einem drohenden Krieg beeinflußten Russenkinder häufig in die ihnen vertrauten Schablonen und Parolen ausgewichen waren[12]. Vielgestaltiger, unbefangener, aber auch kritischer waren die Bilder der deutschen Kinder. (Es handelte sich um Hauptschulkinder, also ein Kollektiv, das intellektuell dem der Russenkinder entsprach.) Die im Vergleich zu der deutschen Gruppe auffallend vielen Vermeidungen einer Haus-Darstellung bei den Russenkindern (ein Drittel hatte keine Häuser gemalt) schienen uns damit erklärbar, daß diese Kinder eine schicksalhafte Ungeborgenheit in ihren Elternhäusern erfahren hatten. Häuser als Repräsentanten von Sicherheit und Vertrauen mußten ihnen wohl fragwürdig scheinen, und offenbar haben Kinder, die sich real nicht zu-Hause fühlen, auch Schwierigkeiten, sich in symbolischen Häuser-Vorstellungen auszudrücken.

Daß aber Sorgen und Ängste um die gefährdete Umwelt[13] auch bei den vergleichsweise geborgen aufwachsenden deutschen Kindern die Europa-Häuser kritisch einfärbten, zeigt, daß Kinder gegenwärtige Zeit-Strömungen wachsam registrieren und dementsprechende Zukunftserwartungen antizipieren. Von Häusern einer unbelasteten Geborgenheit kann man also auch bei ihnen nicht sprechen – eine durchaus realistische Antwort, wenn man bedenkt, welche «Altlasten» wir ihnen vermachen!

11 Wir hatten zwar das Europa-Haus nicht ausdrücklich als Zukunftsvision vorgegeben. Es wurde aber deutlich, daß die Kinder es intuitiv, sozusagen als Fortsetzung des gegenwärtigen Zustandes, in der Regel so aufgefaßt hatten.

12 H. Barz (31) spricht in einem anderen Zusammenhang vom «Schicksal der Verflachung durch Kollektivierung».

13 Richter (32) spricht vom «mitfühlenden Verantwortungssinn» der Kinder.

Anmerkungen

1 Jersild, P.C.: Fem hjärtan i en tändsticksask. (Fünf Herzen in einer Streichholzschachtel) Autobiographischer Roman. Bonnier, Pocket, Trondheim, 1989.
2 Piaget, J.: Six Psychological Studies. Random House, New York, 1967.
3 Kohut, H.: Narzißmus. Suhrkamp, Frankfurt/M, 1971.
4 Baumgardt, U.: Kinderzeichnungen – Maltherapie: Schlüssel zum Verständnis seelischer Prozesse. In: Klosinski, G. (Hrsg.): Psychotherapeutische Zugänge zum Kind und zum Jugendlichen. Huber, Bern, 1988.
5 Wenk, S. L.: House-Tree-Person-Drawings. An Illustrated Diagnostic Handbook. Western Psychological Services, Los Angeles, 1990.
6 Becker, W.: Eben-Ezer. Der Turm ... In: Die Waage, 3, 29, 1990.
7 Erikson, E. H.: Kindheit und Gesellschaft. Klett-Cotta, Stuttgart, 1984[9].
8 Grunberger, B.: Vom Narzißmus zum Objekt. Suhrkamp, Frankfurt/M., 1982.
9 Jaffé, A.: Erinnerungen, Träume, Gedanken von C. G. Jung.
10 Leuner, H.: Lehrbuch des Katathymen Bilderlebens, Huber, Bern, 1987[2].
11 Keul, A.: Housing Wishes of Austrian School Children and Young People. A pilot study for the housing savings bank «Wüstenrot» from the bulk of the 1990 future contest material.
Vom selben Autor in Druck: Inhaltsanalyse der Zeichnungen zum Thema: Wohnen beim Zukunftswettbewerb einer großen österreichischen Bausparkasse.
12 Nordström, M.: Utemiljön viktigast. Dagens Nyheter. 34, 1991.
13 Ammann, R.: Traumbild Haus. Von den Lebensräumen der Seele. Walter, Olten, 1987.
14 Corboz, R.J. u. P.U. Gnos: Der Dreibaumtest in der Volksschule. Acta paedopsychiatr. 46, 83, 1983.
15 Nemiah, J.C. a. P.E. Sifneos: Affect and Fantasy in Patients with Psychosomatic Disorders. In: Hill, O.W. (ed.): Modern Trends in Psychosomatic Medicine. Butterworth, London, 1970.
16 Bach, S. R.: Spontanes Malen schwerkranker Patienten. Heft 8 Geigy, Basel, 1966.
17 Kiepenheuer, K.: Die innere Welt des sterbenden Kindes. Familiendynamik 3, 1978.
18 Wirsching, M.: Krebs – Bewältigung und Verlauf. Springer, Berlin, Heidelberg, 1990.
19 Klemm, M.: Heberle, G. u. W. Häcker (Hrsg.): Tränen im Regenbogen. Ad Tempto-Verlag, Tübingen, 1991[6].
20 Hoghe, R.: Unser Kind starb an Krebs. «Die Zeit», 14. April, 1982.
21 Kübler-Ross, E.: Kinder und Tod. Kreuz, Stuttgart, 1986.
22 Elkind, D.: Barn och unga i Piagets psykologi. Natur och Kultur, Stockholm, 1983.
23 Rambert, M.: Das Zeichnen als therapeutisches Mittel in der Kinderanalyse. In: Biermann, G. (Hrsg.): Handbuch der Kinderpsychologie, Bd. I, Reinhardt, München, 1969.
24 Grünwald, M.: Raumschema. In: Koch, K.: Der Baumtest, Huber, Bern, 1969.
25 Baumgardt, U.: Kinderzeichnungen – Spiegel der Seele, Kreuz, Zürich, 1990.
26 Riedel, I.: Bilder in Therapie, Kunst und Religion. Reihe «Symbole». Kreuz, Stuttgart, 1988.
27 Hametner, K., Meler, W. u. P. Spiola: Hundertwasser-Haus, Orac, Wien, 1988.
28 Boesch, E.: Kultur und Handlung. Huber, Bern, 1980.
29 Schiefenhöfel, W. u. I. Eibl-Eibesfeld: Jahrestagung der deutschen Liga für das Kind in Familie und Gesellschaft 1989. (Zitiert aus dem Programm der 19. Norddeutschen Psychotherapietage Lübeck).
30 Unterbruner, U.: Umweltangst – Umwelterziehung. Vorschläge zur Bewältigung der Ängste Jugendlicher vor Umweltzerstörung. Veritas, Linz, 1991.
31 Barz, H.: Blaubart. Weisheit im Märchen, Kreuz, Zürich, 1987.
32 Richter, H.-E.: Russen und Deutsche. Alte Feindbilder weichen neuen Hoffnungen. Hoffmann und Campe, Hamburg, 1990.

1.2 Das Motiv des Hauses in der Adoleszenz

Meine heilige Einsamkeit du –
halte die goldenen Türen zu,
vor denen die Wünsche warten.

R. M. Rilke

Aber öffne nur die Türe,
Aber tritt nur auf die Schwelle,
Hebe kaum den Blick und spüre
Schon die ungeheure Helle,
Schon den Glanz der leeren Räume,
Die wie Wiesen rasch erblühten,
Schon den Tanz der schweren Träume,
Die sich hoben, die erglühten...
Zärtliche beschwingte Welle,
Sieh, kein Lufthauch, der nicht rühre –
Aber tritt nur auf die Schwelle,
Aber öffne nur die Türe!

M. L. Weissmann

Vieles, was wir über die Kinder-Häuser geschrieben haben, findet im folgenden Kapitel seine Fortsetzung, zum Beispiel Häuser, die innere Lösungen vom Elternhaus ankündigen. Es geht also nicht um prinzipiell neue Fragen bzw. um ganz andere Haus-Bilder; es geht um eine Erweiterung der bisherigen Entwicklungslinien.

E. H. Erikson (1) hat vor mehr als 30 Jahren Grundlegendes zum Thema Adoleszenz gesagt, was unseres Erachtens noch heute überzeugend klingt. Wir möchten daher das neue Kapitel mit seiner Charakterisierung dieser Phase einleiten.

«Da der technologische Fortschritt mehr Zeit zwischen das frühe Schulleben und die endgültige Zulassung des jungen Menschen zur spezialisierten Arbeit legt, wird dieses Stadium des Heranreifens zu einer immer deutlicher umrissenen und bewußten Periode, fast zu einer Lebensform zwischen Kindheit und Erwachsensein. So scheinen junge Leute in den letzten Schuljahren, bedrängt von der physiologischen Revolution ihrer genitalen Reifung und der Unsicherheit der künftigen Erwachsenenrollen, sehr beschäftigt... mit einer Identitätsbildung, die aussieht, als wäre sie eine endgültige statt einer vorübergehenden oder eigentlich initialen... In ihrer Suche nach einem neuen Gefühl der Kontinuität und Gleichheit, das jetzt auch die sexuelle Reife mit umfassen muß, haben manche Jugendliche sich noch einmal mit den Krisen früherer Jahre auseinanderzusetzen, ehe sie bleibende Idole und Ideale als Hüter einer endgültigen Identität einsetzen können. Sie bedürfen vor allem eines Moratoriums für die Integration der Identitätselemente, die wir den Kindheitsstadien zuordnen: Nur, daß jetzt eine größere Einheit, undeutlich in ihren Umrissen und doch unmittelbar in ihren Forderungen, an die Stelle des Kindheitsmilieus tritt – die „Gesellschaft".»

Th. Lidz (2) weist in einem gleichzeitig erschienenen Buch auch auf die fortschreitenden kognitiven Fähigkeiten dieser Entwicklungsphase hin. Nach Piaget (3) wird die Phase der «konkreten Operationen» (s. auch S. 33) nun vom Stadium der «formalen Operationen» abgelöst, d.h., «der junge Mensch macht sich zunehmend eigene Gedanken und Vorstellungen über seine Zukunft: er beginnt Theorien, aber auch Ideologien zu entwickeln, zugleich orientiert er sich mehr und mehr an den Wertvorstellungen sozialer Systeme. Sein Handeln wird vor allem durch reife und autonomere Ich-Funktionen bestimmt, die elterlichen Über-Ich-Gebote verlieren hingegen an Einfluß.»

Die Dauer der Entwicklungsphase von Adoleszenten (Heranwachsenden) wird unterschiedlich bemessen. Während vielfach erst die Zeit nach der Pubertät als Adoleszenz bezeichnet wird, rechnet beispielsweise Lidz auch das vorpuberale Stadium und die Pubertät dazu, wobei er die Stadien der frühen und mittleren, sowie der späten Adoleszenz unterscheidet. Wir möchten seine Einteilung deshalb übernehmen, weil wir so unmittelbar an das Kinderkapitel anschließen können.

In Kapitel 1.1.3 (s. S. 20) hatten wir schon auf erste Verselbständigungstendenzen in unterschiedlichen Hausmanifestationen hingewiesen: Der 12jährige Peter, der sich in mehreren Träumen von der Matrix des Elternhauses zu lösen beginnt, um ein ihm jedoch noch fremd erscheinendes «eigenes» Haus zu erträumen; der gleichfalls 12jährige Klaus, der sich in seinem KB-Haus zwar als erstaunlich autonom erweist, aber mit dem großen symbolischen Tor der oralen Wünsche doch erkennen läßt, wie sehr und wie gern er eigentlich noch versorgt worden wäre (S. 21).

Wir hatten Juttas (ebenfalls 12 Jahre) Protest gegen das einengende grau-schwarze Elternhaus, dem sie mit einer Freundin zusammen den Rükken kehrt, gesehen; aber wir hatten auch wahrgenommen, daß Jutta noch keine Vorstellung eines eigenen Zukunftshauses hatte (S. 22).

Die Hausentwicklungen, die wir im folgenden beschreiben wollen, sind sicher ebenfalls keine bleibenden Hausidentitäten, sondern eher im Sinne Eriksons als initiale «Eigenheime», bzw. als Ausdruck einer *beginnenden persönlichen Identität* aufzufassen. Sie werden aller Voraussicht nach von ihren jeweiligen Architekten noch öfter umgebaut und ergänzt werden müssen. Aber das ist für uns im Augenblick weniger wichtig. Unser Anliegen ist vielmehr der Versuch, Häuserentwicklungen, die wir als charakteristisch für die Adoleszenz ansehen, vorzustellen – als eine Art Übersetzung der Reifungsdynamik des Jugendalters in die Architektursprache. Da wir zwischen früher (und mittlerer) sowie späterer Adoleszenz deutliche Unterschiede sehen, möchten wir dieses Kapitel in zwei Abschnitte unterteilen.

1.2.1 Häuserbilder der frühen und mittleren Adoleszenz

Carolin, ein Einzelkind, wird einer Kunsttherapeutin wegen Außenseitertums und nächtlichen Einnässens vorgestellt. Sie befindet sich in der Vorpubertät mit den in dieser Phase nicht seltenen adipösen Rundungen. Der Therapeutin erscheint sie ausgesprochen gehemmt und überangepaßt, zeitweise geradezu zwanghaft.

Auf einem ihrer ersten Bilder, das sie bei der Kunsttherapeutin malt, hat Carolin zwei symbolische Repräsentanten ihrer bisherigen Welt auf einem Blatt dargestellt (Bild 49): Einen Roboter und ein Schloß. Die lebhaften Farben, die das Kind ausgesucht hatte, überraschten die Therapeutin allerdings. Sie hatte nach dem Verhalten des Kindes eine farblosere Darstellung erwartet. Das festungsartige, sterile Schloß hingegen, schien ebenso zu Carolins Umgebung, ihrem Elternhaus, zu passen, wie der ungelenke, eckige Roboter zu ihr selbst (Ihr «Körperhaus»). Dessen eingepanzerter Kopf, die eigentümlich verschraubten Arme und die kurzen, dünnen Beine ließen kaum Bewegungsmöglichkeiten zu. «So ähnlich müßte sich das Kind daheim eingeengt fühlen», kam es der Therapeutin in den Sinn. Carolin sprach es nicht direkt aus, aber man konnte es einigen Nebenbemerkungen entnehmen und sich auch unschwer vorstellen, daß sie nicht nur daheim, sondern ebenso im Umgang mit Gleichaltrigen Probleme hatte.

Bild 49 Roboter und Schloß

Die nächsten Bilder spiegelten eine ähnliche Thematik wider: Carolin steckte in einem winzigen Puppenhaus, oder sie war zusammen mit einigen Tieren hinter einem Zaun eingesperrt. Eines Tages schmierte sie jedoch, ermuntert durch ihre Therapeutin, auf einem großen Blatt einfach drauflos. Sie titulierte das so entstandene Bild als «riesige bunte Fahne» und fühlte sich durch die Zustimmung der Therapeutin, die spürte, was dieser Durchbruch bedeutete, sehr gestärkt. In der nächsten Stunde bevorzugte Carolin erneut die «knalligen Farben» (Bild 50). Aber diesmal hatte sie damit eine Geschichte dargestellt, die sie anschließend ihrer Therapeutin in ein Heft diktierte. Es war die Geschichte von einem Igel, den sie «Ina» nannte und von dem Vogel «Hansi». Und es war auch die Geschichte eines kleinen Hauses an einem Abhang, das ihr bzw. dem Igel Ina gehörte.

Wir erfahren in der Geschichte, daß der Igel beim Gießen der Blumen vor seinem Häuschen den Abhang heruntergestürzt ist. Dort sieht ihn der Vogel Hansi, der ihm aber nicht aufhelfen kann, weil er sich an den spitzen Stacheln verletzen würde. Ina lädt Hansi anschließend in das Häuschen ein, und sie spielen einen ganzen Tag lang «Verstecken», bis es dunkel wird und Hansi nach Hause muß. Am nächsten Tag zieht Hansi zu Ina ins Häuschen. Sie spielen wieder Verstecken und das dann den ganzen Winter hindurch. Im Frühjahr schlägt Hansi vor, daß sie auf dem Abhang einen ganz langen Zaun bauen wollen, damit Ina nicht wieder beim Blumengießen ausrutschen und hinunterfallen könne. Später gehen beide an einem Bach entlang zum Meer, wo es

Bild 50 Igelkugel

aber noch zu kalt zum Baden ist. Danach gehen sie zu einem Wasserfall, «der nach oben fließt». Als es dunkel wird, zieht Hansi «für immer» in Inas Häuschen und sie haben noch «ganz, ganz lange Verstecken gespielt». So endet die Geschichte.

Hier hat also das Ina-Igel-Kind schon zu Beginn der Geschichte ein eigenes Haus, in das es später auch seinen Freund Hansi einlädt. Eine ungewöhnlich frühe Eigenständigkeit, wenn wir erfahren, wie sehr sich das Kind vorher eingeengt fühlte. Ist es wirklich ein «echtes» und bleibendes «Eigenheim» als Ausdruck einer neuen Identität? Das Haus schwebt eher über dem Abhang, auf dem der Ina- Igel anschließend auch ausrutscht und hinunterfällt. Carolin hat den Igel auf diesem Bild nicht realistisch, sondern wie eine abstrakte Stachelkugel dargestellt. Aber es liegt in der herabrollenden Kugel eine schwungvolle Dynamik, die noch verstärkt wird durch die kräftig gegeneinander gesetzten Primärfarben Rot, Blau und Gelb. Das Gelb wird von einem tiefdunkelgrünen Farbstreifen begleitet, der fast schwarz aussieht. Wir hatten schon bei dem krebskranken Michael (s. S. 29) auf die Spannung, die sich in einem solchen Farbkontrast ausdrückt, hingewiesen. Riedel (4) spricht auch von der «Signalfarbe» Gelb (Straßenverkehrsschilder, die gelbe Armbinde der Blinden, Warnung vor Radioaktivität, die gelbe Pestflagge u.ä.). Der Absturz des Igelkindes wird also farbsymbolisch als durchaus nicht ungefährlich charakterisiert. Versteht man darin Carolins Ausbruch aus dem bisherigen Gefängnis-Schloß der Eltern als neuen Lebensimpuls, so stimmt die dramatische Untermalung des Bildes durchaus.

Wenn wir uns über die Igelidentität der jungen Hausbesitzerin Gedanken machen wollen, so stoßen wir, ebenfalls bei Riedel (5), auf interessante Parallelen. Ein Kind in einem Märchen, sehnsüchtig von den Eltern zur eigenen Bestätigung herbeigewünscht, kommt in einer Stachelhaut auf die Welt und wird von den nun bitter enttäuschten Eltern «Hans-mein-Igel» genannt. Nach außen weiß sich dieser Hans geschickt wie ein Igel einzurollen und gegen Verletzungen abzukapseln. Unter der Stachelhaut verbirgt sich jedoch der höchst lebendige und ungebrochene Lebensmut des Igelkindes. Hans-mein-Igel bricht dann auch eines Tages aus dem freudlosen Elternhaus auf und sucht sich eine eigene Behausung, die er auf dem höchsten Baum in einem fernen Wald findet.[1] Von der Baumkrone aus hütet er eine große Schweine- und Eselherde, zugleich macht er auf einem Dudelsack, den er sich vor seinem Auszug von seinem Vater gewünscht hatte, Musik. Über die weiteren Abenteuer des Hans-mein-Igel soll hier nicht berichtet werden (allenfalls, daß er schließlich durch die Liebe einer Königstochter von seinem Stachelkleid erlöst und selber König wird).

Wir wissen nicht, ob Carolin das Märchen gekannt hat und ob Hans-mein-Igel ihr Vorbild gewesen sein könnte (auch Hans-mein-Igel hat einen Vogel zum Freund, einen Gockelhahn, der mit ihm auf den hohen Baum geflogen ist). Wir halten es aber für ebenso wahrscheinlich, daß Carolin sich die Igelgeschichte ohne dieses Vorbild ausgedacht hat. In jedem Fall paßt die Igelidentität zu ihrer Problematik: Auch sie mußte sich einigeln und ihre Verletzlichkeit gegen die Starrheit des Elternhauses, aber auch gegen die Hänseleien der Gleichaltrigen schützen. Auch bei ihr gab es unter dem Stachelpanzer eine ganz andere, vitale und phantasievolle Seite, wie sich in der Therapie zeigte.

Was uns hier besonders interessiert, ist das Haus, das Carolin sich in ihrer Phantasie errichtet hat. Auf einem späteren Bild (Bild 51) ist das Haus ganz solide «geerdet», es schwebt nicht mehr über dem Abgrund, und es wird mit seinem Blumengarten durch einen Zaun gestützt und geschützt. Man braucht tatsächlich keine Sorge mehr zu haben, daß Ina, der Igel, abstürzen könne. Stattdessen sieht man, wie Ina einen Stuhl zum Haus schiebt und der Vogel Hansi sogar einen beachtlich großen Tisch zur Ausstattung des Hauses herbeibringt. Die beiden haben ja auch vor, in dem Haus zu überwintern.

Bild 51 Haus am Hang

In dieser Phase der spielerisch phantasierten Hausgestaltung hatte sich Carolin wesentlich freier entfaltet, Kontakte geknüpft und ihre Symptomatik besserte sich gleichermaßen.

Leider beendeten die Eltern, die offenbar mit einem braven, angepaßten Kind besser zurechtkamen, die Therapie vorzeitig. Wir wissen nicht, ob der Durchbruch zu eigenen vitalen, bisher ungelebten Anteilen weiter gestaltet werden konnte, oder ob Carolin-Ina wieder ein Roboterdasein in einem sterilen Schloß führen musste. Aber als Möglichkeit für eine vorübergehende Identitätsbildung schien uns Inas Refugium recht hilfreich zu sein. Die Vorläufigkeit dieses Hauses wurde von dem Kind selber unwillkürlich dadurch ausgedrückt, daß Ina zwar mit dem Vogelfreund darin leben konnte, aber sie hatten immer nur «Verstekken gespielt», d.h., ihre neue Lebensform noch nicht offen zeigen können[2]. Auch das Baden im Meer war noch zu früh, es war zu kalt, und der Wasserfall floß nach oben, wie Carolin es diktiert hatte. Hier hat Carolin durch eine irreale, «abgehobene» Phantasie selber auf den verlorenen Realitätsbezug hingewiesen und damit den noch unfertigen Gehalt ihrer Haus-Geschichte aufgezeigt.

Einen anderen Einblick, sich von allzu einengenden mütterlichen Forderungen, bzw. einer Überbehütung zu befreien und eine eigene Zwischenlösung in einem Haus zu finden, gibt uns Beate. Auch sie braucht für diesen Schritt nicht nur die verständnisvolle Unterstützung eines Therapeuten, sondern eine Freundin, die ihr in ihren Imaginationen zur Seite steht. (Wir erinnern in diesem Zusammenhang noch einmal an Juttas Abwendung vom Elternhaus (s. S. 22), zu der sie ebenfalls eine gleichaltrige Verbündete benötigt hatte. Wir treffen diese außerfamiliären Begleiter, die den Ablösungsprozeß aus der Familie unter-

1 Auch er hat seine «Adoleszenz» in einem über der Erde schwebenden «Haus» verbracht.

2 Das Stachelkleid verhinderte ja auch eine «intime» Begegnung.

stützen sollen, besonders häufig bei Kindern in der Vorpubertät an.)

Beate wurde dem KB-Therapeuten wegen ausgeprägter Schulängste vorgestellt. Dahinter offenbarte sich aber schon bald eine Konfliktsituation mit der Mutter. Unwillkürlich hatte diese das ängstliche Kind immer mehr in ihre eigenen Befürchtungen und Unsicherheiten eingebunden und Beate damit selbständige Lösungsmöglichkeiten der Schulproblematik verbaut. Es war ein unglücklicher, allzu enger Kreislauf eines gegenseitigen schuldbeladenen Aufeinanderbezogenseins zustande gekommen, der bei Beate bereits zu einem psychosomatischen Symptom geführt hatte: Jeden Morgen, wenn sie aus dem Haus sollte, mußte sie sich übergeben.

In Bild 52 hat Beate das von ihr im KB imaginierte Kinderzimmer nachträglich gezeichnet. Über ihrem Schreibtisch sieht man eine überdimensionale Spinne, vor der sich Beate im KB sehr gefürchtet hatte. Das Spinnenthema beschäftigte sie auch in den folgenden Imaginationen intensiv, und es wurde deutlich, daß es sich um eine verschlüsselte Darstellung der einengenden Mutterbeziehung handelte[3]. Beate, so kann man es ausdrücken, fühlte sich im mütterlichen (Spinnen)-Netz gefangen und gelähmt.

Bild 52 Spinne im Haus

Eine erste Befreiung gelang Beate im KB, als sie im Haus einer Freundin zum Spaghetti-Essen eingeladen war. Die Spinne tauchte jetzt nur noch in einer entfernten Dachbodenecke des Mehrfamilienhauses auf, allerdings in einem riesigen Netz. Ihre unmittelbare Bedrohlichkeit hatte sich für Beate durch die Distanz jedoch verloren.

Das letzte Haus dieser Serie liegt, wie auch bei Carolin, an einem Berghang. Beate befindet sich nicht in ihrem Haus (Bild 53), sondern sie besucht in einem bisher ungewohnten Expansionsdrang einen Freund, der oben auf dem Berg Ziegen hütet. Sie weiß aber, daß sie, wenn es dunkel wird, Schutz in ihrem Haus finden wird. Das gibt ihr den Mut und die Freiheit, nicht nur im KB, sondern auch in ihrem Realleben aus dem ängstlich behütenden Eltern-(Mutter-)Haus treten zu können.

Selbst wenn das Haus am Berghang, ebensowenig wie bei Carolin, als Symbol einer endgültigen Ich-Identität angesehen werden kann, so hat es für Beate doch eine wichtige Übergangsfunktion erfüllt. Sie konnte sich nun «ohne Netz» in altersgemäßer Weise mit den auf sie zukommenden Problemen der Pubertät auseinandersetzen. Der Berg gilt nach Leuner (9) auch als Sinnbild des eigenen Anspruchs. Die Höhe des Gipfels korreliert meist auffällig mit dem Leistungsstreben. So dürfte es kein Zufall gewesen sein, daß Beate in ihrem letzten KB ihr Haus an einen Berghang plaziert hat und von dort aus auf den Berggipfel geklettert ist. (Sie hatte in dieser Zeit ihre Schulprobleme überwunden).

Bild 53 Berghaus

Sehen wir uns die Häuser, die die beiden Mädchen Carolin und Beate sich als stärkend-schützende Domizile in ihrer Identitätskrise geschaffen

3 Zur Spinnenphobie: u.a. weist R. Klußmann (6) auf die häufig dahinter liegende Problematik der «übermächtigen Mutter», die «aussaugt», u.U. auch «Gift spritzt», hin. In Lurkers «Wörterbuch der Symbole» (7) wird die im Zentrum ihres Netzes sitzende Spinne auch «ein Symbol des Selbst in seinem negativen, beängstigenden Aspekt» genannt. Cooper (8) geht wiederum mehr auf den Mutteraspekt ein (s. S. 53).

Bild 54 Trümmer

hatten, noch einmal genauer an, so beeindruckt die unauffällige und freundliche Anspruchslosigkeit der Häuser. Horn weist darauf hin, daß er bei Jungen dieser Altersstufe eher ausgefallene Häuser gefunden habe: Unterwasserlabors (s. auch S. 19), Weltraumstationen, Bunker u.ä. Nicht selten seien aber auch Ruinen als Ausdruck der Ablösung und/oder der Entidealisierung des Elternhauses gebildet worden. Manchmal scheint die Ablösung aus der familiären Enge nicht anders möglich zu sein, als mit einem Kraftakt der Zerstörung. So schildert Horn (10) das Beispiel des pubertierenden Ralf, der im KB im Zimmer seines Vaters die Vorhänge anzündet, Schreibtisch und Bücherregale umstürzt, Decken- und Tischlampe zerstört und schließlich mit einem Beil den Schreibtisch spaltet und die Fensterscheiben einschlägt (Bild 54). Es war die freigesetzte Wut über einen Vater, der nie Zeit für ihn gehabt hatte, sondern «all die Jahre hinter seinem Schreibtisch verbrachte».

Erst in einem späteren KB konnte Ralf eine eigene, aber noch unzugänglich abgekapselte Behausung entdecken: Einen tür- und fensterlosen Bunker, in dem er fünf andere Jugendliche entdeckt, Musiker, die «entsetzlich langweilig spielen» und schließlich einer nach dem anderen eingeschlafen sind. Der Raum war «überaus unfreundlich, kalt und moderig». Es gelang Ralf aber, von innen eine Öffnung in den Bunker zu schlagen, damit Sonnenlicht hereinkommen konnte. Nach und nach befreite er sich und die allmählich erwachenden Freunde (vgl. S. 146). Sie verließen den Bunker und fanden im Nachbarort eine Wohnung bzw. einen Raum in einem Haus, wo sie ungestört üben konnten. Parallel zu diesem «normal»-bürgerlichen Abschlußbild endete auch die stürmische Krise dieses schwergestörten, aus problematischen Familienverhältnissen stammenden Jugendlichen, der jetzt eine Stelle als Musiker gefunden hatte und sozial unauffällig blieb.

Um kein allzu einseitiges Bild von den unterschiedlichen männlich-weiblichen Adoleszenten-Häusern zu wecken, sei abschließend das Bild der 13jährigen Rebecca vorgestellt, die sich offenbar

Bild 55 Backofen

auch nur durch einen vernichtenden Akt von der sie einengenden Mutter befreien konnte. Sie schob die «alte Hexe» in einen lodernden Backofen (Bild 55), wobei sie sich fast verlegen entschuldigte, mit dem Hinweis auf «Hänsel und Gretel, die das auch so machten».

Unbewußt mag Rebecca mit diesem symbolischen Bild an uralte Weisheiten gerührt haben: Es geht ja auch bei ihr um einen Reifungsprozeß, um ein Stirb oder Werde: Entweder um einen inneren Neubeginn oder um die Gefahr, ihre eigentliche Lebensaufgabe zu versäumen. Rebecca kann, so scheint es, nur selber eine Frau werden, wenn sie die internalisierte Mutter, die sie in der Kindposition festhält, dem Feuertod im Backofen übergibt. Erst dann wird sie selber Mutter werden und Kinder bekommen können. Eschenbach (11) erinnert in dem Zusammenhang an das uralte Bild des Backofens, der mit Schwangerschaft und Geburt (der Laib Brot) verglichen wurde. Sie weist auch auf den häufig unvermeidlichen Reifungsschritt des Schuldigwerdens hin, als Gretel die Hexe in den Backofen schiebt: «...wenn man (wie Adam und Eva beim Sündenfall) erkennt, was gut und böse ist.» Das Backofen-Haus kann so als Ort eines Initiationsgeschehens angesehen werden.

Auf die bei Jungen und Mädchen häufiger auftauchenden Baum-Häuser in der Adoleszenz (s. auch S. 144) möchten wir später ausführlicher eingehen, desgleichen auf Höhlen und analoge Naturzufluchtsstätten, die sich ebenfalls als vorübergehende Domizile anbieten können, wenn man sich innerlich vom Elternhaus zwar zu lösen beginnt, aber eine eigene Wohnung noch nicht gefunden hat.

1.2.2 Häuser-Bilder der späten Adoleszenz

Schon äußerlich unterscheidet sich die späte von der frühen und mittleren Adoleszenz dadurch, daß die Jugendlichen in der späteren Phase in den meisten Fällen aus dem Elternhaus gehen und sich real neue Wohnungen suchen müssen.

Aber auch der innere Individuationsprozeß nimmt andere Gestalt an. Die Bilder aus der frühen Adoleszenz wirken vergleichsweise kindlich, wenngleich sie zum Teil in ihrer Symbolik schon an tiefere Weisheiten, wie wir sie etwa aus den Märchen kennen, anknüpfen.

Drewermann (12) hat sich bei der Interpretation des Märchens «Rapunzel» mit der Rolle des Hauses als Austragungsort der verhinderten Reifung einer von ihrer Mutter extrem abhängigen Tochter auseinandergesetzt. Er weist übrigens (wie Becker, (s. S. 18) auf ein verwandtes Schicksal hin: Die Heilige Barbara, die von ihrem Vater, einem reichen Heiden, in einen Turm gesperrt worden sei, um sie vor der Welt und der Botschaft des Christentums zu bewahren. Drewermann bemerkt dazu: «Was väterliche Eifersucht dort, erreicht die mütterliche Obsorge hier» (nämlich bei Rapunzel). Die tragisch «symbiotische» Verflochtenheit des Mädchens Rapunzel mit seiner Mutter, und nur das soll hier Thema sein, wird von Drewermann wie folgt dargestellt: «Schon rein äußerlich läuft alles darauf hinaus, daß das Mädchen nicht anders zu leben hat als seine Mutter[4] früher: Bewohnte diese ein Haus, das nur durch ein „kleines Fenster" einen Ausblick in den Garten der Zauberin freigab, so wird jetzt Rapunzel in einen Turm gesperrt, der, allseits völlig unzugänglich, nur durch „ein kleines Fensterchen" Kontakt und Einlaß gewährt. Eine solche Parallelisierung zwischen der „Architektur" des mütterlichen Wohnhauses und Rapunzels Gefängnis läßt sich jedoch nicht nur in einer Richtung lesen... Die Gleichheit der Gebäude markiert unzweifelhaft eine Vergleichbarkeit der Gefühle zwischen Mutter und Tochter... Man wird annehmen müßen, daß sie (die Mutter) auf ihre Tochter nicht viel anders reagiert, als sie selber ihr eigenes Leben hat zubringen müssen: Als ein sehnsüchtiges Warten

4 Drewermann deutet die leibliche Mutter und die «Zauberin», bei der Rapunzel aufwächst, als «zwei Seiten ein und derselben Person». So wird letztere von ihm auch einfach «Mutter», gelegentlich «(Stief-)Mutter» genannt.

am Fenster, als ein Verhocken im Gefängnisleben feindlicher Ängste und Gehemmtheiten, als ein inneres und äußeres Dahinsiechen in dem Bergwerk endloser Rituale möglicher Schuldvermeidung... (Ähnlich) zerrissen zwischen Angst und Hoffnung, zwischen Vorsicht und Aussicht, zwischen üppiger Phantasie und schmerzlicher Leere wird Rapunzels Jugend „am Fensterchen" ihres „Turmes" dahindämmern.»

Rilke hat es (ebenfalls bei Drewermann zitiert) in einem seiner Gedichte einmal so ausgedrückt:

> «Da wachsen Kinder auf an Fensterstufen,
> die immer in demselben Schatten sind,
> Und wissen nicht, daß draußen Blumen rufen
> zu einem Tag voll Weite, Glück und Wind, –
> und müssen Kind sein und sind traurig Kind.»

Wir erfahren, daß Rapunzels Lebensentfaltung durch die übermäßige «Liebe» der Mutter verhindert wird, denn für diese wird wegen ihrer eigenen Lebensleere Rapunzel zum einzigen Lebensinhalt. Wie aber könnte ein Mädchen aus der Verantwortung für das Lebensglück der Mutter aus dem Gefängnis dieser Liebe ausbrechen? Rapunzel ist hoffnungslos «schuldig», wenn die Mutter ihretwegen unglücklich wird, d.h., wenn Rapunzel sie verlassen würde. So kommt es in der Enge des Turmes zu einem eigentümlichen System «vertauschter Verantwortungen», wie Drewermann es nennt, «indem die Tochter sich stets Sorgen um ihre Mutter machen muß, die (Stief-)Mutter aber sich um ihre Tochter sorgt und keiner von beiden jemals dazu kommt, seine eigenen Angelegenheiten zu betreiben.»

Das Turmdasein enthält aber noch eine andere Perspektive, eine hohe Prämie für Rapunzel: Sie fühlt sich unvergleichlich, herausragend in ihrer Einzigartigkeit. Nach Drewermann ist Rapunzel «als Turmbewohnerin der gemeinen Welt bis zu den Wolken hin enthoben, und so weit ihre Sehnsucht reicht, so weit ist sie den Niederungen der gewöhnlich Sterblichen entrückt.» In dieser narzißtischen Entrücktheit[5] entdeckt der Königssohn, der von ihrem «lieblichen Gesang» magisch angezogen wird, Rapunzel. Aber, und damit bleibt Rapunzels Lossagung aus dem mütterlichen Turm eine Illusion, auch der Königssohn muß, wie die Mutter, Rapunzel bitten, ihn mit Hilfe ihrer goldenen Haare zu sich heraufzuziehen. Er muß also die Rolle der Mutter übernehmen, um Einlaß in das Turmzimmer zu bekommen. Da Rapunzel den Turm aus ihrer Schuldverstrickung nicht verlassen wird, kann der Königssohn auch nie mit ihrer ungeteilten Liebe rechnen.

In dieser ausweglosen Lage verrät sich Rapunzel eines Tages jedoch unwillkürlich selber, indem sie der Mutter das Geheimnis ihrer heimlichen Nächte mit dem Königssohn preisgibt. Damit hat sie intuitiv aber auch die Lösung ihres Konfliktes eingeleitet. Denn nun muß *sie* die Mutter *nicht* verlassen. Es ist vielmehr diese selbst, die in ihrer maßlosen Enttäuschung die Tochter «in die Wüste schickt.» Hier wird sie später nach langen Irrwegen von dem Königssohn wieder entdeckt und jetzt erst, weit ab von ihrem Mutter-Turm, von dem sie sich innerlich inzwischen distanziert hat, ist Rapunzel fähig, dem Königssohn als Frau in sein Schloß zu folgen.

Wir haben das Sinnbild des Turmes als Blockierung eines notwendigen Reifungsschrittes hier so ausführlich dargestellt, weil es uns später zum Verständnis für die Abhängigkeitsprobleme von Magersüchtigen noch einmal beschäftigen wird. Zunächst möchten wir aber anhand weiterer Märchen auch andere Möglichkeiten aufzeigen, wie das Moratorium der Adoleszenz sich in Häuserbildern darzustellen vermag.

Auch Dornröschen wird mit dem Eintritt in die Pubertät in einen Turm von der Welt (und damit einer möglichen Begegnung mit einem Königssohn) abgeschieden. Aber sie wird nicht von ihrer Mutter dorthin verbannt. Von der Mutter hört man im Gegenteil auffallend wenig im Märchen. Es ist vielmehr von der großen Liebe des Vaters zu diesem «seinem schönen Kind», die Rede. Allerdings spielen eine Reihe von Ersatz-Müttern eine wichtige Rolle: Die gute, die 12., und die böse, die 13. Fee, sowie eine alte, weise Frau im Turmstübchen, an deren Spindel sich Dornröschen verletzt. Damit erfüllt sich die Verwünschung der 13. Fee: die Prophezeiung von Dornröschens Tod im 15. Lebensjahr, welche später von der 12. Fee in einen hundertjährigen Schlaf gemildert wird.

Äußerlich scheinen die Märchenbilder fast identisch zu sein. Auch Waiblinger (13) führt in ihrer Dornröschen-Interpretation Parallelen zur Rapunzel-Geschichte an: Beide werden seit der

5 Wir erinnern an den narzißtischen Aspekt des Turmes, den wir auf S. 19 schon erwähnt haben.

Zeit der beginnenden Reife in einem Turm von einer alten Frau über Jahre festgehalten. Beide waren Einzelkinder, die sich die Eltern lange und sehnlich gewünscht hatten. Aber dann sehen wir, daß das Schicksal der Mädchen sich sehr unterschiedlich gestaltet. Im Gegensatz zu der ausschließlich auf die (Stief-)Mutter bezogenen Rapunzel wächst Dornröschen sorglos und behütet im Königsschloß bei ihren Eltern heran. So sorglos, daß die Eltern eines Tages verreisen und das Kind ausgerechnet an dem Tag der verhängnisvollen Verwünschung, als es 15 Jahre alt wird, allein lassen. Der Vater glaubte wohl, er hätte genug für Dornröschens Sicherheit getan, indem er seinerzeit alle Spindeln in seinem Reich verbrennen ließ. Er hatte offenbar auch nicht mit der Neugierde des Kindes gerechnet, das «allerorten herumging, Stuben und Kammern besah, wie es Lust hatte.» So kam es durch eine enge Wendeltreppe auch zu einem alten Turm. Dort drehte es den verrosteten Schlüssel einer kleinen Tür herum, und die Tür zum Turmstübchen (s. oben) sprang auf. In der Urfassung des Märchens wurde der Schlüssel als gelb geschildert. Gelb, so schreibt Waiblinger, sei auch die Farbe «der Intuition, der Weite, der Ahnung von grenzenlosen Möglichkeiten.» Aus dieser Sicht wird Dornröschens Aufstieg in die Turmkammer «als intuitiver, aktiver Schritt im Individuationsprozeß» von Waiblinger interpretiert.

Tatsächlich hat die Königstochter ja niemand zu diesem Schritt gezwungen. Die Spindel der alten Frau hat sie nicht etwa auf deren Geheiß ergriffen, sondern weil sie wissen wollte, «was das für ein Ding ist, das so lustig herumspringt». (Der Sexualbezug liegt auf der Hand)[6]. Der Turm sei – so Waiblinger – auch Symbol für die Introversion, das Hineingehen in sich selbst, das Sich-Einlassen auf die Mächte des Unbewußten. Die festungsartige Gestalt des Turmes, seine in der Regel dicken Mauern, schützen dabei den sensiblen Prozeß der inneren Reifung. «Viele Jugendliche „mauern“ sich in dieser Zeit geradezu ein», bemerkt Waiblinger. Und sie weist gleichfalls darauf hin, daß der Turm auch «ein Symbol der Jungfräulichkeit» sei, Maria, beispielsweise, sei öfter mit einem elfenbeinernen Turm verglichen worden. Es entschlüsselt sich also Dornröschens Aufstieg zum Turm mit der anschließenden Warte-Reife-Zeit bis zur Erlösung durch den Kuß des Königssohnes als ein überzeugendes Sinn-Bild für das «Moratorium der Adoleszenz», wie es Erikson benennt.

Anders als die Zwangsisolierung von Rapunzel, ist Dornröschens Turm-Aufenthalt, das möchten wir hier noch einmal hervorheben, ein aktiver, selbst initiierter Schritt gewesen: *Sie* hat die Tür zum Turmstübchen mit allen Konsequenzen *selbst* geöffnet. Das gleiche (Haus-)Symbol erweist sich also in dem einen Fall als Ausdruck einer schwer gestörten Adoleszenz, im anderen kann es sozusagen den geglückten «Normalfall» illustrieren.

Wir betonten bereits auf S. 19, daß man das vieldeutige Symbol des Turmes nicht einseitig männlich oder weiblich interpretieren könne. Um die Reihe der Adoleszenten-Türme abzurunden, sei daher noch der Turm eines männlichen Heranwachsenden (Bild 56) vorgestellt. Es handelt sich

Bild 56 Stotterer-Turm

6 Cooper (8) erwähnt die Spindel auch als «Attribut aller Muttergöttinnen, Mondgöttinnen und Weberinnen des Schicksals ... Sie repräsentieren in Dreiergruppen Geburt, Leben und Tod, sowie Vergangenheit, Gegenwart und Zukunft.»

um einen depressiv-zwangshaften jungen Mann mit einem ausgeprägten Stottersymptom.[7] Das Turmbild entspricht einem «Selbstportrait» (wie beispielsweise das «Panzerbild von Bruno», S. 17). Gerhard, so wollen wir den Patienten nennen, war ungewöhnlich ehrgeizig, die intellektuellen Leistungen waren für ihn wichtige Kompensationen seiner sonstigen Versagensgefühle. Das «Selbstportrait» in der unteren Etage kann wie ein ängstliches Gesicht gesehen werden. Das große, offene Tor sieht fast so aus, als sei es zu einem intensiven Luftholen (oder -anhalten) geöffnet, und es fällt uns unwillkürlich das Symptom des atemgestörten Stotterns ein, das sich auch in den verschiedenen Unterbrechungen der vertikalen Turmkontur bildlich zu äußern scheint. Die Fensteröffnungen der oberen Etagen erinnern, so sah es Gerhard selbst, hingegen eher an Schießscharten. Was uns besonders beeindruckte, war die Einsamkeit dieses, auf einem Hügel stehenden Turmes, dessen Ende nicht abzusehen ist, weil es durch den oberen Bildrand abgeschnitten wird. Wie hoch wollte, bzw. mußte Gerhard wohl hinauf, um sich selber und seinen Ansprüchen zu genügen? Und welche Beziehungsängste mögen sich in diesem (Ab-) Wehrturm ausdrücken?

Es sind nicht nur Turm-Häuser, die das Moratorium der Adoleszenz kennzeichnen können. Drewermann weist z.B. in der Rapunzel-Interpretation auch auf Schneewittchen hin: «Zwischen dem gläsernen „Sarg“ Schneewittchens und dem „Turm“ Rapunzels ist, symbolisch betrachet, an sich gewiß kein Unterschied – beide Chiffren stehen für ein Leben, das kein Leben mehr ist... für ein Unleben in völliger Blockierung aller Entwicklungsmöglichkeiten. Aber die Art und die Ursache der seelischen Einengung sind hier wie dort auf charakteristische Weise verschieden. Im Märchen von „Schneewittchen“ handelt es sich um ein Drama der Rivalität zwischen (Stief-)Mutter und Tochter, bei dem Schneewittchens Flucht zu den Zwergen auf eine Form von innerer Emigration verweist, für die bereits eine erhebliche Loslösung von der (Stief-)Mutter erforderlich ist.»

Seifert (14) betont den «Zustand tiefer Ruhe (Schneewittchens),... der sich nach beiden Seiten verändern kann: Entweder zur endgültigen Versenkung in der schwarzen Erde oder zu einer neuen Lebendigkeit.» Im ersten Fall würde die Durchgangsphase der Adoleszenz nicht zu einer reiferen Entfaltung führen, es käme stattdessen zu einem Einfrieren auf dem Stand einer «infantilen Persönlichkeit», wie es in der Fachsprache so nüchtern heißt.

Für Schneewittchen gibt es aber das Erwachen zu einem neuen Leben. Denn der gläserne Sarg ermöglicht noch etwas anderes: Schneewittchen wird gut sichtbar auf einem Berg «zur Schau gestellt» (Seifert). Dabei wird es von den Zwergen, aber auch von einigen Tieren, bewacht – «umgeben also», wie Seifert schreibt, «von schöpferischen Kräften der Seele.»[8] Man ahnt, bzw. wir wissen es ja, wie das Märchen ausgeht: Auch hier kommt ein Prinz und erlöst Schneewittchen.

Wir möchten jetzt die Welt der Märchenbilder verlassen und noch einige eigene Bild-Serien anfügen, bei denen sich spätadoleszente Ablösungs- und Reifungsprozesse in Häuser-Imaginationen spiegeln. Die erste Bildserie enthält auch ein Märchenmotiv, so daß sie uns zum Übergang besonders geeignet scheint.

Es handelt sich bei der Bilddarstellerin um eine angehende Studentin, Anfang 20, wir nennen sie Bettina. Sie steht bei der Imagination eines Hauses wie «Hänsel und Gretel», so sagt sie, mit ihrem Zwillingsbruder Hand in Hand vor dem Haus. Es ist ein solides Einfamilienhaus, das ihrem Elternhaus ähnelt. Sie spürt Vertrautheit, «etwas wie Sicherheit», daß man in diesem Haus leben kann. Zugleich breitet sich eine gewisse Wehmut aus, und schließlich eine zunehmende Lähmung, ja Leblosigkeit.

Sie sieht dann, wie im Hänsel-und-Gretel-Märchen, ein «Hexenhaus», dessen Form und Farbe sie wiederum an das Elternhaus erinnern. Insofern erscheint es ihr, trotz der Assoziation Hexenhaus, vertrauenerweckend. Während sie noch reglos vor diesem Anblick verweilt, entdeckt sie plötzlich am rechten unteren Rand des Hauses einen herrlich duftenden Lebkuchen. Beim Abbrechen entfacht

7 Auch H. Leuner (9) berichtet von einem jugendlichen Stotterer mit einem «sehr hohen Funkturm».

8 In Lurkers «Wörterbuch der Symbolik» (7) werden die klugen und listigen Zwerge als «Elementarwesen» geschildert, die trotz ihrer Kleinheit übermenschliche Körperkräfte haben sollen und über «Fähigkeiten wie die Kenntnis des Verborgenen» verfügen. Im Volksglauben finden sich auch Vorstellungen von «Fruchtbarkeit und Gesundheit» sowie «vegetativen Kräften».

sie zu ihrem Erstaunen ein kleines Feuer an der Hauskante (Bild 57). (Die «orale» Verführung der «Hexen-Mutter» scheint symbolisch in Flammen aufzugehen). Bettina löst sich aus der wehmütigen Stimmung, sie spürt deutlich, daß der Lebkuchen nicht mehr sättigt; sie muß ihren Lebenshunger woanders stillen. (Ihr Fortgang zum Studium.) Inzwischen brennt das ganze Haus. Es wird aber nicht völlig vernichtet, Bettina kann den Brand löschen. Plötzlich sieht sie, wie in der Asche des Hauses ein Krokus wächst, der sich weit entfaltet. Aus ihm entsteht ein neues kleines Haus (Bild 58). Beim Betreten verwandelt sich das kleine Haus in eine ansehnliche, einladend wirkende Holzhütte. Sie ist innen noch dunkel und leer, aber nicht unfreundlich. Sie strahlt im Gegenteil etwas von erdhafter Gewachsenheit, von selbstverständlicher Natürlichkeit aus; sie liegt aber noch in einem schützenden Wald versteckt. Bettina weiß, daß dieses ihr Haus ist, es paßt zu ihr (Bild 59). Als sie zu einem späteren Zeitpunkt noch einmal das Haus imaginiert, kann sie auch eine Inneneinrichtung wahrnehmen: Das Wohnzimmer beispielsweise ist hell und groß, ein Sofa lädt zum gemütlichen Sitzen ein. Bücher stehen für ihre geistigen Interessen auf Holzregalen. Es steht aber auch ein Puppenwagen da – ein Rest ihrer Kindheitserinnerungen, den sie sich bewahren möchte (vielleicht auch ein Symbol für ihre spätere Mutterrolle).

Während wir bei dem Hänsel-und-Gretel-Einfall der 13jährigen Rebecca, die ihre Mutter als Hexe verbrennen muß, zwar ein erstes Erwachen von Eigenständigkeit registrieren, spüren wir zugleich die Hilflosigkeit des Kindes und seine Unfähigkeit (außer einem vernichtenden Befreiungsversuch), den mütterlichen Banden einen eigenen Lebensplan entgegenzusetzen. – Wie anders dagegen die vorsichtige, aber konsequente Umwandlungsszene von Bettina: Auch sie braucht zwar das reinigende Feuer, um damit das Alte wenigstens teilweise zu «löschen». Aber zugleich wächst ihr aus dem Elternhaus ein ganz persönliches und zu ihr passendes Häuschen entgegen. Das spätere Einrichtungsbild läßt erkennen, daß es zu einer Integration von alten Vor-Bildern, die sie sich auch bewahren möchte und neuen Elementen, die ihren eigenen Bedürfnissen entsprechen, gekommen ist.

Der schwierige Balanceakt, das unerprobte Neue in die alten Vertrautheiten und Sicherheiten einbauen zu können, der hier, wenn auch von wehmütiger Trauer begleitet, so «natürlich» gelungen ist, kann freilich an vielen Stellen blockiert oder gestört werden.

Bild 57 Feuerecke

Bild 58 Krokus in der Asche

Bild 59 Waldhütte

Tausendfreund (15) berichtet von einer 23jährigen Studentin, die ebenfalls ihr Elternhaus in der Imagination erkennt. Auch sie erlebt Trauer. Sie sucht etwas, was sie nicht findet. Im Wohnzimmer ist niemand anzutreffen. Sie möchte weggehen, aber es geht nicht, weil an ihren Schuhsohlen Kaugummi klebt. Sie merkt, wie schwer es ist, das alte Zuhause aufzugeben, wenn noch kein neues greifbar ist. Zu einem späteren Zeitpunkt entdeckt sie dieses: Sie kommt an ein Tor, hinter dem ein «wackliges Schloß» zu sehen ist, auf das sie sich allerdings so schnell noch nicht einlassen möchte. Sie weiß, daß es Zeit braucht, ihre noch unsichere weibliche Identität im Schloß zu erleben. Aber sie hat die Zuversicht, daß es ihr gelingen wird. Wir möchten hier hinzufügen, daß das Schloß als Abschluß im Märchen und bei Kindern häufig erscheint. Wir meinen nicht, daß es sich dabei (immer) um eine narzißtische Größenphantasie handeln muß, sondern, daß es ein Symbol der Konsolidierung, der Familiengründung und Verantwortungsübernahme sein kann – in jedem Fall zumindest das Beenden eines Provisoriums.

Auch Angela, Mitte 20, ringt um die Beendigung eines Provisoriums. Ihr Haus wird nach ihrer eigenen Vortellung noch stark von der Mutter beherrscht, obwohl Angela bereits selbständig lebt. In ihrer ersten Imagination sieht sie ein Haus, dessen Dach von einem riesigen schwarzen «Raubtier» eingenommen wird (Bild 60). An der linken Seite greift das Tier mit einer Tatze, an deren Ende spitze, rote Fingernägel sitzen, nach dem darunterliegenden Dach. Das Haus ist aber fest. Es kann also auch das Tier tragen, es wird nicht unter der Last zusammenbrechen. Da Angela zunächst nichts gegen das Tier unternehmen kann, geht sie erst einmal in das Haus hinein und räumt den Keller auf. (Wir weisen auf die Bedeutung des Kellers auf der Seite 151 hin.) Danach wird der Keller kleiner, und sie geht wieder nach oben. Sie entdeckt jetzt einen großen, lichtdurchfluteten Raum mit einem Ofen. In diesem brennt ein Herdfeuer. Angela erlebt die Verbindung einer alten Feuerstelle mit einem modernen Ofen als beglückende «Urkraft» und freut sich, daß es Wärme und Leben in ihrem Haus gibt. Sie ist jetzt auch in der Lage, noch einmal aus dem Haus zu treten und sich mit dem «Raubtier» auf dem Dach zu beschäftigen. Sie betrachtet es intensiv und erlebt dabei, wie es schrumpft (Bild 61). Bei näherer Betrachtung der Tatzen erkennt Angela, daß sich diese in Reet-Schilf verwandeln, aus dem jetzt das Dach besteht. Sie klettert hinauf und rollt das inzwischen zu einer «Matte» geschrumpfte Tier zusammen. Anschließend begräbt sie es neben dem Haus. Das Haus verwandelt sich weiter. Es ist nun ein weißes Einfamilienhaus mit grünen Fensterläden, ein Haus, in dem sie wohnen kann. Sie geht wieder hinein in ihr Haus und kocht sich einen Tee am Herdfeuer. Angela weiß im nachhinein, daß das Tier für gewisse Anteile der Mutter, von der sie sich innerlich noch nicht gelöst hatte, stand. Es waren gleichzeitig warme und schützende, aber auch erdrückende Wesenszüge der Mutter, die sie auf diese Weise zum Teil symbolisch begraben, aber im warmem Reetdach auch erhalten konnte.

Wir wiesen auf S. 51 bereits darauf hin, daß die Turm-Symbolik von Rapunzel und ihrer Mutter

Bild 60 Raubtier auf dem Dach

Bild 61 «Matte» auf dem Dach

Bild 62 Uneinnehmbare Burg

uns bei den Ablösungsproblemen von Magersüchtigen noch einmal beschäftigen würde. Magersüchtige scheinen öfter ein unbewußtes Bild einer Turmidentität, die ja der ihrigen in der Unzugänglichkeit und der gegenseitigen Schuld- und Verantwortungsverstrickung ähnelt, in sich zu tragen. Wir möchten daher drei «Magersucht-Türme» vorstellen[9], die sich in der eben genannten Grundkonstellation gleichen, aber über das Exemplarische hinaus auch eine eigene Handschrift erkennen lassen.

Sehen wir uns zunächst die einsame Burg auf einem abgelegenen, dicht bewaldeten Berg an. Sie hat gleich drei Türme, die den jeweiligen Familienangehörigen zugeordnet wurden (der mittlere entsprach der magersüchtigen Tochter). Diese Festung zu erklimmen, dürfte selbst einem noch so sehnsüchtig harrenden Königssohn kaum gelingen, zumal es sich ja nicht nur um einen Turm handelt, sondern, charakteristisch für Magersüchtige, eine ganze Familie unerwünschten Eindringlingen den Zugang verwehrt (Bild 62). (Tatsächlich kam es hier zum Therapieabbruch.)

Auf Bild 63 meint man im ersten Augenblick einen «Turm im Turm» zu entdecken. Bei genauerem Hinsehen erweist sich die dunkle Pyramide, die sich steil in den Horizont wölbt, als eine Straße, auf der sich ein spitzgiebliges Haus hinter zwei Bäumen verbirgt. Auf dieser Straße geht die magersüchtige Patientin entlang, bis sie an das Haus, das ihr den Weg versperrt, gelangt. Sie kann nicht an dem Haus, das sie als das der Eltern identifiziert, vorbei. Als sie hineingeht, erkennt sie, daß alles leer, «wie tot» ist. Wie «fluchtartig» haben es die Einwohner verlassen, so scheint es der Imaginierenden. Mehr konnte sie zu diesem Haus-Bild nicht sagen[10], auch nicht zu den drei Bäumen, die

9 Natürlich sind nicht alle Häuser von Magersüchtigen Türme, aber schwer zugänglich sind sie eigentlich alle.

10 Sie hat später kein Haus mehr imaginiert, dafür wurde ihr das eigene Zimmer sehr wichtig. Wir danken Frau Dipl. Psych. A. Seithe für die Überlassung des Bildes.

Bild 63 Haus auf der Straße

möglicherweise Familienangehörige repräsentieren. Wir meinen, es ist keine Überinterpretation, wenn wir das Haus der Eltern, das der Patientin den Weg nicht freigibt und sie in seiner Leere und Langeweile lähmt, mit dem Rapunzel-Turm vergleichen. (Das Bild des leeren Hauses taucht immer wieder bei Magersüchtigen auf und charakterisiert sowohl ihre physische, als auch die psychische Befindlichkeit.) Die beiden eben vorgestellten Bilder fallen im übrigen durch ihre kühlen Farben auf, unwillkürlich halten sie den Betrachter auf Distanz. Lediglich bei dem zweiten Bild fällt das rote Dach fast alarmierend aus dem Rahmen. Bei einer anderen Patientin repräsentierte ein rotes Dach ihre geistigen Interessen, wie sie selber sagte. Möglicherweise hatte es auch in dem hier dokumentierten Bild einen solchen Bedeutungsgehalt. Oft ist das tatsächlich das einzige, wofür sich Magersüchtige noch «erwärmen» können.

Der letzte «Turm» stammt von der damals 17jährigen Monika[11]. Sie hatte, als sie dieses Haus imaginierte, ihre Eßproblematik nach einer vor-

11 Einzelheiten dazu s. Klessmann E. und H. A. (16).

Bild 64 «Pfeilerhaus»

ausgegangenen Therapie bereits überwunden. Aber sie hatte noch große Probleme, sich mit einem Partner einzulassen. Sehnsucht und Angst (vor Nähe) zugleich ließen alle Versuche einer Annäherung scheitern. Als sie das auf Bild 64 wiedergegebene, einsame «Stelzenhaus» in einer Steppenlandschaft imaginierte, fiel ihr sofort, analog zu den vier Pfeilern, die das Haus trugen, ihr Elternhaus mit den darin wohnenden vier Personen ein. Die Strickleiter, einzige Möglichkeit, in diesen relativ kleinen «Turm» zu gelangen, erinnerte uns unwillkürlich an Rapunzels Haarflechten, mit denen sie die Mutter und den Königssohn zu sich heraufzog. Auch Monikas Turmstübchen hatte nur ein kleines Fenster, dessen Aussicht am Horizont durch einen Wald begrenzt wurde. Monika hatte ähnliche Schuldverstrickungsprobleme wie Rapunzel, ihr Familien«gefängnis» zu verlassen. Als sie es im KB versuchte, hatte sie am Fuß der Strickleiter sofort ein Gefühl, als wenn sie wieder «hochgesogen» würde. Aber ihre Sehnsucht, ein normales Leben zu führen, einen Freund zu gewinnen, half ihr, den Widerstand gegen das Verlassen des Elternhauses zu überwinden.

In der Folgezeit setzte sie sich immer wieder mit symbolischen Häuser-Entwürfen auseinander – Häuser, die ihr die Sicherheit geben sollten, daß es ihre eigenen seien. Das nächste Bild (Bild 65) zeigt einen der schwierigen Versuche Monikas, das Problem des eigenen Hauses, der eigenen Identität «in den Griff zu kriegen». Im Gegensatz zu dem Stelzenhaus hat sie diesmal ein ebenerdiges Haus imaginiert, mit einem breiten, schützenden Dach, das ihre Hand umgreift. In dem Augenblick hat sie «das Gefühl, ich bin Schneewittchen und komme

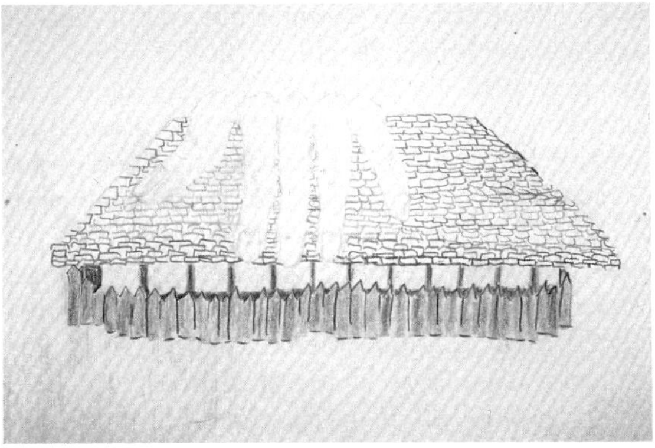

Bild 65 «Haus im Griff»

Bild 66 «Baum-Haus»

zu dem Haus der Zwerge» (s. auch S. 54). Tatsächlich war dann in dem Häuschen alles zwergenhaft klein. Es waren allerdings (aus biographischen Gegebenheiten der Patientin) nur fünf Zwerge, die dort lebten. Monika wollte offener auf die Menschen zugehen, also hatte sie an der Vorderseite des Häuschens eine durchgehende Fensterreihe gebildert. Aber sie merkte gleich darauf, daß sie damit noch zu ungeborgen sei, und so schützte sie sich und das Haus mit einem dichten Holzzaun. Der machte wiederum einen Zugang zu ihrem Haus unmöglich...

Das dritte Haus dieser Serie (Bild 66) lag offen und frei in einer weiten Landschaft. Ein anfänglich sehr breiter Weg gab zu erkennen, daß sie jetzt für Begegnungen bereit sei. Der Weg verschmälerte sich allerdings, je näher er dem Haus kam, um so deutlicher, und er endete daselbst vor einer geschlossenen Wand. Monika erkannte natürlich die Doppelbotschaft ihrer Einladung: Kommt nur, aber bitte nicht zu nahe oder gar herein! (Die Angst der Magersüchtigen vor Intimität und Abhängigkeit.) Sie rationalisierte später, daß der Eingang hinter dem Haus liegen könne und sie sich dann jeweils in Ruhe überlegen würde, wen sie hereinlassen möchte. Was ihr bei diesem Haus gut gefiel, war die Einbindung in den kräftigen Baum, aus dessen Wurzeln das Haus gewachsen war und dessen Krone es gleichzeitig beschützte. Mit dieser Lösung war sie dann auch so weit zufrieden, daß sie die Therapie beendete und meinte, alles andere sei sowieso ihr Problem, was sie nun in Geduld allein lösen wollte. Kürzlich verkündete eine originelle Heiratsanzeige, daß sie einen eigenen Hausstand gegründet hat.

Wir möchten dieses Kapitel nicht abschließen, ohne auf eine weitere Möglichkeit der Haus-Symbolisierung hinzuweisen. Auch der eigene Körper kann sich als ein Haus, in dem man sich einrichten kann oder muß, erweisen. Gerade in der Zeit des Umbruchs zur Geschlechtsreife mit den eingreifenden körperlichen Veränderungen, gehört es zu einigen wichtigen therapeutischen Möglichkeiten, daß man durch eine Imagination – etwa als kleiner Däumling – das «Körper-Haus» besichtigen und sich mit den neuen Gegebenheiten desselben vertraut machen kann. Für die 25jährige Studentin Ulrike, die anfallsweise an einer Polyuria nervosa (einer plötzlich einsetzenden, psychisch bedingten Harnflut) litt[12], erwies sich ein solcher Einstieg in das Körper-Haus als Weg zum Verständnis und damit auch zur Heilung eines «lästigen Symptoms». Dieses lästige Symptom, wie Ulrike es bezeichnete, trat seit der Pubertät vornehmlich dann auf, wenn es «peinlich» war (beispielsweise im Konzertsaal, wo sie oft fluchtartig zur Toilette eilen mußte). Es stellte sich nach und nach heraus, daß Ulrike in heftiger Rivalität zu ihren älteren Brüdern schon immer gern ein Junge gewesen wäre. Mädchen-, bzw. Frausein, fand sie «minderwertig». Ihre weiblichen Wesensanteile hatte sie daher zugunsten eines männlich-ehrgeizigen Leistungsideals weitgehend verdrängt. Parallel dazu hatte sich auch gegenüber ihren weiblichen Organen eine merkwürdige Indifferenz entwickelt, wohingegen sie mit dem Symptom des durch die Polyurie ausgelösten kräftigen Harnstrahles fast

12 Näheres bei Klessmann, E. (17).

ein orgiastisches Lustempfinden erlebte: Ich kann das genauso gut wie die Männer.

Bei der imaginativen Wanderung als Däumling durch ihr Körper-Haus besuchte sie zunächst die unauffälligen Organe, den Magen beispielsweise, den sie als «ihren besten Freund» bezeichnete. Ganz anders sah es dagegen in ihrem Gehirn aus, dem Sitz ihrer intellektuellen «Potenz». Bei der ersten Inspektion hatte Ulrike ihr Gehirn als unpersönliches, kaltes Informationszentrum erlebt, als einen hellen, kahlen Kuppelsaal mit vielen Röhren, in dem schwarze Geschöpfe wie Ameisen hin- und herliefen. An einem Infostand befand sich ein weißgekleideter Mensch, der so schnell redete, daß sie nichts verstand. Sie erkannte in diesem Sinnbild ihren rastlosen Lernehrgeiz wieder.

Zu einem späteren Therapieabschnitt, als Ulrike bereits wichtige Schritte getan hatte, um ihren überkompensatorischen Ehrgeiz abzubauen, versuchte sie, aus dem unpersönlichen Informationszentrum einen gemütlichen Raum zu gestalten (Bild 67). Sie putzte die Röhren, bepflanzte sie und richtete sich ein Zimmer mit einem Fenster, Teppich und Schaukelstuhl ein. Es war ihr wichtig, daß hier nicht nur Bücher als Repräsentanten der geistigen Interessen standen, sondern auch der Schaukelstuhl als Bild der Gelassenheit, sowie grüne Pflanzen, die für Gefühle und Lebendigkeit bürgten. Aus ihrem «Oberstübchen», wie sie es jetzt nannte, entdeckte sie, daß ihre beiden Nieren unterschiedlich groß waren, die linke war auffallend kleiner. Ulrike meinte, daß diese für ihr Problem stand: Das kleine, unsichere Mädchen, das seine weibliche Identität vergeblich suchte.

Bei ihrer nächsten imaginativen Däumlingswanderung besuchte sie daher die Nieren: Sie erlebte sich zunächst noch einmal als Mann, wie sie in einer Ader vorwärtsstürmte (Bild 68). Dann machte sie vor einem Spiegel halt und stellte fest, daß sie doch eine Frau sei. Sie war jetzt nackend. Ermutigt machte sie sich erneut auf die Suche nach den Nieren. Die kleine war völlig «verschreckt». Ulrike holte ein bißchen Sonne durch den grauen Nebel und baute der Kleinen ein schützendes

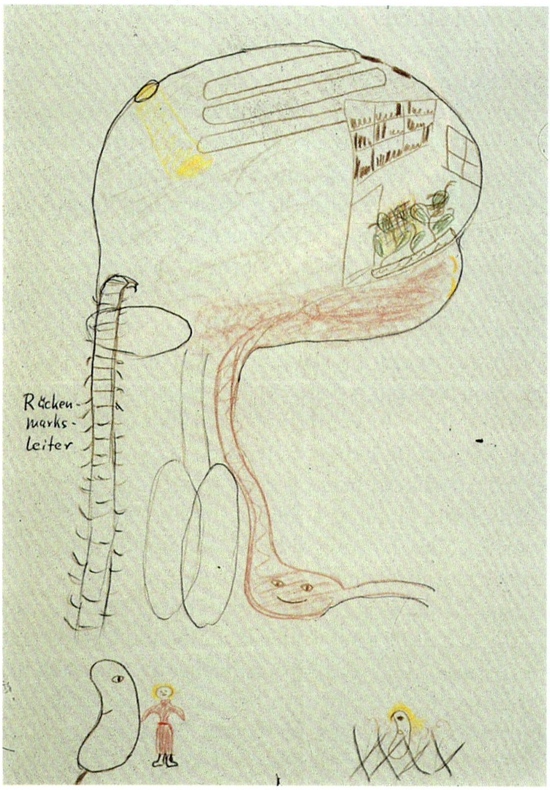

Bild 67 «Oberstübchen»

Bild 68 «Bei den Nieren»

Gärtchen, damit sie sich entfalten könne. Unten, auf demselben Bild sieht man noch die Blase, die Ulrike während ihrer Harnflutsymptomatik ja nicht beherrschen konnte und die sie bei der Begegnung als «arrogant und unzugänglich» erlebte. Mit der daneben dargestellten Gebärmutter, die mit ihren Eileitern fast wie ein Osterhase[13] aussah, hatte Ulrike sich hingegen bei einer früheren Imagination schon «ausgesöhnt». Später konnte sie eine Verbindung zwischen der Blase und den beiden nun gleichgroßen Nieren erzielen. Ihre Polyurie war zu diesem Zeitpunkt weitgehend überwunden. Bei einer letzten Körperinnenwanderung saß sie mit ausgebreiteten Armen auf einer Bank zwischen den beiden Nieren und meinte lachend: «Die Nieren funktionieren.» Damit war sie auch «Herr(in) im eigenen Haus» geworden.

Mit dieser vergleichsweise naturalistischen Körper-Hausbesetzung[14] von bis dahin verdrängten Wesens- und Körperanteilen, möchten wir das Kapitel über die Spätadoleszenz abschließen. Es geschieht nicht ohne Absicht, daß wir die Reihe der imaginären Adoleszenten-Behausungen mit einer explizit weiblichen «Fallgeschichte» beenden. Die meisten der hier vorgestellten Beispiele, auch die der zitierten Märchen, handeln ja von Frauen, bzw. von jungen Mädchen, die sich in symbolischen Häusern zu Frauen wandeln. Das scheint nicht nur mit dem biologischen Unterschied der Geschlechter zusammenzuhängen: Das erste natürliche Haus für ein neues Leben ist der Mutterleib. Die Prävalenz von Häuserrefugien bei weiblichen Heranwachsenden dürfte auch in den unterschiedlichen psychischen «Aufträgen» von Mann und Frau begründet sein. Der Mann «muß hinaus ins feindliche Leben»[15], und die Frau gilt als «Hüterin des Hauses». Diese Lebensmaximen haben unsere abendländische Gesellschaftsstruktur über Jahrhunderte geprägt und sie sind in unbewußten Vorstellungen offenbar heute noch wirksam, auch dort, wo sie zum Teil bewußt in Frage gestellt werden.

Politisch-gesellschaftliche Umbrüche werden heute erstaunlich rasch vollzogen; das lehrt uns zumindest unsere schnellebige Zeit. Aber die verborgenen, in uns ruhenden, zeitlosen Mythen und Bilder, das was Jung auch das kollektive Unbewußte nennt, folgen ihren eigenen, eher unverrückbaren Gesetzen. Sie scheinen untergründig auch während der oft so stürmischen Umbrüche und Krisen der Adoleszenz wie ein geheimes Wissen um stille Zufluchtsstätten weiterzuwirken. Meist bleiben sie dabei im Unbewußten verborgen. Im therapeutischen Prozeß können sie sich jedoch in (Traum-)Bildern und Geschichten auch dem Bewußtsein mitteilen. Mit einer kleinen Auswahl, die sich im Rahmen des Buches auf Häuser beschränken mußte[16], haben wir versucht, diese «Hüter einer (späteren) endgültigen Identität» (s. S. 45) sichtbar und verständlich werden zu lassen.

13 Hasen gelten seit altersher als Symbole der Fruchtbarkeit; man denke auch an die Verknüpfung mit Oster-Eiern.

14 Besetzung ist hier durchaus konkret gemeint: Während Ulrike vor der Therapie ihre weiblichen Organe so wenig «besetzt» hatte, daß sie beim sexuellen Zusammensein «nichts spürte», konnte sie später zu ihrer grossen Freude «ganz normal empfinden».

15 Dazu würde auch Horns Beobachtung passen, daß männliche Jugendliche oft in ihren Imaginationen «unterwegs» sind, um sich mit unterschiedlichen Beziehungspersonen auseinanderzusetzen; «im Haus» hält es sie hingegen weniger.

16 Es gibt natürlich auch viele andere Motive, die sich als hilfreich und stärkend in Pubertätskrisen erweisen können.

Anmerkungen

1 Erikson, E. H.: Jugend und Krise. Die Psychodynamik im sozialen Wandel. Klett, Stutgart, 1970.

2 Lidz, Th.: Das menschliche Leben. Die Entwicklung der Persönlichkeit im Lebenszyklus. Suhrkamp, Frankfurt, 1970.

3 Inhelder, B. and Piaget, J.: The Growth of Logical Thinking from Childhood to Adolescence. Basic Books. New York, 1958.

4 Riedel, J.: Farben in Religion, Gesellschaft, Kunst und Psychotherapie. Reihe: Symbole, Kreuz, Stuttgart, 1991[9].

5 Riedel, J.: Hans mein Igel. Wie ein abgelehntes Kind sein Glück findet. Reihe: Weisheit im Märchen, Kreuz, Stuttgart, 1988[4].

6 Klußmann, R.: Psychoanalytische Entwicklungspsychologie. Springer, Berlin, Heidelberg, 1988.

7 Lurker, M.: Wörterbuch der Symbolik. Kröner, Stuttgart, 1991[5].

8 Cooper, J. C.: Illustriertes Lexikon der traditionellen Symbole. VEB Seemann, Leipzig, 1986. (Lizenzausgabe für die BRD: Dreililien, Wiesbaden.)
Cooper bezeichnet die Spinne symbolisch als «die große Mutter, als Weberin des Schicksals», die aus der «eigenen Substanz den Lebensfaden spinnt und alle Menschen über das Band der Nabelschnur an sich bindet.» Er weist ferner auf die Verbindung zum Teufel hin, «der die Sünder umgarnt und den Armen das Blut aussaugt.»

9 Leuner, H.: Katathymes Bilderleben. Grundstufe. Thieme, Stuttgart, 1988[4].

10 Horn, G.: Therapie eines schwer gestörten Jugendlichen mit dem Katathymen Bilderleben. In: Leuner, H.; Horn, G. und Klessmann, E. (Hrsg.): Katathymes Bilderleben mit Kindern und Jugendlichen. Reinhardt, München, 1990[3].
11 Eschenbach, U.: Hänsel und Gretel. Das geheime Wissen der Kinder. Reihe: Weisheit im Märchen, Kreuz, Stuttgart, 1986.
12 Drewermann, E.: Die kluge Else. Rapunzel. Grimms Märchen tiefenpsychologisch gedeutet. Walter, Olten, 1990[4].
13 Waiblinger, A.: Dornröschen. Auch des Vaters liebste Tochter wandelt sich zur Frau. Reihe: Weisheit im Märchen, Kreuz, Stuttgart, 1990[2].
14 Seifert, Th.: Schneewittchen. Das fast verlorene Leben. Reihe: Weisheit im Märchen, Kreuz, Stuttgart, 1990[7].
15 Tausendfreund, R.: Die Therapie einer Spätadoleszenten. In: Leuner, H., Horn, G. und Klessmann, E. (Hrsg.): Katathymes Bilderleben mit Kindern und Jugendlichen. Reinhardt, München, 1990[2].
16 Klessmann, E. und H. A.: Heiliges Fasten – Heilloses Fressen. Die Angst der Magersüchtigen vor dem Mittelmaß. Huber, Bern, 1990[2].
17 Klessmann, E.: Psychogene Polyurie – ein anachronistisches Konversionssyndrom? Z. Psychother. med. Psychol. 37, 205–210, 1987.

2. Das Motiv des Hauses in unterschiedlichen Lebensphasen: Haus-Bilder von Erwachsenen

2.1 Das Motiv des Hauses im mittleren Lebensalter

Ich bin ein Baumeister, der einen Turm aufführen sollte und ein schlechtes Fundament gelegt hatte, er wird es noch beizeiten gewahr und bricht gerne wieder ab, was er schon aus der Erde gebracht hat, um sich seines Grundes mehr zu versichern und freut sich schon im voraus der gewissen Festigkeit seines Baues.

J. W. v. Goethe

Was uns für die Adoleszenz selbstverständlich schien: Das noch unfertige eigene Haus, das müsse im mittleren, im reiferen Alter – so meinen viele – doch seine endgültige Form angenommen haben. Man denkt unwillkürlich an ein Bild, auf dem man «sich's häuslich eingerichtet» hat. Neuere Statistiken weisen allerdings aus, daß Seßhaftigkeit in dieser Lebensphase keineswegs die Regel ist. Man trennt sich z.B. von der ersten Familie und gründet eine neue. Nicht selten werden auch der Beruf und/oder der Wohnsitz noch einmal oder mehrfach gewechselt.

Die biblische Mahnung[1], sein Haus «auf Fels» zu bauen, scheint für unser Zeitalter nicht immer zu passen. Ein Haus auf einem Felsen kann auch den Eindruck von starrer Abgeschiedenheit und Unzugänglichkeit wecken. Wandlungsfähigkeit und der Mut zur Selbstverwirklichung sind heute als neue Tugenden gefragt und können einen Wechsel des Hauses notwendig werden lassen. Das heißt aber auch, daß man sich beizeiten umsehen muß, ob und wo man sich «falsch eingerichtet» hat, was man umbauen und ausbauen möchte, oder ob man gar sein Fundament, wie Goethe sagt, erneuern sollte. Wir setzen hier bewußt konkrete und metaphorisch gemeinte Begriffe nebeneinander, da sie sich meist spiegelbildlich gleichen und ergänzen. Man kann sich sein äußeres Haus und zugleich in einem übertragenen Sinn sein inneres, sein Seelenhaus «verbauen».

Ein Mann kann sich beispielsweise aus einer neurotisch bedingten Abhängigkeit nicht von seinen Eltern lösen: Als er heiratet, findet er, wie er zunächst meint, einen glücklichen Kompromiß für sein Problem: Er baut mit seiner jungen Frau und seinen Eltern ein gemeinsames Haus. Vordergründig konstatiert er: «Weil wir das Haus allein nicht finanzieren können». Dann zeigt sich, daß die Eltern und die Schwiegertochter sich nicht verstehen. Es kommt zu Spannungen zwischen der alten und der jungen Generation, das Zusammenwohnen wird immer unerträglicher. Der Mann fängt an zu trinken und ist viel «aushäusig»; die junge Frau drängt auf eine Änderung der Situation. Aber die gemeinsam aufgenommenen Schulden für den Hausbau sind nun «schuld» daran, daß die junge Familie nicht ausziehen kann, so denkt jedenfalls der Mann. Seine Frau erträgt es schließlich nicht länger und verläßt mit den beiden Kindern die Hausgemeinschaft. Für ihren Mann bricht eine Welt zusammen. Inzwischen ist ihm auch der Arbeitsplatz gekündigt worden. Er lebt auf Kosten seiner Eltern und ist im wörtlichen Sinn nicht (mehr) «Herr im eigenen Haus», zugleich auch im sprichwörtlichen Sinn, da er seine Angelegenheiten nicht selber ordnen kann.

Drewermann (1) sagt: «Zu-Hause wird man nicht durch Bezug eines Eigenheims, sondern nur, indem man sich im eigenen Leben besser zurechtfindet.»

Wir können in der Tat nicht selten enge Verflechtungen zwischen Haus- und Lebensgestaltungen beobachten, und auf tiefenpsychologische Weise gibt es vielfältige Übereinstimmungen zwischen wirklichen und «Traumhäusern»: Innere Hausbilder beeinflussen konkrete Hausbauten

1 Matthäus 7, 24–27

und umgekehrt formen diese die in ihnen wohnenden Menschen.

Oft sind es schon frühe Prägungen, die das Phänomen erklären, warum manche Menschen ständig umziehen oder zumindest ummöblieren müssen, was für andere, die eine «feste Bleibe» brauchen, zum Alptraum werden kann. Es gibt auch sehr unterschiedliche Bedürfnisse im Hinblick auf die Größe eines Hauses. Kafka hat in einer Erzählung (2) und in einem Roman (3) zwei Häuser beschrieben, die sich in ihrer Größe als diametral entgegengesetzt erweisen.

In der Erzählung «Der Hungerkünstler» ist es ein enger Käfig mit Gitterstäben und Stroh, in dem ein Hungerkünstler sein asketisches Dasein fristet und Tag und Nacht einem sensationshungrigen Publikum vorgeführt wird. Während hier das kümmerlichste Haus, das man sich vorstellen kann, zu einer Bleibe wird, die aus inneren Zwängen nicht mehr verlassen werden kann, stellt Kafka in seinem Roman «Das Schloß» einen Gebäudekomplex vor, der in seiner Größe und Unübersichtlichkeit, aber auch der Unnahbarkeit für «den Fremden» keine bleibende Statt werden kann. Trotz größter Anstrengungen eine Wohnung zu finden, wird er, ähnlich wie der Hungerkünstler, zu einem tragischen Helden, der einer hoffnungslosen Fiktion erliegt.

Irgendwo zwischen Käfig und Schloß, zwischen konkreten Erwartungen und Illusionen, siedeln wir wohl alle unsere (imaginären) Häuser an. – Kafkas Hungerkäfig ist im übrigen nicht die einzige Möglichkeit eines Gefängnisses. Wir sprechen auch vom «goldenen Käfig», der gerade durch seine materiellen (oder ideellen) Verlockungen dazu verführen kann, daß man sich nicht aus einer allzu einengenden Situation befreit[2].

Eine Analysandin (5) schildert ihren Käfig so: «Mein Gefängnis war ein durchsichtiger Käfig mit Gitterstäben aus Träumen und Phantasien, der irgendwo in den Wolken hing.» Hier ist der Käfig nicht Ausdruck eines zu starren, einengenden Gefüges, es fehlt im Gegenteil eine verbindende Struktur. Es ist ein Wolkenkuckucksheim, aus dem sich die Bewohnerin aber ebenfalls nicht befreien kann, weil sie sonst ins Bodenlose stürzen würde. Später klagt sie darüber, daß sie keinen Entwurf für ihren Hausbau habe: «Mir fehlt dieser Entwurf, die Konsistenz, der andere findet nichts „Haltbares“ in mir.» – Ist der Käfig zu eng konzipiert oder bietet er zu wenig Halt, so besteht die Gefahr bei einem Schloß, daß man sich in seiner Weitläufigkeit verliert und nicht heimisch darin wird.

Diese Beispiele aus der Literatur mögen zeigen, wie schwierig es sein kann, das richtige Haus zu finden. Oft wird es so sein, daß man nicht nur um- und anbauen, sondern auch alte Kindheits-Häuser oder -Zimmer aufräumen muß. Man wird dabei vielleicht auf unbekannte, ja verschlossene Zimmer stoßen, die allerdings nicht so Abgründiges enthalten müßen, wie die verbotene Kammer im Schloß des Blaubarts[3]. Barz (6) sagt: «Wir lernen das Haus unseres Inneren immer besser kennen, indem wir immer mehr verschlossene Kammern „aufschließen“.» Ein Haus kann nicht nur verschlossene Kammern enthalten. Es kann auch rudimentär sein, wie es Kottje-Birnbacher[4] einmal forumulierte. «Es kann ein Rohbau ohne Fenster und Türen, ohne Dach sein. Es kann diskrepant sein: Einige Räume sind z.B. klar abgegrenzt, vielleicht schon vollständig eingerichtet, andere kaum erkennbar, oder sie fallen wieder zusammen.» Es gibt unendlich viele Variationen von ge- oder mißglückten Hausgestaltungen, die sich als symbolische Äquivalente von seelischen Befindlichkeiten erweisen. Aber ebenso wie man in der Realität ein Haus umbauen kann, läßt sich auch ein imaginäres Haus verändern. Man sollte meinen, daß letzteres sogar ziemlich leicht zu bewerkstelligen sein müßte: warum sollte man nicht ein anderes Phantasie-Haus erfinden, wenn einem das gegenwärtige nicht zusagt?

Diese Frage führt uns zu einem eigenartigen Phänomen. Es zeigt sich nämlich, daß die aus tieferen, meist unbewußten Wesensanteilen stammenden Hausbilder *nicht beliebig konstruiert* werden können. Sie *folgen* vielmehr *eigenen* inneren Strukturen und *Gesetzen* und sind gerade darum auch so aufschlußreich. Unter rund 500 Häuserbildern, von denen wir hier nur eine begrenzte Auswahl vorstellen können, bemerkten wir immer wieder, wie

2 Hilde Bruch (4) gibt ihrem bekannten Buch über die Magersucht den Titel «Der goldene Käfig».

3 Im Märchen vom König Blaubart gibt es eine verbotene Kammer, in welcher seine ermordeten Frauen verborgen sind. Seiner letzten Frau gelingt es im entscheidenden Augenblick mit Hilfe ihrer Brüder, dem gleichen Schicksal zu entgehen.

4 persönliche Mitteilung

eng die Hausdarstellungen mit den gegenwärtigen situativen, aber auch früheren schicksalhaften Konstellationen ihrer Erbauer verbunden sind. Von der Unmöglichkeit, sich überhaupt ein eigenes Haus vorzustellen, von Höhlen und Hütten bis zur komfortablen Villa, einem Bahnhof oder einem Bauernhaus, gibt es zahllose Variationen. Wir möchten in diesem Kapitel einen *ersten Überblick* geben, um dann (wie schon bei den Kinder-Häusern) spezielle Aspekte in gesonderten Abschnitten zu betrachten.

Frau S., Ende 30, bildert im Tag-Traum eine Straße, auf der sie entlanggeht. Da taucht am Horizont, «ganz weit entfernt», ein Haus auf. Sie weiß irgendwie, daß das «ihr Haus» ist und meint, daß sie «dahin muß». Aber es geht seltsamerweise nicht. Sie wird traurig, weint, erlebt sich plötzlich als Kind. Sie möchte spielen, weiß aber nicht, was. Dann spürt sie, daß sie hüpfen kann. Sie hüpft immer ausgelassener, immer lockerer, völlig ziellos, einfach so dahin. Es ist ihr wichtig, daß sie sich so «treiben lassen kann». Sie macht nach einiger Zeit halt und pflückt Blumen am Wegrand. Das Haus ist jetzt nicht mehr zu sehen. Ihre Vorstellung «ich muß dahin», hat sie fallenlassen und sie genießt die Zwanglosigkeit dieser Situation, das «Ich-kann- machen,-was-ich-möchte». Im Nachgespräch wird ihr klar, daß das Haus für sie etwas Endgültiges bedeutete. Eine Art Pflichtgeühl: «Ich muß etwas ordnen, etwas Vernünftiges tun, kurz, erwachsen sein.» Sie hatte solche Sei-vernünftig-Aufträge als ältere von drei jüngeren Geschwistern schon früh internalisiert. Aber sie hatte auch darunter gelitten, nicht mehr wie die Jüngeren tun und lassen zu können, was sie wollte. In einer regressiven Phase ihrer Psychotherapie, in der sie ihre ungelebten und zum Teil verdrängten Kindheitsbedürfnisse wiederbelebte, spürte sie daher einen starken Widerstand gegen das Haus als Repräsentanz der Erwachsenenwelt. So verschwand ihr Haus ebenso schemenhaft und schnell, wie es kurzfristig am Horizont aufgetaucht war.

Auch bei einer jungen Frau mit epileptischen Anfällen, die eine familiär bedingte Entwicklungsverzögerung zur Folge hatten[5], stellte sich zunächst in einer Tag-Traum-Phantasie kein Haus ein. Die Patientin erlebte sich stattdessen mit einigen Heimbewohnern auf einer Wolke. Immerhin war die Wolke doch so etwas wie ein persönliches Territorium, das sie energisch gegen die Mutter verteidigen konnte. (Sie lebte aufgrund ihrer Behinderung lange Zeit mit der Mutter in symbiotischer Abhängigkeit.) In weiteren Tag-Träumen gelangte sie von der Wolke über einen Regenbogen zur Erde. Hier entdeckte sie ein Haus, das zunächst das Haus ihrer Wohngruppe in der Behinderteneinrichtung repräsentierte. Sie stand neben zwei ihr besonders nahestehenden Heimbewohnerinnen in einem sehr engen Haus. Rechts daneben, außerhalb des Hauses, befand sich eine therapeutische Bezugsperson (Bild 69), mit der sie durch die Hauswand hindurch mit einem dicken Band verbunden war. Auf demselben Bild hat sie sich oben rechts noch einmal mit der Bezugsperson dargestellt, beide wiederum durch eine Art Leine verbunden. Sie geht aber voran! Betrachtet man das Haus der Patientin, so wirkt es wie ein formaler Rahmen. Keine wie auch immer gestalteten Attribute geben ihm eine persönliche Note, es fehlen auch Fenster und Türen. Die drei Bewohnerinnen sind durch Bänder an den Handgelenken so verbunden, als wären sie mit Handschellen aneinander gefesselt. Die Patientin erhält durch die kleine Szene im oberen rechten Quadranten und durch die Tatsache, daß sie mit der Repräsentantin der Außenwelt, der Betreuerin, verbunden ist, zwar eine besondere Stellung. Trotzdem wirkt die Szene bedrückend unfrei: Die Anonymität und Abhängigkeit in der Heimatmo-

Bild 69 Haus der Wohngruppe

5 Die Patientin war deswegen eine Zeitlang in der Fördergruppe einer psychiatrischen Einrichtung untergebracht. Inzwischen lebt sie mit einem Freund in einer eigenen Wohnung mit minimaler Betreuung.

Bild 70 Haus auf dem Berg

sphäre ist eindrucksvoll charakterisiert. Es gelingt der Patientin im Verlauf der Psychotherapie, sich zumindest gewisse innere Freiräume, ein Stück eigene Identität aufzubauen. Das «Haus auf dem Berg» (Bild 70) mag das widerspiegeln: Hier ist sie allein, ohne Begleitung und die haltenden, zugleich fesselnden Seile. Allerdings wirkt ihr Haus mit den dicken Mauern auf dem steilen Berg schwer zugänglich. Es sieht aus wie ein Bunker. Sind die Regentropfen auf dem Bild eine symbolische Übersetzung für die Tränen, die die Bergeinsamkeit bei der Patientin ausgelöst hatten? Sie hält trotzdem an diesem Haus fest und beschäftigt sich später mit seiner Inneneinrichtung, bei der es ihr vor allem darauf ankommt, sich mit eigenen Räumen erneut gegen die Mutter abzugrenzen. In ihrem Realverhalten zeichnet sich in dieser Zeit eine deutliche Verselbständigung ab.

Auch ein erwachsener Mann, Ende 30, kann zunächst für sich kein Haus entdecken. In seiner Phantasievorstellung erlebt er sich als Einsiedlerkrebs[6], der seine verletzlichen Weichteile in einem Schneckengehäuse schützen und verbergen muß. Zu einem späteren Therapieabschnitt hat er seinen Aktionsradius etwas erweitert: Er erlebt sich als Hummer im Glaskäfig eines Schlemmerrestaurants. Seine gefährlichen Scheren sind mit Bändern umwickelt, so kann er niemandem etwas tun. Er bekommt regelmäßig sein Futter, bis er eines Tages selber verspeist werden wird. Eigentlich, so meint er erstaunlicherweise, gehe es ihm gar nicht so schlecht, zumindest nicht so schlecht, daß er sein Gefängnis verlassen möchte, obwohl er das durch einen Fluchtweg zum Meer durchaus könnte. Er stellt fest, daß er unheimlich große Angst hat vor dem «Kampf ums Dasein» im weiten Meer; dann schon lieber in seinem Glaskäfig bleiben, wo er wenigstens weiß, woran er ist. «Und sterben muß man schließlich doch einmal», so drückt er seine depressive Resignation in Worten aus.

Es bedarf einer langen Therapie, bis er eines Tages «sein Haus», eine komfortable zweistöckige Villa und damit auch seine eigentlichen Ansprüche entdeckt und zulassen kann. Bei der Besichtigung seiner Villa stößt er in einem Kellerverlies auf ein bedrohliches Gespenst mit langen Fangarmen, «von dem unheimlich viel Wut und Angst ausgeht», wie er meint. Er kann aber inzwischen akzeptieren, daß die einst so bedrohlichen Ängste, die er in die Außenwelt projizieren mußte, nun in seinem Innern (in seinem Haus) leben. Er kann sich jetzt auch mit dem Gespenst, in dem er abgewehrte Anteile seiner Beziehung zu den Eltern entdeckt, auseinandersetzen.

Konnte in diesen drei Fällen zunächst überhaupt kein Haus entdeckt werden, so lernen wir in den folgenden Fallgeschichten Häuser kennen, die anfänglich noch rudimentär sind, dann aber mit zunehmender Ich-Stärke ausgebaut werden können. Eine verheiratete Frau mit fünf Kindern in einem anspruchsvollen Beruf, der ihr viel Freude macht, leidet trotz der äußeren Erfolge an gelegentlichen depressiven Verstimmungen. Sie sucht deswegen eine Therapie auf und ist einverstanden, sich im Katathymen Bilderleben (KB) mit ihrem Haus auseinanderzusetzen. Es stellt sich zunächst eine dunkle, kalte und feuchte Höhle in einem Felsen dar. Alles ist sehr ungemütlich. Das einzig Gute ist der kalte, aber feste und harte Steinboden: «Hier kann ich wenigstens nicht wegsacken», ist die Aussage der tag-träumenden Frau A. Sie erlebt sich in dieser Höhle als nacktes Baby (Bild 71). Sie weiß, daß sie hier heraus muß und fängt an, auf einen Lichtschein zuzukrabbeln. Dabei entdeckt sie Flechten auf dem Boden, deren warme rotbraune Farben ihr in aller Trostlosigkeit doch Mut machen. Sie entdeckt auch einen schmalen Spalt, durch den sie sich schon «halb durchgequetscht hat», als sie merkt, daß sie etwas vergessen hat: Ihr Kuscheltier, einen weichen Stoffhasen mit langen Hängeohren. Den holt sie sich noch aus der Tiefe

6 Der krebskranke Autor F. Zorn (15) beschreibt sich und seine Familie in einem autobiographischen Roman gleichfalls als Einsiedlerkrebse.

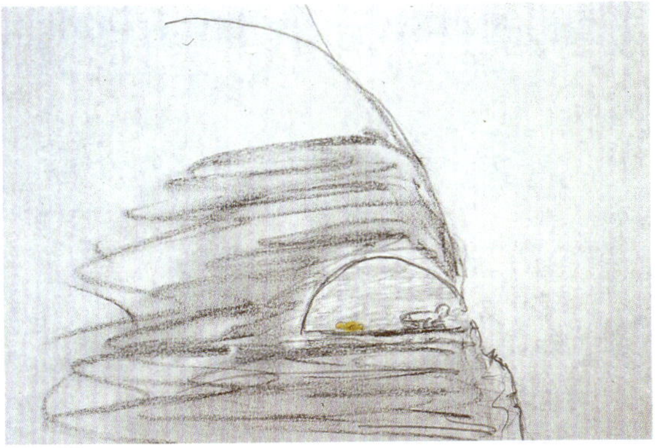

Bild 71 In der Höhle

Bild 72 Im Steinhaus

der Höhle, wobei es etwas wärmer wird. Als sie, wie in einer Geburtsphantasie, durch den Spalt nach draußen gekrochen ist, ist sie größer geworden, etwa sieben oder acht Jahre alt. Sie erlebt sich jetzt in einer düster-bedrohlichen Bergwelt, läßt sich aber nicht entmutigen und steigt, wenn auch mühsam, in ein Tal. Hier macht sie vor einer Hütte ohne Fenster, einem «Schuppen aus Stein» (eine Kindheitserinnerung) halt (Bild 72). Sie findet dort u.a. eine wärmende Wolldecke mit «wunderbaren Farben». Diese Decke legt sie sich um die Schultern und setzt sich draußen vor den Schuppen in die Sonne. Sie ist traurig, fühlt sich allein. Zugleich spürt sie aber einen gesunden Trotz und den Willen, sich zu behaupten. Solche Gefühle kennt sie aus ihrer Kindheit, die sie in einer Altersregression jetzt noch einmal erlebt und auf einer reiferen Stufe verarbeiten kann. Es geht um frühe Verlassenheitsängste, die sie in ihrem Leben heftig abgewehrt hat und mit einer übersteigerten Aktivität zu überspielen versucht. Es ist charakteristisch für sie, daß sie das weiche Kuscheltier, diesen Anteil, der sie immer hilflos und traurig machte, zunächst vergessen hat. Nach der «Trauerarbeit» findet sie «ihr» Haus aus Fachwerk mit einem warmen Reetdach. Sie erkennt, daß es zu ihr «paßt«. Die Freude über das Haus wird allerdings getrübt, denn sie erkennt, daß das Haus teilweise über einem schwarzen Abgrund steht (Bild 73). Es wird ihr klar, daß der Abgrund etwas mit einem Familienmythos, ihrer nie ganz geklärten Herkunft, zu tun hat. Sie kann jedoch nach einer Auseinandersetzung mit diesem Thema auf einer Bank vor dem Haus erkennen, daß der Abgrund verschwindet. Das Haus steht jetzt auf solidem Boden. Sie spürt,

Bild 73 Abgrund-Haus

daß die Probleme der Eltern nicht mehr ihre sind und daß sie Kräfte für eigene Bedürfnisse und den Innenausbau ihres Hauses gewinnt.

Auch Frau B., Ende 30, muß sich im KB mit alten Vermächtnissen auseinandersetzen, wenn sie zu ihrem Haus gelangen will. Hier taucht zunächst ihr reales Elternhaus auf (Bild 74), das aber eine Verwandlung erfahren hat: Die Balkontür vor dem Zimmer des Bruders ist mit Beton zugemauert, und der Balkon ist nur noch als Betonsockel vorhanden. Auf der anderen Seite des Hauses sieht sie im ehemaligen Fenster des Zimmers der Großmutter einen Mixer stehen. Sie erinnert sich, daß die Großmutter in dem Mixer immer das Brei'chen für den kleineren Bruder bereitete. Diese Teile des Elternhauses, die mit schmerzlichen Erinnerungen an den kleinen Bruder verbunden sind, machen eine Bearbeitung des Geschwisterkonfliktes möglich.

Bild 74 Elternhaus ohne Balkon

Bild 75 Sakral-Ruine

Das nächste Bild (Bild 75) ist die Ruine eines sakralen Baues, welche die Auseinandersetzung mit familiären Tabus (ein Großvater war Pastor) und damit auch problematischen Aspekten in der Beziehung zum Vater versinnbildlicht. Mit der Ungelöstheit dieser Konfliktsituation hat sich Frau B. bisher auch alle Partnerbeziehungen «verbaut». Sie scheint anschließend in einem kleinen reetdachgeschützten Haus in einem fremden Land endlich ihr persönliches Haus entdeckt zu haben. Aber dann erfährt sie durch das Auftauchen einer Glasvase, die in einer Kipplage jeden Augenblick auf den Boden zu fallen und zu zerschellen droht, daß es in diesem Haus ungelöste Probleme mit der Mutter gibt. Die Glasvase, in der Tag-Traum-Phantasie übrigens seltsam klebrig-verschmutzt, war ein Geschenk der Mutter, über das sich Frau B. seinerzeit sehr gefreut hatte. Sie geht mit der Vase vor das Haus und wäscht sie dort im Wasser der Regentonne rein, eine symbolische Befreiung von Schuldgefühlen. Sie kann, ja muß sich nun auch von diesem Haus, das noch nicht das ihrige ist, trennen. In der Nähe des Hauses liegt das Meer, und hier sieht sie, wie die Mutter in einem archeähnlichen Schiff mit vielen ihr vertrauten Dingen am Horizont verschwindet. Frau B. besteigt inzwischen einen daneben liegenden Ozeandampfer (Bild 76), der sie in ihre eigene «neue Welt» bringen wird. Sie winkt dem mütterlichen Schiff lange

Bild 76 Ozeandampfer

nach. Sie weiß, daß die Trennung notwendig für ihre persönliche Entwicklung ist. Der Ozeandampfer bringt sie in eine (ihr unbekannte) Großstadt, wo sie schließlich in einer großen, leeren, aber nicht ungemütlichen Fabrik meint, ihr neues Reich gründen zu können. Platz hat sie jedenfalls genug. Aber ihr Gepäck steht noch unausgepackt in einer weiten Halle (Bild 77). Irgendetwas hindert sie, sich hier endgültig festzusetzen. Sie spürt, daß es noch nicht soweit ist. Dann trifft sie ein Ereignis, das ihr bisheriges Leben völlig verwandelt: Sie erwartet ein Kind. Die scheinbar unbegrenzte Freiheit der Großstadt und der weiten Fabrikanlage, die sie zunächst sehr faszinierte, muß nun, unter dem Aspekt der eigenen Familiengründung, noch einmal modifiziert werden. Es geht jetzt darum, ein Familien-Haus zu finden.

Zwischen dem Nicht-mehr-Elternhaus und einem Noch-nicht-mein-Haus liegt oft eine Spanne, die weit über die Zeit der Adoleszenz hinausreichen kann, wie wir gesehen haben. Unerschöpflich scheinen dabei die Variationsmöglichkeiten der «Übergangs-Häuser» zu sein. Es gibt z.B. Menschen, die – meistens durch Kindheitseinflüsse bedingt – sich hervorragend darauf verstehen, *Fassaden* zu schaffen. Versuchen sie hinter diese äußere Scheinstabilität zu sehen, sind sie oft erschrocken über das Ausmaß eines inneren Chaos oder trübsinniger Leere und Langweiligkeit. Ein Mann im mittleren Lebensalter, der noch bei seiner Mutter lebte und es weder zu einem Beruf noch zu einer Familie gebracht hatte, stellte auf die Bitte, sein Haus zu malen, das imponierende äußere Mauerwerk einer Villa dar. Als er versuchte, sich das Innere seines imaginären Hauses vorzustellen, geriet er jedoch in völlige Ratlosigkeit. Es war unmöglich, auch nur Andeutungen eines Grundrisses zu erkennen. Er konnte sich weder die Größe, noch die Zahl oder Umrisse eigener Räume und ihrer Funktionen vergegenwärtigen. Stattdessen fühlte er sich hoffnungslos «leer». Der Mann ist später an einer Psychose erkrankt. Auch während dieser Zeit konnte er noch eine erstaunliche konventionelle Fassade des Umgangs mit anderen Menschen aufrechterhalten. Aber dahinter verbarg sich jene erschreckende Ratlosigkeit, die er schon bei der Zeichnung erlebt hatte. Man gewann den Eindruck, daß er nicht wußte, wer er eigentlich war.

Bild 77 Fabrik

Viele Häuser können durch die Fassade offenbaren, daß hier etwas nicht stimmt oder umgekehrt, daß in einer bislang starren Abwehrfront etwas aufbricht. Im ersten Fall zeichnete eine junge Frau ihr Haus zunächst als ein gepflegtes, einstöckiges Haus mit dekorativen Blumen und einem Kiesweg vor dem Eingang. Links neben der Tür gab es ein kunstvoll hergerichtetes Blumenfenster. Aber dann stockte Frau D., sie konnte sich nicht vorstellen, wie das Fenster rechts von der Tür aussah. Ein unbehagliches Gefühl beschlich sie. Sie meinte plötzlich, die ganze rechte Ecke des Hauses sei kalt. Diese lag übrigens jetzt im Schatten. Das Fenster war nur schemenhaft angedeutet, sie konnte durch die blinden Scheiben nicht hineinsehen. Sie nannte es das «verbotene Fenster» und spürte, daß sie nicht rechts um das Haus herumgehen könne. Da sei «etwas Unheimliches dazwischen». Später versuchte sie in einer Imagination die rechte Seite des Hauses von innen zu erforschen. Eine Freundin stand ihr bei. Sie hatte sie dazugebeten, weil sie glaubte, daß sie es allein nicht schaffen würde. Während es im Flur des imaginierten Hauses hell und warm war, spürte Frau D. schon durch die geschlossene Tür des «verbotenen Zimmers»[7], daß es dahinter kalt und dunkel sein würde. Die Freundin riet ihr, die Tür, nachdem sie sie geöffnet habe, doch weiterhin offenzulassen. So könne sie die Verbindung zu ihr behalten und die Helligkeit des Flures würde ihr vermutlich helfen, durch das Dunkle vordringen zu können. Frau D. war überrascht über diesen Vorschlag. Sie selbst wäre nie darauf gekommen, daß die Tür offenbleiben könne. Sie meinte, es sei fast wie ein

7 Siehe auch S. 64: Das verbotene Zimmer des Blaubarts.

magischer Zwang gewesen, daß man das Helle und das Dunkle durch die geschlossene Tür trennen müße.

Aber Frau D. konnte den Rat der Freundin annehmen. Und so tastete sie sich «zitternd» durch den dunklen Raum vorwärts. Unter dem «verbotenen Fenster» spürten ihre Hände dann ein Kinderbett, ein leeres Gitterbett, und es fiel ihr Sonja ein, ihr Kind, das vor einem Jahr gestorben war. Sonja hatte eine schwere Mißbildung, die Pflege des Kindes war für Frau D. äußerst aufreibend gewesen. Sie wußte, daß Sonja nicht lange am Leben bleiben würde, und manchmal hatte sie sich in ihrer Verzweiflung gewünscht, es möge doch schon bald zu Ende sein. Als Sonja dann wirklich starb, machte sich Frau D. schwere Vorwürfe. Es kam ihr so vor, als habe sie den frühen Tod des Kindes «verschuldet». Sie kam über «diesen Schuldkomplex» nicht hinweg, war innerlich wie erstarrt. Sie hatte jedoch nie richtig weinen oder trauern können. Als sie jetzt in der Imagination vor dem leeren Gitterbett in dem kalten, dunklen Raum stand, überkam sie überwältigende Trauer, sie weinte lange. Endlich wurde sie ruhiger, und sie hörte nun auch die tröstenden Worte der Freundin. Es gelang ihr, das «verbotene Fenster» über dem Kinderbett zu öffnen und etwas Sonne hereinzulassen. Später konnte sie auch außen um die «kalte Ecke» des Hauses, die nicht mehr im Schatten lag, herumgehen. Es war jetzt in allen Räumen ihres Hauses hell und warm geworden. Frau D. spürte, daß sich etwas in ihr gelöst hatte und daß sie in diesem Haus *leben* könnte. Vorher, so meinte sie in der Rückschau, «war ich darin lebendig begraben». Das blinde, verbotene Fenster an der rechten Seite des Hauses, hatte die Wende zur trauernden Einkehr ermöglicht und damit auch den Weg freigemacht, sich wieder einer hoffnungsvolleren Zukunft zuwenden zu können.

«Blinde Fenster» gab es auch an der Hausfassade eines drogenabhängigen, HIV-infizierten Mannes, der bereits mehrere Haftstrafen verbüßt hatte. Jetzt hatte er trotz der Zwangsunterbringung in einer psychiatrischen Einrichtung endlich einen Therapeuten seines Vertrauens gefunden. Der Patient hatte als letztes Bild nach einer zweijährigen Therapie ein Haus imaginiert, dessen Fassade blau war, und dessen Fenster, in die niemand hineinsehen konnte, «blind», wie bei Frau D. waren. Nur das Dach und einige Mauersteine an der rechten Seite, über denen die Fassade abgesprungen war, waren rot. Die Haustür stand leicht offen. Auch über ihr fanden sich einige rötliche Mauersteine. Zu dem Mauerstück an der rechten Seite gab der Patient an, daß er es als «Schwachstelle» ansehe. Es sei aber zugleich die einzig lebendige Stelle. Alles andere sei eine notwendige Fassade, die er brauche: die Abschirmungsmauer vor juristischen und psychiatrischen Institutionen. Die etwas offenstehende Tür in seiner «Haus-Persönlichkeit» (so nennt er selber das Haus) drückt die (offene) Beziehung zu seinem Therapeuten aus, der seiner Zukunft ein «Zuhause» in Aussicht stellte. Ihm als einzigem aus der Institution, so meint der Patient, könne er trauen. Die Mauersteine über der Tür und an der rechten Seite stellen für ihn Lebendigkeit, Echtheit der Beziehung und Verläßlichkeit dar: «Auf die kann ich bauen»[8], womit er die Eigenschaften des Therapeuten meint, die er in sein Haus integrieren kann. Hier gestaltete sich – scheinbar paradox – der Zerfall einer Fassade, der abbröckelnde Putz, als Beginn einer inneren Stabilisierung der «Hauspersönlichkeit». Der Patient wurde inzwischen aus der geschlossenen Einrichtung entlassen.

Es gibt Menschen, die zu starken Polarisierungen neigen, sie spalten die Welt sozusagen in gute und böse Anteile. Wir möchten zwei Beispiele anführen, die zeigen, daß sich das Spaltungsphänomen auch in Häusern dokumentieren kann.

Helen Landgarten (7) berichtet in ihrem Buch über klinische Kunsttherapie von der Patientin «Ellie». Diese habe auf die Aufforderung, etwas Beliebiges zu malen, zwei Häuser auf einem Blatt dargestellt, eines in Grau, am Rande einiger Felsen, das andere im Schnee. Sie habe ihr Werk «das gute und das schlechte Haus» genannt. Das gute Haus, welches in den Bergen steht, sei ein Haus, in dem Ellie sich glücklich fühlen würde. Es stellte sich später heraus, daß es für Ellie das Vater-Haus war. Die Eltern lebten getrennt, und es wurde deutlich, daß die Patientin gern mit dem idealisierten Vater zusammenleben würde. Sie hat das Vater-Haus auch sehr viel ausdrucksvoller und in den Konturen klarer dargestellt, als das «schlechte Haus», das sie in eine kühle Schneelandschaft gesetzt hatte und der Mutter zuschrieb. Ellie hatte ihre «Über-

8 Die Metaphorik der soliden «Bausteine» und den Spruch hatte er dem Werbeprospekt einer Bausparkasse entlehnt.

tragungsgefühle» auf der Station ähnlich aufgespalten. Zunächst spielte der gleichfalls idealisierte Stationsarzt eine überdimensionale Rolle für sie, die Kunsttherapeutin wurde hingegen vergleichsweise klein und zwiespältig, so wie die Mutter, erlebt. Es gelang Ellie aber, das Klinikpersonal zunehmend realistischer zu sehen und die Gut-Böse-Polarisierungen zu relativieren. Leider wird nicht berichet, ob Ellie später noch einmal das Thema Haus dargestellt hat, und ob es ihr jetzt gelang, gute und böse Eigenschaften in *ein,* ihr eigenes Haus zu projizieren.

Ähnlich gespalten stellte sich auch ein Patient, der wegen Pyromanie (konfliktbedingte Brandstiftungen) länger in psychiatrischer Unterbringung war, seine Häuser in zwei spontanen Bildern vor. Eines sah aus wie ein Gefängniskomplex. Es sollte aber das Kinderheim sein, in dem er aufgewachsen war. Er kam gleich nach der Geburt dorthin. Das andere Bild zeigte Häuser in einer Schlucht, die durch gelb gemalte Fensterscheiben den Eindruck vermittelten, als würden sie brennen. Die Häuser repräsentierten zwei Anteile seiner Biographie: Das Opfer, das hilflose, kleine Kind im Heim (und jetzt auch in der geschlossenen Abteilung), sowie den Täter, der Häuser in Brand steckt und dabei Menschen gefährdet. Beide Persönlichkeitsanteile konnte der Patient zum Zeitpunkt der Häuser-Darstellung nicht in sich zur Deckung bringen. Er setzte sich aber, offenbar weil er die konstruktiven Möglichkeiten der Haus-Bilder erkannte, weiter mit dem Thema auseinander und konnte die abgewehrten, aggressiven Anteile besser integrieren und kontrollieren.

Konstruktive Elemente des Haus-Motivs in der Imagination zeigen auch Wilke (8) und Krägeloh (9) in Falldarstellungen mit dem Katathymen Bilderleben auf. Wilke berichtet von einer magersüchtigen Patientin, die eine eigentümlich unkoordinierte und verlassene Stadt imaginiert. Sie meint, daß es das Beste sei, wenn alles eingeebnet würde. Sie möchte die Stadt verlassen. Aber der Therapeut hält sie an, sich alles genau anzusehen. Sie beobachtet nun, wie einzelne Häuser und dann ganze Blocks zusammenfallen. Es schaudert sie und doch spürt sie, daß da etwas Unausweichliches geschehen muß. Es macht sie traurig, aber es löst auch eine «Verkrampfung». Sie geht noch einmal in die Stadt und findet nicht nur einige Erinnerungsstücke aus der Kindheit (ein altes Bett oder einen Milchtopf beispielsweise). Sie packt auch einige Steine und Balken auf einen Karren und beginnt, sich am Rande der Stadt eine Zuflucht zu bauen, wo sie «wie ein Nomade übernachten kann».

In der folgenden Imagination entwirft sie immer wieder neue Häuser, was sich als schwierig gestaltet, da diese entweder zu groß oder zu klein sind. Schließlich entdeckt die Patientin ein bescheidenes Haus, dessen maßvolle Proportionen sie als zu ihr passend empfindet. Das Haus hat inzwischen nicht nur Türen und Fenster, sondern auch einige «sparsame Ornamente» als Ausdruck einer persönlichen Note an seiner Fassade. Wilke weist darauf hin, daß die anfänglich nicht zueinander passenden Häuser der Unvereinbarkeit sich polar gegenüberstehender Ich-Anteile entsprechen. Das Zusammenbrechen der inkompatiblen Elemente wird von der Patientin als fast organischer (d.h. notwendiger) Zerfall erlebt, womit eine neue «Baustruktur» entstehen kann. Die Patientin erkennt hier erstmals – so Wilke– «die ihr innewohnende Kraft... sich selbst zu verändern, das eigene Haus aus den Trümmern eines verbauten, fremden Baukomplexes zu errichten».

Krägeloh schildert einen ähnlich konstruktiven Behandlungsverlauf bei einer Patientin, die sich das Haus-Motiv im KB vorstellen sollte. Zunächst sah sie ein verfallenes, morsches Haus, das entfernt ihrem Elternhaus glich. Die Patientin mochte es kaum ansehen, es ängstigte sie und stieß sie ab. Die Therapeutin konfrontierte sie aber ein zweites Mal mit diesem Bild. Diesmal fiel der Patientin auf, daß die Haustür frisch lackiert war, was zu dem übrigen Zustand des Hauses gar nicht paßte. Auch am Fundament des Hauses waren einige neue, noch «ganz rohe Bretter» zu sehen. Die Patientin vermutete (auf die Frage der Therapeutin), daß hinter der Tür ein dunkles und modriges Zimmer sein müsse. Sie spürte deutlichen Widerstand gegen das Zimmer und «diese dusselige, neue Tür», die da gar nicht recht hingehörte. Im Nachgespräch mußte sie allerdings zugeben, daß die Tür «eigentlich doch nicht übel war». Es gelang ihr nun, eine Verbindung zwischen alten (schlechten) und neuen (guten) Anteilen herzustellen. (Wir erinnern hier an die vorausgehenden Beispiele der «Spaltung».)

Zu einem späteren Zeitpunkt wird die Patientin erneut gebeten, sich das Haus-Motiv vorzustellen. Es erscheint diesmal in einem anderen Land. Wieder ist es ein altes Haus, der modrige Geruch ist jedoch nicht mehr unangenehm. Die Patientin erkennt auch, daß der Aufwand für eine Renovierung gar nicht so groß sei. Sie fragt sich aber, ob sie das Haus wirklich haben möchte. Denn mit der Möglichkeit einer Veränderung steigt auch die Angst davor. «Es wird schwer, das Alte kämpft gegen das Neue», so beschreibt es Krägeloh. – Wir erfahren hier etwas, was uns häufiger in der Psychotherapie begegnet. Auch wenn der/die Kranke unter einem Symptom leidet, es eigentlich «los sein möchte», so erweist es sich in seinem Lebenskontext meist als ein sinnvoller Faktor. Es entwickelte sich ja nicht zufällig, sondern diente beispielsweise der Vermeidung von Angst und/oder Schuldgefühlen. Man gewöhnte sich daran, es gab eine gewisse Sicherheit. Diese ist gerade dem ängstlichen Menschen so wichtig, daß er dann lieber alles beim alten läßt, d.h., der «Leidensdruck» reicht für eine Therapiemotivation und die Bereitschaft zur Veränderung unter diesen Umständen nicht aus.

Ging es bei den eben genannten Beispielen um die Aufgabe, im Symbol des Hauses Lebens-*Synthesen* zu finden, so kann sich das Haus-Bild umgekehrt auch dafür eignen, eine *analytische Aufgliederung* von Teilaspekten zu ermöglichen. Es ist manchmal leichter, sich auf diese Weise nach und nach mit den verschiedenen Seiten eines Problems auseinanderzusetzen. Die drei folgenden Bilder, die wir kurz erläutern wollen, mögen das illustrieren. Herr G., Anfang 30, befand sich zu Beginn seiner Therapie in einer akuten Lebenskrise. Er stand vor der Frage, ob er aus seinem bisherigen bürgerlichen Dasein «ausbrechen» solle. Seine Haus-Bilder können den Konflikt auf der «Instanzenebene» zwischen Es, Ich und Über-Ich, wie ihn Freud postuliert hat, anschaulich wiedergeben. Auf dem ersten Bild (Bild 78) sieht man ein imaginäres Familien-Haus, das die (bisherige) bürgerliche Existenz repräsentiert. Im unteren Stockwerk befinden sich Bad, Toilette und die Küche, in der Etage darüber das Wohnzimmer, wo Herr G. gerade mit seiner Frau vierhändig Klavier spielt. In der dritten Etage gibt es einen sehr großen Raum als Hobby- und Spielzimmer für die Kinder. Er selbst befindet sich noch einmal oberhalb des Hauses auf der Aussichtsplattform eines hölzernen Turmes, in den eine steile Wendeltreppe führt. Hier genießt er einen herrlichen freien Blick und fühlt sich in keiner Hinsicht eingeengt – bis sein Blick auf einen großen Vogel auf der Balustrade fällt. Der Vogel schaut ihn durchdringend und streng an, ja, er versucht nach ihm zu hacken. Herr G. hat größte Mühe, sich dem Einfluß dieses Tieres zu entziehen. Er verjagt den Vogel schließlich mit einer Holzstange.

Auf einem zweiten Bild (Bild 79) setzt sich Herr G. mit einem wilden Tiger auf dem Dach

Bild 78 Haus mit «Aussicht»

Bild 79 Haus mit Tiger

seines Hauses, das unter dem Gewicht des Tieres einzubrechen droht, auseinander. Es ist eine gefährliche Situation, der sich Herr G. anfänglich fast hilflos ausgeliefert fühlt. Es geht u.a. um die Frage, wer beherrscht wen? In weiteren KB-Konfrontationen mit dem Tiger gelingt es Herrn G. besser, den Tiger zu zähmen, ohne jedoch dessen Kraft zu brechen. Er spürt zunehmend die Stärke des Tieres in sich, läuft schließlich mit dem Tiger (und einem Löwen, den er sich als «Hilfsobjekt» dazu imaginiert hat) um die Wette. Anschließend trinken alle drei frisches Wasser aus einer Quelle. Herr G. fühlt sich gestärkt und meint, daß er sich nicht mehr von dem Tiger beherrschen ließe.

Auf einem dritten Bild (Bild 80) sieht man einen gedrungenen, steinernen Kirchenbau. Links daneben und vorne sind mehrere unterschiedliche Blumenbeete zu sehen. Die Blumen repräsentieren bestimmte Beziehungspersonen und Eigenschaften, wie Herr G. bemerkt. Den Kirchenbau erlebt er zum Teil als schützend, aber zunehmend auch als einengend, ja erdrückend. Die Blumenbeete stehen zu sehr im Schatten der Kirche. Je intensiver er letztere ansieht, desto mehr hat er den Eindruck, daß der Bau aus Holz ist. Dies kann er zerlegen, wobei er zunächst ein paar Latten herausreißt. Schließlich bleibt ein «Bretterhaufen» in einem großen Garten übrig, in dem er sich jetzt mit den Blumen auf den Beeten und einigen Bäumen befaßt. Eine Sonnenblume und eine Birke stellen zwei wichtige Frauen in seinem gegenwärtigen Leben dar. Er kann seinen Konflikt mit ihnen, indem er sich mit den unterschiedlichen Beziehungsaspekten in der Blumen- und Baumgestalt auseinandersetzt, zu einer Lösung bringen.

Es wurde bei der Nachbesprechung der Bilder deutlich, daß der strenge, ihn hacken wollende Vogel auf der Balustrade des Aussichtsturmes seine Über-Ich-Ängste symbolisierte. (Das Elternhaus war «streng katholisch».) Der Tiger repräsentierte hingegen sein Es, seine Ausbruchsversuche aus dem moralischen Gefängnis, aber auch seine eigenen Aggressionen, die er schließlich als nicht mehr bedrohlich, sondern als positive Kräfte internalisieren konnte. Die Kirche wurde in dem steinernen Gebäude nochmals als mütterliche Über-Ich-Instanz erlebt, dann aber von Herrn G. durch das Auseinandernehmen einer bisher nicht hinterfragten Übermächtigkeit moralischer Ansprüche relativiert. Aus dem zunächst entstandenen Bretterhaufen konnte später etwas positiv Tragendes aufgebaut werden.

Bild 80 Haus als Kirche

Während sich hier das Freud'sche Strukturmodell der drei Instanzen des von ihm so genannten «psychischen Apparates» zum Verständnis der Häuser-Bilder anbot, können wir das folgende Bild auch jungianisch verstehen. Frau H., die vor der Frage eines neuen Lebensabschnittes steht, möchte über das Haus-Motiv mehr von sich selbst erfahren. Zu ihrer Verwunderung stellt sich im KB das gegenwärtige Haus, in dem sie eine Etage bewohnt, ein. Auch ihr Auto steht, so wie immer, vor der Tür. Aber ehe sie in das Haus eintritt, muß sie unerwartet und unheimlich tief auf einer alten Treppe hinabsteigen. Dadurch bekommt das Haus ganz andere Proportionen, so als sei es nicht mehr ihr Haus, sondern ein geheimnisvoller, überpersönlicher Bau (Bild 81)[9]. Später wird sie in diesem Haus in einem alten Schrank allerlei merkwürdige Dinge entdecken (s. S. 159).

9 Siehe auch Jungs Haus-Traum auf S. 10.

Bild 81 «Die tiefe Treppe»

Solche Veränderungen von realen Haus-Proportionen erleben wir relativ häufig in Träumen oder Tag-Träumen. Flores d'Arcais (10) schildert die Haus-Vorstellung im Tag-Traum einer jungen Frau, die ihr reales Elternhaus bildert, aber das Haus «enorm hoch und dunkel» erlebt, so wie es in Wirklichkeit gar nicht war. Die Patientin hockt auf der Terrasse, die im Schatten liegt, fühlt sich ganz klein und erbärmlich allein. «Die Dinge sind um so größer, je kleiner wir sind», bemerkt d'Arcais. Der Tag-Traum wurde zu einem wichtigen Stimulans für die junge Frau, sich aus der als bedrückend erlebten Abhängigkeit des hilflosen Kindes zu befreien und den Entschluß zu fassen: «Von jetzt an entscheide ich selbst, was gut für mich ist.»

Die Metaphorik der eben genannten Bilder erscheint uns klar und verständlich, wir brauchen sie eigentlich gar nicht zu übersetzen, sie spricht für sich selbst. Wir möchten das Kapitel aber nicht abschließen, ohne den Hinweis zu geben, daß die «Häuser-Sprache» keineswegs immer so geradlinig und einfach zu verstehen ist. Die Botschaften der Haus-Bilder können auch doppelsinnig und kryptisch verschlüsselt sein, so daß wir sie zunächst kaum interpretieren können. Sie werden uns erst zugänglich durch die Einfälle ihrer «Erbauer».

Herr A. kann mit seiner Haus-Imagination hier als Beispiel erwähnt werden. Er setzte sich in der Tag-Traum-Therapie mit seinen «inneren Eltern», wie er sagte, auseinander. Diese tauchten in der Gestalt zweier nebeneinander stehenden Häuser auf. Es zeigte sich, daß das «Mutter-Haus» auf der rechten, das «Vater-Haus» hingegen auf der linken Seite imaginiert wurde. Während Herr A. das schlichte Fachwerkhaus, das er der Mutter zuordnete, ohne weiteres von innen begehen konnte, erwies sich das Vater-Haus als unbegehbarer, eher bedrohlich wirkender Turm. Mehrfach versuchte Herr A., die Treppe zur Eingangstür, die wie ein spitzwinkliger Torbogen aussah, hochzusteigen, obwohl das Innere des Torbogens abwehrend dunkel aussah. Jedesmal, wenn Herr A. einen Versuch unternahm, um in das Haus zu gelangen, spürte er heftige Schmerzen im Hüftbereich, so daß er seinen Versuch schließlich aufgab. Er imaginierte in dem Augenblick, daß sich ein kaltes, weißes Dreieck in den Vordergrund schob (Bild 82). Dieses Bild blieb ihm unverständlich. Er erinnerte sich aber, als einige Wochen später die Schmerzen als Beginn einer Bechterew-Erkrankung (eine zunehmende Versteifung der Wirbelsäule) diagnostiziert wurden, sofort an das weiße Dreieck und meinte nun, darin eine frühe Symbolisierung seiner Erkrankung zu verstehen.

Wir möchten an dieser Stelle noch einmal auf die Rechts-Links-Symbolik und ihre Zuordnung zum väterlich-mütterlichen Raum zurückkommen. Auf Seite 34 erwähnten wir anhand einiger Kinder-Bilder, daß dort die rechte Seite dem Vaterraumerleben zugeordnet, links hingegen der mütterliche Bereich erlebt wurde. Wir wiesen auch schon auf unterschiedliche Interpretationen der Raumsymbolik durch Riedel (11) hin. Sie bezieht sich auf das Raumschema von Grünwald, aber auch das von Michel und bemerkt dazu, daß es wichtig sei, unterschiedliche Vorschläge zu vergleichen, «um sich vor Einengungen und Fixierungen auf eines dieser Schemata zu bewahren.»

Während sich die Kinder-Bilder mit dem Schema von Grünwald (auf der linken Seite Vergangenheit und mütterlicher Raum, rechts Zukunft und Väterliches) in Einklang bringen ließen, bekommen wir zum Bild von Herrn A. besser Zugang über das Raumschema von Michel; denn bei ihm steht das «Mutterhaus» auf der rechten Seite, nach Michel (vor allem im unteren Quadranten) «die bewußtseinsnähere, persönlichere Seite ... des Verhältnisses zum Mütterlichen, zur Geborgenheit und zum Urvertrauen». Der «Vater-Turm» von Herrn A. steht hingegen auf der linken Seite, die nach Michel (vor allem in der Tendenz zum oberen Quadranten hin) das Verhältnis zum Väterlichen repräsentiert, gelegentlich, so Michel, bis zum «Überpersönlichen, Überhöht-Abgehobenen». Diese Interpretation deckt sich überein-

Bild 82 Weißes Prisma und Elternhäuser

stimmend mit der Auffassung von Herrn A. über den Charakter seiner beiden Eltern-Häuser.

Trotz seiner Möglichkeit, unser Wesen spiegeln zu können, spielt das Haus-Motiv in der Bildliteratur eher eine untergeordnete Rolle. Wir suchten z.B. vergeblich danach in den großen Bildbänden aus der Jung-Schule (12, 13). Das Haus wird von Jung auch nicht als Archetyp charakterisiert, obwohl er in seinen «Erinnerungen» (14) mehrere «große» Haus-Träume ausführlich erwähnt (s. auch S. 10 in diesem Buch). War ihm das Motiv zu wenig symbolträchtig, zu wenig «kollektiv»? Wir meinen allerdings, daß er in manchen Häuser-Bildern, beispielsweise bei den Ausführungen über seinen «Bollinger-Turm» («Ort der Reifung», «Mutterschoß», «Darstellung der Individuation», «Symbol der psychischen Ganzheit») archetypische Vorstellungen verwendet hat.

Mit einem Gedicht von Rilke, das bereits zum nächsten Kapitel überleitet, möchten wir die Ausführungen über die «Erwachsenen-Häuser» abschließen.

Herbsttag

Herr: es ist Zeit. Der Sommer war sehr groß.
Leg deinen Schatten auf die Sonnenuhren,
und auf den Fluren laß die Winde los.

Befiehl den letzten Früchten voll zu sein;
gib ihnen noch zwei südlichere Tage,
dränge sie zur Vollendung hin und jage
die letzte Süße in den schweren Wein.

Wer jetzt kein Haus hat, baut sich keines mehr.
Wer jetzt allein ist, wird es lange bleiben,
wird wachen, lesen, lange Briefe schreiben
und wird in den Alleen hin und her
unruhig wandern, wenn die Blätter treiben.

Anmerkungen

1 Drewermann, E.: Kleriker. Psychogramm eines Ideals. Walter, Olten 1988[2].
2 Kafka, F.: Ein Hungerkünstler. Vier Erzählungen. Fischer, Frankfurt/M. 1988.
3 Kafka, F.: Das Schloß. In: Die Romane, Fischer, Frankfurt/M. 1965.
4 Bruch, H.: Der goldene Käfig. Fischer, Frankfurt/M. 1980.
5 Anonyma: Verführung auf der Couch. Core, Freiburg, 1988.
6 Barz, H.: Blaubart. Weisheit im Märchen. Kreuz, Zürich, 1987.
7 Landgarten, H.: Klinische Kunsttherapie. Gerardi, Karlsruhe, 1990.
8 Wilke, E.: Strukturauflösung und Neustrukturierung in der KB-Therapie der Magersucht. In: Bartl, G. und Pesendorfer, F. (Hrsg.): Strukturbildung im therapeutischen Prozeß. Literas, Wien, 1989.
9 Jollet, H., Krägeloh, C. und Krippner, K.: Das KB bei Objektbeziehungsstörungen. In: Bartl, G. und Pesendorfer, F. (Hrsg.): Strukturbildung im therapeutischen Prozeß. Literas, Wien, 1989.
10 d'Arcais, F.: Experientielle Psychotherapie und Katathymes Bilderleben – eine gegenseitige Annäherung. Vortrag beim 1. Internationalen Kongreß «Symbooldrama» in Noordwijkerhout, Niederlande, November 1990.
11 Riedel, I.: Bilder in Therapie, Kunst und Religion. Reihe «Symbole», Kreuz, Stuttgart, 1988.
12 C. G. Jung, v. Franz, M.-L. et al.: Der Mensch und seine Symbole. Walter, Olten, 1988[11].
13 Jacobi, J.: Vom Bilderreich der Seele. Wege und Umwege zu sich selbst. Walter, Olten, 1989[3].
14 Jaffé, A.: Erinnerungen, Träume, Gedanken von C. G. Jung. Walter, Olten, 1988[6].
Wir verweisen insbesondere auf die «Häuser-Träume» auf den Seiten 86/87, 163–66 und 216–18.
15 Zorn, F.: Mars. (Mit einem Vorwort von Adolf Muschg). Kindler, München, 1977.
«Mars» ist die Geschichte der eigenen Krebserkrankung des Autors, die er pseudonym kurz vor seinem Tod zur Publikation freigab. Er sah in seiner Erkrankung «die somatische Form seiner Neurose».

2.2 Das Motiv des Hauses im höheren Lebensalter

Bestelle dein Haus;
denn du wirst sterben
und nicht am Leben bleiben.

Jesaja 38,1

Winterabend

Wenn der Schnee ans Fenster fällt,
Lang die Abendglocke läutet,
Vielen ist der Tisch bereitet
Und das Haus ist wohlbestellt.

Mancher auf der Wanderschaft
Kommt ans Tor auf dunklen Pfaden
Golden blüht der Baum der Gnaden
Aus der Erde kühlem Saft.

Wanderer tritt still herein;
Schmerz versteinerte die Schwelle.
Da erglänzt in reiner Helle
Auf dem Tische Brot und Wein.

G. Trakl

Wir sahen, daß die Haus-Bilder im Erwachsenenalter neben der Bearbeitung früherer «Fehlkonstruktionen» fast immer auch die Zukunfts-Perspektive der Veränderlichkeit enthielten. Das wird im Alter anders. Hier geht es immer mehr um eine Bilanz des *Gegenwärtigen* auf dem Fundament des *Vorausgegangenen*. Es stellt sich die Frage, wie habe ich bis heute mein Haus eingerichtet, wie lebe ich darin, und wie kann ich mich gegebenenfalls mit seinen Unvollkommenheiten *abfinden*? Es gibt natürlich keine festen Zuschreibungen, *wann* der letzte Bauabschnitt eintritt, in dem sich das Bisherige zwar noch konsolidieren läßt, aber für Neu- und Umbauten Zeit und Kräfte nicht mehr ausreichen. Es gibt – das erfährt man immer wieder – zwar Menschen, die auch als Hochbetagte noch zu erstaunlichen Umstellungen fähig sind, die, in der Haussprache ausgedrückt, noch einen oder gar mehrere Umzüge bewerkstelligen können. Um solche Ausnahmen geht es in diesem Kapitel nicht.

Uns geht es vielmehr darum, zu sehen, wie Menschen im Alter, die sich bewußt machen, daß dies die Endstrecke ist, ihre «letzte Herberge» gestalten. Können sie sich beispielsweise, befreit vom täglichen Streß, in Ruhe zurücklehnen, im Bewußtsein, das Haus «bestellt» zu haben, ähnlich wie es eine 94jährige kürzlich in einem Brief mitteilte: «Von mir ist zu sagen, daß die Tür zur Ewigkeit angelehnt ist, so lange kann ich noch jeden Tag dankbar aus Gottes Hand nehmen, was er mir zudenkt.» Rührt uns hier das an, was wir gern als «Altersweisheit» bezeichnen, und ist das charakteristisch für diese Lebensphase?

Guggenbühl-Craig (1) hat sich kritisch mit der sogenannten Weisheit des Alters auseinandergesetzt und meint dazu, daß ihm das Betonen der Erfahrung immer verdächtig sei; denn «Erfahrung hilft, eine Situation auf dem Hintergrund von früher Erlebtem zu beurteilen. Das Problem ist aber: Erfahrung macht uns auch blind für die gegenwärtige Situation…» Der Autor bezweifelt (fast) die Existenz des (der) «weisen Alten», wie sie beispielsweise in Jungs archetypischen Bildern angeführt werden. Offenbar hat Guggenbühl-Craig die Sorge, daß hier einseitig erhöhte Projektionen (zur Abwehr der Ängste vor dem Verfall im Alter) stattfinden, so als ob der weise Alte «bereits über den Dingen schweben würde… ein größeres transzendentales Wissen hätte als andere Menschen» und damit «gefährlich in die Nähe des Göttlichen rückt». Diesem «kranken Mythos» des weisen Alten, der nicht von seiner Macht ablassen kann, setzt Guggenbühl-Craig mit der Frage, was denn ein «gesundes Mythologem des Alters» sei, den Begriff des «närrischen Alten»[1] entgegen. Dieser sei der eigentliche Weise, indem er es gerade ablehnt (über seine nachlassenden Kräfte hinaus, d.Verf.), als klug und weise angesehen zu werden. «Er entfernt sich vom Lebenskampf – er wird eben närrisch», womit Guggenbühl-Craig meint, daß man sich (endlich) die Freiheiten für das, was man schon immer wollte, herausnehmen darf, da man nicht mehr unter Erfolgszwang steht.

«Der weise Alte» und «Der närrische Alte»: Zwei unvereinbare Möglichkeiten, sein Alter zu gestalten? Schipperges (2) umschreibt die Weisheit des Alters als «natürliches Altern-lassen», er nennt es auch das «reife Altern». Bildlich drückt er es beispielsweise so aus: «Man weiß um die Gipfel, muß aber nicht mehr hinauf.» Bei ihm geht es nicht um die von Guggenbühl-Craig zitierten Machtkämpfe der Alten (um die Erhaltung eines Status, den sie nicht mehr ausfüllen können), sondern es geht um – eben – die «weise» Beschränkung auf das immer

1 Hier sind natürlich nicht die «närrischen» Erscheinungsformen der pathologischen Demenz (z.B. der Alzheimer Erkrankung) gemeint.

noch Machbare. Insofern scheinen uns die weisen und die närrischen Alten gar nicht so weit auseinanderzuliegen, es kommt wohl mehr auf die jeweilige Perspektive bzw. Interpretation der Begriffe an.

Wenn Jung im späten Alter den Satz prägt: «Der Unterschied zwischen den meisten anderen Menschen und mir liegt darin, daß bei mir die „Zwischenwände" durchsichtig (geworden) sind»..., so meinen wir, daß sich hier nicht nur Jungs persönlicher Alters-«Durchblick», wie man heute gern sagt, äußert, sondern eine andere Weltsicht, die jedenfalls vielen nachdenklichen Alten zunehmend wichtiger wird: Die Auseinandersetzung mit der Transzendenz unseres Daseins. Ob man dies nun als «weise» oder vielleicht auch als eine Abwehr der natürlichen Angst vor dem Sterben und dem unbekannten «Jenseits» ansieht, das wird jeder anders bewerten.

Was noch nicht erwähnt wurde, aber sicher auch der «Altersweisheit» zugerechnet werden kann, ist etwas, das der 77jährige Goethe beim Anblick eines herbstlichen Rosenbeetes aus seinem Weimarer Gartenhaus in die Worte faßte:

«Nun weiß man erst, was Rosenknospe sei,
jetzt, da die Rosenzeit vorbei...»

Ohne Larmoyanz drückt hier das kleine Wort «vorbei» die Wehmut über das Unwiederbringliche aus.

Quintessenzen eines langen Lebens: Haderndes Nicht-Loslassen-Können, heitere Gelassenheit, stille Wehmut oder schmerzliche Trauer, vor allem aber das Wissen um das näherrückende Ende unseres Erdendaseins und damit wohl auch Todesfurcht – können diese unterschiedlichen Empfindungen alter Menschen in ihren imaginären Häusern anschaulich werden?

Ausgerechnet Kafka[2], der so unauflösbar-quälende Bilder (s. auch S. 64) findet, hat für das Alter ein Haus-Bild friedvoller Beschaulichkeit erdichtet, das wir hier in Auszügen wiedergeben wollen: «Schön ist es für das nahende Alter, einen solchen Bau zu haben, sich unter Dach gebracht zu haben, wenn der Herbst beginnt... dort kann ich mich bequem zusammenrollen, mich an mir wärmen und ruhen. Dort schlafe ich den süßen Schlaf des Friedens, des beruhigten Verlangens, des erreichten Zieles des Hausbesitzes.» Das absolute Gegenteil von Geborgenheit entwerfen hingegen Fillipetti und Trotereau (4) für das Haus, das «nichts als eine Anordnung von lebendigen Materialien (sei), ... die der Natur immer noch angehören... und von den gleichen Mächten (der Natur) heimgesucht werden». So ist ihr Haus nichts als «ein Zwischenaufenthalt voller angsterfüllter Vorstellungen. Der Mensch fühlt sich verzweifelt nackt in seiner Schale».

Wir vermuten, daß die meisten Haus-Bilder von alten Menschen zwischen den extremen Vorstellungen einer hoffnungslosen Verlorenheit, idyllischer Beschaulichkeit oder auch weiser Beschränkung hin- und herpendeln werden, geprägt von Tagesereignissen, inneren Stimmungen, vor allem aber auch von einer Grund-Lebenseinstellung.

Wir haben versucht, unsere Vermutungen durch einen kleinen Einblick in Häuser-Bilder von 24 Hochbetagten, die in Altenheimen lebten[3], zu konkretisieren. Die Zahl der Bilder ist natürlich zu klein für eine statistische Relevanz. Dennoch möchten wir unsere Eindrücke kurz referieren. Was wir nicht fanden, waren Hinweise auf ausgesprochen depressive, gar zerstörte Häuser, wie wir sie zum Teil bei Krebskranken (s. auch S. 103) kennengelernt haben. Nichts von der prinzipiellen existentiellen Verlorenheit, wie sie Fillipetti und Trotereau entworfen haben und wie man sie vielleicht bei der von vielen so gefürchteten Isolation im Altenheim vermuten könnte. Es schienen uns eher Gegenbilder einer stillen Einkehr zu sein, bei denen auf Farben verzichet wurde (obwohl diese als Material zur Benutzung bereitstanden). Die meisten Häuser waren von schlichter Einfachheit und ebenerdig gestaltet. Nur wenige wiesen zwei, keines mehrere Stockwerke auf. Auf vielen Bildern gab es Tiere und/oder Pflanzen in der Umgebung – vielleicht ein Stück Geborgenheit in der Natur. Ein auffallend hochgezogenes, turmartiges Haus lag in einer einsamen Bergwelt. Es hatte keine Türen, und die Fenster waren unerreichbar hoch unter dem Dach angeordnet. Drei verloren wirkende menschliche Gestalten konnten in dieses Haus nicht hineingehen. Wir wissen leider zu wenig von der Biographie und den gegenwärtigen Umständen der Heimbewohnerin, um ihr Bild

2 zitiert bei Mühlbauer und Rink (3)

3 Unser Dank für die Vermittlung gilt Frau Käthe Riewe, Frau Christiane Lengert, Lemgo und und Frau Sanna Schriever, Göttingen.

Bild 83 Baum mit grüner Krone und Haus

deuten zu können. Seltsamerweise war es aber gerade dieses unzugängliche Haus, dem sich als einzigem Menschen von außen näherten. Sonst gab es nur noch in zwei Häusern Menschengestalten, die in den Fenstern, also im Inneren des Hauses, zu sehen waren. Ein Teil der Häuser fiel uns durch runde Formen auf, zwei hatten die Gestalt einer Glaskuppel, welche die Bewohner möglicherweise schützen sollte (s. auch S. 36). Nur ein Haus lag im rechten oberen Quadranten des Zeichenblattes, was auf eine Zukunfts- und Außenweltorientierung hindeutet. Dazu kontrastierten ein dichter Zaun und Bäume, die das Haus abschirmten. Auch hier kann man, wie in dem oben erwähnten Hausbeispiel in den Bergen, etwas Zwiespältiges, Ungelöstes ahnen, es aber ohne nähere Informationen nicht interpretieren.

Das einzige Haus, bei dem Grün als Farbe für eine Baumkrone angewandt worden war, möchten wir kurz im Bild vorstellen (Bild 83). Es stammt von einer 85jährigen Frau. Sie wird als freundlich und zugänglich geschildert, für ihr Alter noch recht interessiert und auf der Station bei allerlei Unternehmungen beteiligt. Was uns zunächst nachdenklich stimmte, war die eindeutige Position des Hauses im linken oberen Quadranten des Blattes, welcher für Menschen steht, die nach den Erfahrungen von Susan Bach mit Sterbenden (5) «dem Jenseits zustreben», bzw. «langsam aus dem Leben scheiden». Hinzu kam die sich nach unten links neigende Grundfläche des Hauses und des Baumes, welche auf «bergab führende Entwicklungen» (gleichfalls nach Bach und Riedel) deuten können. Auch das runde «Seelenfenster» im Giebel des Hauses (s. S. 102) fehlt nicht, und schließlich machte uns das auffallend geschwärzte Kreuz der Astkonfigurationen in der Baumkrone betroffen, das uns an die schwarzen Vögel der Abb. 21 erinnerte. Andererseits gab es die grüne Baumkrone (wenn es auch nur ein blasses Grün war), das muntere Federvieh auf dem Hof und Rauch aus den Schornsteinen als Ausdruck einer vorhandenen «Lebendigkeit». Auch bei diesem Haus also konstatierten wir widersprüchliche Kriterien, die sowohl auf eine (innere) Hinwendung zur Transzendenz, als auch auf die noch vorhandene Teilnahme an diesseitigen Geschehnissen hinweisen. (Der Baum steht mehr im «aktiven» oberen rechten Quadranten.) – Nun, wir wollten nicht über die Rätselhaftigkeit der entgegengesetzten Aussagen spekulieren, sondern erkundigten uns nach der Realität: Die alte Dame erfreut sich, ein halbes Jahr nach ihrer Hausdarstellung, immer noch einer guten physischen Kondition und beteiligt sich nach wie vor rege am Stationsleben. Man muß hier zweifellos den lebendigen Zeichen den Vorrang, zumindest im Hinblick auf die äußeren Daten geben. Das muß jedoch nicht ausschließen, daß zeitweise auch ein innerer Dialog mit der bevorstehenden Realität des Todes stattfindet, der sich in den erwähnten gegenläufigen Bildtendenzen spiegeln könnte. Die nur scheinbare Widersprüchlichkeit solcher Hausbilder sollte uns jedoch noch einmal davor warnen, aus einzelnen Zeichen eindeutige Aussagen «herauszulesen».

Im Gegensatz zu Krebskranken, die gerade im letzten Stadium besonders einschneidend mit der Realität des Todes konfrontiert werden, sind die Todesvorzeichen bei alten Menschen meistens diskreter. Es ist ein allmähliches Nachlassen der Kräfte in einer Lebensphase, in der gleichzeitig die innere Bereitschaft zum Abschiednehmen wächst. Das Nebeneinander von lebensbejahenden und verneinenden Zeichen in den Haus-Bildern könnte somit als bildliche Übersetzung der wechselnden inneren Einstellungen bei alten Menschen angesehen werden.

Auch bei weniger Hochbetagten, die ihr Leben noch frei gestalten können, fanden wir gegenläufige Tendenzen der Akzeptanz des Altwerdens und der damit zusammenhängenden Verluste – hier aber mehr als prinzipielle Einstellungen. So stellte sich beispielsweise Frau M., die ihren Mann nach schwerem Leiden vor einiger Zeit verloren hatte, in einem Tagtraum ein kleines, gemütliches

Haus vor, das mit seinen roten Backsteinen an die Häuser ihrer Kindheit erinnerte. Ihr «Traum-Haus» lag in einem bunten Blumengarten, etwas abseits, aber doch in Sichtweite von anderen ähnlich aussehenden Häusern, so daß sie sich nicht allein fühlte. Frau M. gefielen die «Überschaubarkeit» des Hauses, auch seine Farben und die Umgebung. Es paßte gut zu ihr und ihren Bedürfnissen.

Als sie in der Imagination in das Haus hineinging, kam sie zu ihrer Überraschung in ihr jetziges Wohnzimmer und stellte fest, daß dort, wo sonst zwei Stühle, Sessel o.ä. standen, sich jeweils nur einer befand. Im nachhinein verstand sie dieses Bild als das Annehmenkönnen ihrer jetzigen Situation: Es gab nur noch einen Menschen in ihrem Haus. Der relativ bescheidene Rahmen erfüllte sie auch mit Erleichterung. Es war schön, daß sie jetzt Raum und Zeit nach ihrem eigenen Takt einteilen konnte. Das kleine Haus gab ihr Trost und Zuversicht zugleich für das noch vor ihr liegende Leben.

Ein Emeritus, wie er sich selbst gern nannte, der aus Altersgründen, aber auch wegen eines körperlichen Leidens seine akademische Lehrtätigkeit nicht mehr ausüben konnte, bilderte ein ganz anderes Haus. Er hat ein nachträgliches Protokoll angefertigt, das wir hier zitieren möchten. «Es erschien eine alte, verstaubte und unbenutzte Werkstatt. Ein Arbeitstisch darin wies mehrere Risse auf. Dann öffnete sich plötzlich ein Teil der Decke und ein turmähnliches Holzgerüst wuchs aus der Lücke nach oben. Eine Besichtigung von außen zeigte, daß dieser „Turm" oben unvollständig war, die Streben endeten ohne Abschluß und ohne Verbindung. Später wußte ich, was das Bild bedeutete: Es stellte meine jetzige Arbeit (ein Buch) dar – zu groß angelegt und nicht in die alte Werkstatt des Emeritus passend, deshalb auch bruchstückhaft geblieben. Das Bild des unfertigen Holzturmes wurde angeregt durch einen verfallenden Jäger-Hochsitz, den ich am Tag vorher bei einem Spaziergang gesehen hatte – auch das „wußte" ich dann.»

In einer späteren Sitzung wurde der «Turm» noch einmal eingestellt. Wir zitieren wieder das Protokoll: «Schließlich kam der Turm ins Bild, der früher unfertig aus der alten, verstaubten Werkstatt aufstieg, den wir als ein Symbol meiner jetzigen Bemühungen um ein Modell ansahen. Da diese Arbeiten noch nicht abgeschlossen sind, zeigte sich

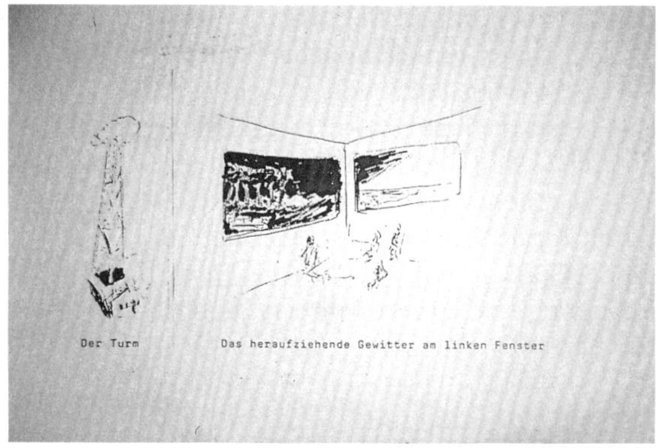

Bild 84 Der unfertige Turm des Emeritus

auch der Turm in einem unfertigen Zustand. Inzwischen bin ich mit diesen Arbeiten zwar weitergekommen, kann aber selbst nicht beurteilen, wo ich zur Zeit stehe. Das nun erscheinende Traumbild gibt diesen Zustand getreu wieder; denn die Spitze des Turmes entzieht sich meinen Blicken, indem sie in einer kleinen Wolke verschwindet!» (Bild 84).

Dieses Haus zeigte im Gegensatz zu dem vorherigen, daß es noch nicht zur Akzeptanz der nachlassenden Möglichkeiten gekommen war. Es war kein Haus eines bequemen «Ruhestandes», sondern ein Haus des Ringens um die noch rechtzeitige Vollendung eines Werkes, trotz der nachlassenden Kräfte. Vorübergehend, «schemenhaft» hatte er auch vor einem großen Fenster seines Innenraumes ein bedrohliches Gewitter aufziehen sehen. Die Blitze sahen zum Teil aus wie unheimliche Schlangen. War dies eine warnende Erinnerung an eine Krankheit (s. S. 153, Schlangenträume), die ihn schon einmal in Todesnähe gebracht hatte?

Anders als dieses sich dramatisch konstellierende Haus der Todesahnung erlebte es Frau J. Sie war zunächst zwar tief betroffen, als sich anstelle eines (erwarteten) Hauses eine Art «Gruft» in der Erde einstellte. Nichts deutete zu dem Zeitpunkt darauf hin, daß ihr eine ernste Erkrankung drohte. Einige Zeit später stellte sich jedoch bei einer Routineuntersuchung der Verdacht auf einen beginnenden bösartigen Tumor heraus. Die Operation bestätigte die Verdachtsdiagnose; dennoch glaubten die behandelnden Ärzte, daß mit einem Weiterwachstum oder gar mit Tochtergeschwülsten des Krebses nicht zu rechnen wäre, da die Operation frühzeitig genug vorgenommen worden sei.

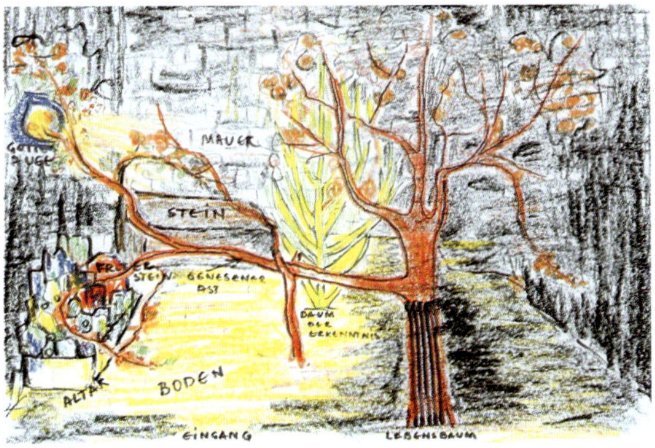

Bild 85 Die «Gruft» von Frau J.

Frau J., die ihre Gruft nach dem Operationsergebnis als eine unbewußte Vorahnung verstand, wunderte sich zunächst bei dem Optimismus der Ärzte, daß sich trotzdem immer wieder dasselbe Bild (Bild 85), einstellte: Sie befand sich in einem nicht unfreundlichen, kleinen, kahlen Raum unter der Erdoberfläche. Der Raum war mit einem beigefarbenen Teppich ausgelegt und vermittelte ihr dadurch das Gefühl von Wärme. Sie befand sich meistens in halbliegender Stellung auf einer Bank, die so gepolstert war, daß sie den festen Untergrund spürte (das war ihr wichtig), aber es fühlte sich trotzdem nicht «hart» an. Sie konnte sich dort jedenfalls gut entspannen und ihren Einfällen Raum geben.

Inzwischen stellte sich heraus, daß der Tumor doch schon vor der Operation metastasiert haben mußte. Es wurden verschiedene Tochtergeschwülste lokalisiert. In dieser Zeit eines leidvollen Auf und Ab der Erkrankung wurde die Gruft immer mehr zu einer trostreichen Stätte der Zuflucht. Frau J., die sich ihr Leben lang mit religiösen Themen beschäftigt hatte, richtete sich in der imaginativen Vorstellung ihres Raumes einen kleinen Altar ein, vor dem sie im Gebet Ruhe finden konnte. Sie beobachtete einen roten «Lebensbaum», dessen blühende Äste sie ihren Kindern, aber am Stamm auch den eigenen schmerzenden Stellen ihrer Krankheit zuordnen konnte. Sie versuchte, diese Stellen zu stützen oder die Schmerzen mit einer Salbe zu lindern. Hinter dem Lebensbaum nahm sie den «Baum der Erkenntnis» wahr, der ihr geistlichen Trost spendete. Als die physischen und psychischen Anfechtungen der Krankheit sich steigerten, entdeckte sie in der Gruft eine Wiege, die von der Decke an einem Seil herabhing. Sie konnte sich dort einbetten, «wie in Kindertagen» und in einem sanften Hin- und Herschaukeln Trost finden. Zeitweilig fühlte sie sich in ihrer Wiege auch von wärmenden Flügeln umfangen...

Mit der Rückkehr in ein Haus der Kindheit, das eigentlich das einer betagten Sterbenden war, möchten wir den weitgespannten Bogen menschlicher Lebensphasen in Häuser-Gestalten beenden.

Einige Zeilen aus Hermann Hesses (6) Gedicht «Stufen» drücken das, was die Bilder sagten, noch einmal in einer anderen Sprache aus:

Wie jede Blüte welkt und jede Jugend
Dem Alter weicht, blüht jede Lebensstufe,
Blüht jede Weisheit auch und jede Tugend
Zu ihrer Zeit und darf nicht ewig dauern.
Es muß das Herz bei jedem Lebensrufe
Bereit zum Abschied sein und Neubeginne...

Kaum sind wir heimisch einem Lebenskreise
Und traulich eingewohnt, so droht Erschlaffen,
Nur wer bereit zu Aufbruch ist und Reise,
Mag lähmender Gewöhnung sich entraffen.
Es wird vielleicht auch noch die Todesstunde
Uns neuen Räumen jung entgegensenden...

Anmerkungen

1 Guggenbühl-Craig, A.: Die närrischen Alten. Betrachtungen über moderne Mythen. Schweizer-Spiegel-Verlag, Raaben-Reihe, Zürich, 1986.
2 Schipperges, H.: Sein Alter leben. Herder, Freiburg, 1986.
3 Mühlbauer, R. und H. Rink: Himmelszelt und Schneckenhaus. Sauerländer, Aarau, 1979.
4 Fillipetti, H. und J. Trotereau: Zauber, Riten und Symbole. Bauer, Freiburg, 1987.
5 Bach, S.: Spontanes Malen schwerkranker Patienten. Geigy, Basel, 1966.
6 Hesse, H.: Gesammelte Werke, Gedichte. Suhrkamp, Berlin, 1947.

3. Das Haus-Motiv in Schwellen- und Grenzsituationen

Die Räume wachsen,
es dehnt sich das Haus...

F. Schiller

Abschied

Wenn es an mein Haus pochte,
war es immer mein eigenes Herz.

E. Lasker-Schüler

Der Schmerz sargt uns ein
in einem Haus ohne Fenster.

H. Domin

Gewöhn dich nicht.
Du darfst dich nicht gewöhnen.
Eine Rose ist eine Rose.
Aber ein Heim ist kein Heim.

H. Domin

3.1 Das Haus-Bild bei Familiengründungen

(Klessmann/Eibach)

«Die Familie, in die wir hineingeboren werden, bestimmt und ist unser Schicksal. Sie formt unser Fühlen und Denken, die Welt unserer Motive und Bilder, unsere Fähigkeiten, unser Sein mit uns selbst und den anderen. Und sie formt unser Bild „der" Familie, mit dem wir selbst Familien gründen und prägen, die zum Schicksal der Generation nach uns werden.»

Diese von Ermann und Seifert (1) formulierte Aussage über die vielschichtige Verwobenheit familiärer Bezüge aus der Vergangenheit in die Zukunft hinein, können wir uns auch als Bild eines Hauses vergegenwärtigen. Wir werden dabei am ehesten an ein Haus mit vielen Räumen und Etagen denken, mit offenen und vielleicht auch verschlossenen Türen, mit alten und neuen Konstruktionen. Und wir können uns weiter vorstellen, wie die Menschen in diesem Haus mit unendlich vielen unsichtbaren Fäden verbunden sind, Fäden, die Kontinuität vermitteln, aber auch wie Fesseln wirken, die zerreißen oder sich verknoten können, die quer durch alle Räume und Etagen ziehen oder plötzlich irgendwo enden. Manches in den Räumen kann sich auffallend, mitunter starr wiederholen, anderes fällt vielleicht unerwartet aus dem Rahmen. Niemand kann sich den Einwirkungen dieses Hauses entziehen. Selbst wenn man es verläßt, so wird man die inneren Bilder und Gesetzmäßigkeiten mit sich tragen, und sein neues Haus wird mit alten Erinnerungsspuren durchsetzt sein; es wird andere Einrichtungen geben, die zusammenpassen oder sich auch stören können.

Wir sahen bereits, wie schwierig es sein kann, ein Haus für sich selbst zu finden. Wenn eine Familie entsteht, sieht die Hausgründung noch wesentlich komplizierter aus. Da müßen nicht nur alte Haus-Anteile überprüft und übernommen oder verworfen werden: Es müßen sich gleichzeitig zwei unterschiedlich geprägte Menschen etwas Neues aufbauen, das den persönlichen Bedürfnissen entspricht, das aber auch den anderen nicht an die Wand drücken soll. Und schließlich muß ein dritter Mensch, das Kind, seinen Raum finden können: Beschützende, aber nicht erdrückende Nähe. Für die heutigen werdenden Eltern ergibt sich noch ein besonderes Problem, weil ihre Vorstellungen über die Mutter- und Vaterrolle von widersprüchlichen Wertvorstellungen zweier Generationen geprägt werden.

Bekannte Forscher, wie beispielsweise Winnicott (2) und Bowlby (3) haben in den 50er und 60er Jahren die (ideale) «Mutter der frühen Lebensjahre» beschrieben. Wie das für den Vater aussieht, definiert Winnicott so: «Was ist die Rolle des Vaters? Ich nehme an, daß es jedem klar ist, daß es... von dem abhängt, was die Mutter dazu tut, damit der Vater sein Kind kennenlernen kann oder nicht... Es fällt der Mutter oft ein wenig schwer zu entscheiden, wann ihr Mann ihr bei der Pflege des Kindes nützlich sein kann und wann *sie ihn lieber aus dem Weg haben will.*»

Die Rolle der Mutter charakterisiert vor allem Bowlby: «Ein Kind braucht die Gewißheit, für seine Mutter ein Gegenstand der Freude und des Stolzes zu sein; eine Mutter braucht das Erlebnis einer Erweiterung ihrer eigenen Persönlichkeit zum Kind hin: beide haben das Bedürfnis, sich intensiv zu identifizieren... Und nur, wenn sie (die Mutter) die aus diesem Gefühl entstehende Befriedigung erlebt, ist es für sie leicht, sich ihrem Kind ganz zu widmen. Eine solche *ständige Bereitschaft, Tag und Nacht, sieben Tage in der Woche und 365 Tage im Jahr*, ist einer Frau nur dann möglich, wenn sie dadurch eine tiefe Befriedigung gewinnt, daß sie erlebt..., daß dies nur durch ihre stetige Fürsorge geschehen kann.»

Rund 40 Jahre später finden wir im Arbeitsbericht zweier Familien- und Eheberatungsstellen (4) folgendes Ideal-Konzept der Rollenverteilung von Eltern: «Eltern sind nicht nur Mutter und Vater, sondern zuerst auch Frau und Mann. Sie bleiben dies auch, wenn die Kinder da sind. Geht es den Eltern als Paar gut, z.B. als Liebende, geht es in der Regel auch der Familie und somit den Kindern gut. Wenn man vor lauter «Mutter- oder Vater-Dasein» nur noch die Kinder sieht, kann das Paar auf die Dauer „austrocknen"...»

Die klare Betonung der Ehe-Ebene paßt auch zur Rolle der «neuen, partnerschaftlichen Väter», die sich von Anfang an intensiver mit ihren Babys abgeben und nicht auf ein mehr oder minder großzügiges Deputat der alleinverantwortlichen Mütter warten. Die Absolutheit der engen Mutter-Kind-Dyade wird somit zugunsten einer «frühen Triangulierung» durch die Einbeziehung der Väter relativiert. Das bedingt u.a. eine (Schuld)-Entlastung der Mütter.

Anke und Andreas, ein sehr junges Paar, haben nicht mehr viel Zeit zu verlieren bis zur Ankunft des gemeinsamen Kindes, und sie haben noch keinen Entwurf für ihr neues Miteinander, für das «Familien-Haus» gefunden. Sie streiten viel, was sie aber nicht als konstruktiv erleben, da sich die Auseinandersetzungen ständig im Kreis drehen und sich keine Lösung abzeichnet. Dabei hatten sie sich auf der (Ehe)-Paar-Ebene gut verstanden; aber seitdem sie ihr Kind erwarten, zogen und ziehen ungeahnte Spannungen herauf, die sie sich nicht recht erklären können.

Wir erfahren, daß Anke sich früh aus einer großen Abhängigkeit von ihrem Elternhaus gelöst hat, um eine Ausbildung für einen Beruf zu absolvieren, in dem sie sich aber nicht wohl fühlt. Sie möchte ihr Abitur nachholen und dann studieren. Somit ist sie, als sie ihr Kind erwartet, zwar selbständig; im Hinblick auf ihre weiteren beruflichen Pläne (auch dann, wenn sie diese zum Teil selbst finanzieren kann) aber noch nicht in einer unabhängigen Position. – Auch Andreas studiert noch, er wird zum Teil von seinen Eltern unterstützt. Er glaubt allerdings nicht, daß er seine Studienrichtung und sein Berufsziel noch einmal ändern wird. In dieser Hinsicht sieht seine Zukunftsgestaltung klarer aus als die von Anke. Tatsache ist, daß beide ihre (berufliche) Selbständigkeit noch nicht erreicht hatten, als sich das gemeinsame Kind ankündigte, und daß sie trotzdem einen eigenen Hausstand gründen müssen.

Anke, die sich, als sie Andreas kennenlernte, weitgehend von den elterlichen, «altmodischen» Vorstellungen über ein Ehe- und Familienleben distanziert hatte, und (wie Andreas) vieles «anders machen» wollte, entwickelte während der Zeit ihrer Schwangerschaft jedoch eine Wiederannäherung an die Mutter. Deren Ratschläge aus der eigenen Schwangerschaftszeit wurden Anke zunehmend wichtig. So geriet sie, die selber Mutter werden muß, gleichzeitig wieder mehr in die Tochter- Rolle. Auch die Mutter von Andreas meinte sich um das werdende Enkelkind kümmern zu müssen. Diese Einmischung erlebte Anke als besonders belastend. Sie konnte sich jedoch «aus Schuldgefühlen, weil die es doch nur gut meint», schlecht gegen die Schwiegermutter abgrenzen. Andreas, der seine Mutter «nicht vor den Kopf stoßen will» konnte die Abgrenzung nicht für Anke vollziehen, wie sie es am liebsten gehabt hätte. So kam es zunehmend zu den oben geschilderten Spannungen der jungen Eheleute, die manchmal «schon an eine Trennung gedacht haben», sich aber unter anderem «wegen des Kindes» doch nicht voneinander lösen können und wollen.

In dieser Situation zeichnet Anke ihr zukünftiges Familien-Haus «ohne groß nachzudenken» auf ein Blatt Papier (Bild 86). Das Haus liegt auf einem

Bild 86 Ankes Familienhaus I

Bild 87 Andreas' Familienhaus I

Berg, eine Treppe führt zu seiner Tür, die halb offen steht. Drei spitze Dächer sollen die drei Mitglieder der jungen Familie repräsentieren: Ankes Haus- Anteil befindet sich neben dem großen Baum auf der rechten Seite. Andreas' Hausseite ist links, und Matthias, so soll der Sohn heißen (die Eltern wissen durch eine Untersuchung, daß es ein Junge wird), befindet sich zwischen den Eltern-Häusern. Noch ist von ihm nichts zu sehen, außer dem Dach seines Hauses; er ist ja auch noch nicht zur Welt gekommen. Ankes Zukunftssorgen sind in einem großen Fragezeichen auf der leeren linken Blattseite dargestellt. Der Therapeutin fällt auf, daß Anke die Seite, die üblicherweise der Vergangenheit zugeordnet wird, als Zukunftsseite bezeichnet. Die rechte Seite mit dem starken, beschützenden Baum erlebt Anke hingegen als «die glückliche Kindheit», in der es «solche Probleme» noch nicht gab. Anke kann sich die Seitenverschiebung der Zeitperspektiven nicht erklären; der Therapeutin kommt es in den Sinn, ob Ankes Rückwendung zur Mutter damit etwas zu tun haben könnte. – Was Anke nachträglich fast erschreckt, ist die Tatsache, daß die einzige Tür durch Andreas' Hausseite führt. Das würde heißen, daß sie nur über ihren Partner mit der Außenwelt kommuniziert. Wo bleibt da ihre mühsam erkämpfte Selbständigkeit? Das macht sie nachdenklich, verstärkt aber eher noch die ehelichen Spannungen.

Zur nächsten Sitzung hat Andreas seine Darstellung des «Familienhauses» mitgebracht (Bild 87): Zwei gleich große, gleich geformte («gleichberechtigte») Häuser stehen ohne Kommunikationsmöglichkeiten (keine Türen, Fenster, Wege) wie Bauklötze nebeneinander. Am Abend vorher hatten sich beide wieder einmal «hoffnungslos zerstritten». Andreas' Bild der getrennten Häuser spiegelt die Atmosphäre wider. Auf die Frage, wo denn Matthias auf seinem Bild sei, erklärt Andreas, daß der ja noch bei Anke (im Bauch) sei, was er zum gegenwärtigen Zeitpunkt geradezu als Glück empfinde, denn er möchte auf keinen Fall, daß der Sohn – wie er in seiner Herkunfts-Familie – zwischen den Eltern hin- und hergezogen würde. Dann malt er eine kleine Skizze über die beiden Bauklötze: Wie sich zwei Häuser überschneiden und das kleine Kind-Haus in der Mitte eingesperrt ist; so soll es für Matthias nicht aussehen.

Es wird deutlich, daß Anke und Andreas ihre ehemaligen Kindrollen in die des erwarteten eigenen Kindes projizieren. H.E. Richter (5) hat die Rolle des Kindes als «Substitut» des eigenen «idealen Selbst» (so wie es wohl bei Anke gewesen war) oder auch als die des «umstrittenen Bundesgenossen», wie Andreas es erlebt hat, dargestellt und auf die zum Teil verhängnisvollen Nachwirkungen solcher Rollenzuschreibungen hingewiesen. Es ist verständlich, daß Anke und Andreas bei Matthias ähnliche Entwicklungen befürchten, die sie unter allen Umständen vermeiden wollen. – Es wird aber auch erkennbar, daß sich die zu Beginn erwähnten unterschiedlichen Auffassungen der Mutter- und Vaterrollen als potentieller Konfliktstoff eingenistet haben: Andreas tendiert zum zweiten, dem «emanzipatorischen» Modell, was Anke zwar rational auch positiv sieht, aber emotional ist sie im alten Modell, das ihr von der Mutter vertraut ist, gefangen. Es schien uns daher wichtig, beide Partner zu bitten, ihr *zukünftiges Familien-Haus* noch

Bild 88 Ankes und Andreas' Familienhaus II

einmal darzustellen und diesmal *auch* den jeweiligen *Eltern einen Platz* in diesem Haus *zuzuweisen.*

Das Ergebnis können wir auf dem nächsten Bild (Bild 88) sehen. Diesmal haben Anke und Andreas ihre Häuser gleichzeitig auf einem Blatt dargestellt. Das Haus von Andreas steht schräg, weil er nur so an das Blatt herankonnte, wie er sagt. Inzwischen waren *konstruktive Auseinandersetzungen* über die unterschiedlichen Eltern-Rollen ausgetragen worden. Für beide war danach klar, daß ihre *Eltern nicht in* den eigentlichen *Familien-Häusern, sondern* als schützende Baumgestalten *im Hintergrund* stehen sollten. Bei Andreas' Haus ist es ein kleiner Tannenwald, der die Eltern-Ebene vertritt, bei Anke finden wir wieder den kräftigen Laubbaum, der aber jetzt hinter ihrem Haus steht und nicht mehr die Zukunftsseite blockiert. Während bei Ankes Haus runde Formen dominieren (s. auch S. 87), der grüne Rasen gar wie ein Herz aussieht, sind es bei Andreas eher rechteckige Konturen – mit Ausnahme des runden, grünen Fensters im Dachgeschoß. Hier soll Matthias' Zimmer sein, «die Farbe Grün steht für das Neue» – so sagt Andreas. Im Hauptteil der Häuser hat er für sich und Anke ein blaues und ein gelbes Fenster gemalt: Dies ist ihr Bereich, also eine deutliche Markierung der Ehe-Ebene. Matthias hat zu beiden Eltern den gleichen Abstand wie in einem imaginären Dreieck[2]; er ist nicht zwischen ihnen, was Andreas sehr wichtig (s. oben) ist.

Bei Ankes Haus auf der linken Seite des Blattes gibt es drei Fenster nebeneinander, das gelbe Fenster, «das helle», wie Anke sagt, ist das ihres Sohnes, der hier von den Eltern eingerahmt wird. Matthias steht also zwischen ihnen! Der Zukunftskonflikt, so könnte man meinen, sei bei den beiden Häuser-Bildern (immer noch) vorprogrammiert. Aber Anke und Andreas können einen akzeptablen *Kompromiß* eingehen: Ankes Modell, das muß Andreas zugeben, paßt besser zu einem Baby. Ein so kleines Kind gehört eigentlich in die Mitte,

2 Das Eltern-Kind-Dreieck als bildliche Übersetzung der «Triangulierung».

zumal Andreas den Sohn mitversorgen will. Nach dem Säuglingsalter soll Matthias jedoch immer mehr sein eigenes Reich erhalten. Da kommt das Konzept von Andreas zum Tragen. Das wird auch Anke zugute kommen, weil sie dann ihre eigenen Berufspläne verwirklichen möchte. So braucht Anke kein überdimensionales Zukunftsfragezeichen mehr in ihr Bild zu malen, sie hat klare Vorstellungen, wie es mit ihnen weitergehen kann.

Beide freuen sich inzwischen auf Matthias' Ankunft und sind erleichtert, weil sie mit Hilfe der Hausvorstellungen ihre schwierige Aufgabe geklärt haben, zugleich Tochter/Mutter und Sohn/Vater, sowie Ehepartner in einer Situation zu sein, in der sie wegen des noch nicht fertigen Berufs-Hauses weiterhin abhängig von den eigenen Eltern-Häusern sind.

Bachelards Behauptung, daß «im unbewußten Bild die Lösung der Probleme (steht), die für das Denken oft unlösbar sind», hat sich hier auf eine anschauliche Weise bewahrheitet.

Mit der ausführlichen Fallgeschichte von Anke und Andreas haben wir versucht, die Komplexität einer Familiengründung in verschiedenen Haus-, sprich Generations-Ebenen aufzuzeigen. Unser nächster Bericht beinhaltet vor allem einen individuellen Aspekt, den der leiblichen Veränderung bei einer werdenden Mutter, das «Körper-Haus» während der Zeit, in der das Kind entsteht. Zunächst geht es aber auch hier um die Auseinandersetzung mit dem verinnerlichten Elternhaus.

Frau Y., die sich in einer intensiven Auseinandersetzung mit ihren Eltern befindet, als sie ihr Kind erwartet, erlebt zunächst in einer Tagtraum-Vorstellung, wie das symbolische Elternhaus (in Wirklichkeit sieht es anders aus) tief im Erdboden versinkt. Sie registriert das mit Erleichterung, meint, jetzt könne und müsse (angesichts der Tatsache, daß sie selber in die Elternrolle hineinwächst) «Gras» über die alten Geschichten und Vorstellungen der Eltern «wachsen» (Bild 89). Gleichzeitig mit der Ablösung von eigenen Elternhaus-Vorstellungen erlebt Frau Y., wie sich ihr Leib, das Körperhaus, rundet und weiter wird.: Bei der Imagination eines Innenraumes bildet sich ein großer Rundraum mit vielen Fenstern, in dessen Mitte ein kräftiger Stamm in die Tiefe wächst. Frau Y. vermutet in diesem Bild die Nabelschnur, die sich zwischen ihr und ihrem Kind gebildet hat und sie zugleich auf einer tieferen Ebene in die Geheimnisse des Stirb und Werde einbindet. Das beglückt sie tief, aber es ängstigt sie auch. Sie will das Kind überwiegend allein aufziehen, was die Frage ausgelöst hat, ob sie dem wirklich gewachsen sei.

In diesem Zwiespalt von hoffnungsvoller und ängstlicher Erwartung imaginiert sie das zukünftige Zimmer ihres Kindes (Bild 90). Wieder fällt der lichte und runde Raum auf, in dem eine Wiege, aber auch Spielzeug (Schaukelpferd, Teddybär, Ball[3]) erkennbar sind. Dazwischen erscheinen kleine halbrunde Fragmente in Regenbogenfarben, die zunächst etwas rätselhaft bleiben. Frau Y. fällt dazu ein, daß der Regenbogen für sie schon immer eine tröstliche Brückenfunktion zwischen Himmel und Erde, Sonne und Regen hatte, wenn sie unter Spannungen und Ängsten litt. So sieht sie in den kleinen Regenbögen des Kinderzimmers

Bild 89 Das versunkene Elternhaus

Bild 90 Kinderzimmer

3 Auch Frau Y. weiß durch eine Untersuchung, daß es ein Junge wird.

Bild 91 Rundes Zimmer mit Schaukelstuhl

ein hilfreich- stützendes Symbol für das heranwachsende Kind. In einem weiteren Bild (Bild 91) erlebt sie noch einmal ihr weites und rundes Lebensgefühl in einem Raum, den sie als ihren eigenen betrachtet. Während im Kinderzimmer kräftige und bunte Farben dominieren, erscheint dieser Raum in hellen und zarten Pastelltönen. Die einzigen Möbel sind ein runder Vogelbauer und der gleichfalls runde Schaukelstuhl. Der Vogelkäfig erinnert Frau Y. an ein (zeitweiliges) Lebensgefühl aus der Kindheit: Das Eingesperrtsein in mütterliche Vorstellungen, die sie in ihren eigenen Wünschen einschränkten und lange Zeit, eigentlich bis zu ihrer Schwangerschaft, gefangenhielten. (Sie wagte es nicht, die mütterlichen Erwartungen zu enttäuschen.) Der Schaukelstuhl in diesem Raum, der ihre jetzige Befindlichkeit[4] repräsentiert, ist für die junge Mutter im Tagtraum-Erleben ein entscheidendes Medium für die Entdeckung des eigenen Rhythmus. Im sanften Hin- und Herschaukeln löst sie sich dabei zunehmend von den mütterlichen Vorgaben. Sie sieht inzwischen der Geburt ihres Kindes trotz mancher Zukunftssorgen gelöst entgegen.

Wir sahen, daß bei der Gründung einer Familie neben der Zukunftsperspektive, der Ankunft und Integration des Neuen in fast gleicher Intensität die Auseinandersetzung mit ungelösten alten Familienvorstellungen und -geschichten stattfand.

4 Bollnow (6) sagt: «In der Wahrnehmung des Körperraumes drückt der Mensch etwas von seiner Befindlichkeit in dieser Welt aus.»

Bild 92 Madonna in der Bibliothek

Das zeigte sich noch einmal bei Frau B., deren Suche nach dem eigenen Haus uns bereits auf den Seiten 67ff beschäftigt hat. Als sie erfuhr, daß sie ein Kind erwartete, hatte sie sich gerade von den Freiräumen einer Großstadt und eines weiten Fabrikgeländes faszinieren lassen. Aber es fiel ihr, angesichts der neuen Situation, nicht schwer, sich nun wieder auf ein kleineres Haus und eine Aufgabe umzustellen, die ihre Freiheiten zunächst stark einschränken würden. Als erstes kam es in einem KB zur Klärung der Frage, ob Frau B. vor der Geburt ihres leiblichen Kindes noch ein «geistiges Kind», eine wissenschaftliche Arbeit, fertigstellen sollte. Dieser Zwiespalt dokumentierte sich spontan in einer Bibliothek mit vielen Bücherregalen, einer allegorischen Verdichtung ihrer geistigen Interessen. Hinter einem Rundbogen entdeckte sie dann in einer Nische, etwas erhöht, wie hinter einem Altar, eine Madonna mit einem Kind auf dem Arm (Bild 92). Natürlich hielt sie sich nicht für eine Heilige, aber ihre relativ späte Schwangerschaft, mit der sie eigentlich nicht mehr gerechnet hatte, erschien ihr wie ein kleines Wunder, so daß das Bild «doch irgendwie paßte». Es wurde Frau B.

ziemlich bald klar, daß ihr das leibliche Kind wichtiger als das geistige war, so daß sie ihre Arbeit erst einmal ruhen ließ.

Bei der weiteren Suche nach einem Familien-Haus stellte sich erneut ein überraschendes Hindernis ein: Zunächst sah Frau B. in dörflicher, zum Teil südlicher Umgebung, ein geräumiges, bäuerliches Haus, in dem es hell und warm war. Sie fühlte sich wohl in dem schönen Haus, das in der oberen Etage auch viel Platz für Gäste bot. Im Erdgeschoß entdeckte sie als erstes in einem großen und hellen Raum einen runden Vogelbauer, in dem ein gelber Vogel umherhüpfte. Daneben befand sich die Wiege ihres Kindes mit einem weißen, duftigen Himmel darüber.

Anders als Frau Y. empfand Frau B. den Vogelkäfig: Hier konnte der Vogel durch die offene Käfigtür, aber auch durch eine offene Haustür aus- und einfliegen, wohin und wann er wollte. Er begleitete Frau B. zeitweise auch auf ihrem Gang durch das Haus. Sie erlebte den Vogelbauer als ein dem Kind zugehöriges, beschützendes[5], aber nicht einengendes «Haus». Rechts neben den ausgesprochen lichten und weiten Räumen sah Frau B. zwei dunkle Türen, die sie vorerst nicht öffnen mochte. Als sie das nächste Mal ihr Haus im KB besichtigte, wirkten diese Türen noch viel dunkler, fast bedrohlich (Bild 93). Vor den Türen deuteten zwei unausgepackte Koffer darauf hin, daß auch der Einzug in dieses Haus nicht vollzogen war. Diesmal war Frau B. jedoch entschlossen, die Türen zu öffnen und die dahinterliegenden Räume zu erforschen.

Zunächst erlebt sie sich dabei als etwa drei- bis vierjähriges kleines Kind, das eher neugierig als ängstlich vor den Türen steht. Sie gelangt mit einiger Mühe durch die rechte Tür in einen Raum, der nicht so dunkel wie erwartet ist. Auf einem grauen Linoleumfußboden befinden sich Kisten, Pappkartons, aber auch alte Bücher. Es ist staubig, vor dem Fenster hängt ein schwerer Samtvorhang. Sie registriert einen leichten Geruch nach Weihrauch. In einer Kiste entdeckt sie einen Kerzenständer, einen Leucht-Turm aus Metall, der aber zerbrochen zu sein scheint. Es kommt ihr so vor, als sei es

Bild 93 Die verbotenen Türen

verboten, in diesem Raum weiterzusuchen. Sie tut es dennoch und findet ein «Aufklärungsbuch» mit Zeichnungen einer schwangeren Frau. Ihre Ängstlichkeit verschwindet hinter Gleichgültigkeit: Sie kann ja (als Kind) noch nicht lesen, also auch nichts verstehen. Trotzdem verharrt sie in dem Raum. Da fällt ihr Blick auf ein Kruzifix, auf dessen Rückseite ein Hakenkreuz gemalt ist. Das erlebt sie mit großem Unbehagen. Erinnerungen an den Großvater, der Pastor war, steigen auf. Sie ist jetzt älter, im Gymnasialalter. Am liebsten würde sie das Kreuz zerstören oder verstecken, beispielsweise in einer Kiste, in der Bibeln und Gesangbücher sind. Da liegt jedoch ein Papier, auf dem «Nicht berühren» steht. Sie spürt Betroffenheit und hat das Bedürfnis, diese «Erbstücke», die sie «so lange mitgeschleppt hat», nicht länger zu behalten. In einem imaginären Gespräch (im KB) versucht Frau B., die Situation durch Fragen zu klären und ihren Angehörigen zu sagen, daß sie sich von den Vorgängen, die sie selber nicht erlebt hat, eindeutig distanziert. Sie erlebt Schmerz und Schuldgefühle, aber auch Erleichterung, als sie beschließt, die Kisten aus ihrem Haus zu entfernen. Im Raum wird es heller, als sie anschließend die Vorhänge aufzieht. Vor der Haustür steht ein Möbelwagen, und sie bittet den Packer, die Kisten mitzunehmen. Vieles ist in ihrem Haus immer noch nicht geordnet, aber sie weiß, daß sie darin wohnen kann. Vor allem weiß sie auch, daß ihr Kind in diesem Haus geborgen aufwachsen wird.

v. Westernhagen (7), Hardtmann (8) und andere haben darauf hingewiesen, daß nicht nur die Kinder der Opfer des Dritten Reiches oft an großen psychischen Problemen leiden, sondern daß auch

5 Petersen (11, persönliche Mitteilung) weist darauf hin, daß die Seelen toter (abgetriebener) Kinder in Tier-, häufig Vogelgestalt in Träumen auftreten können; vielleicht besteht hier auch eine solche Verbindung zu einem früheren Schwangerschaftsabbruch von Frau B., den sie ungeschehen machen möchte.

die Kinder der Eltern, die sich mit der Nazi-Ideologie identifiziert hatten, besondere Schwierigkeiten mit ihrer Identitätsfindung haben können. Sie können – ebensowenig wie die Kinder der Opfer – «ihr Schicksal nicht entschicksalen» (Laplanche, 9). Fast immer wurden die Kinder der Täter und Mitläufer (um letztere handelte es sich bei Frau B.'s Angehörigen) falsch, unklar oder gar nicht über die damaligen Vorgänge informiert, so daß sich die Kinder kein inneres Bild von den Eltern machen konnten. Im Grunde wollen Kinder zu ihren Eltern aufsehen, sie als Vorbild wahrnehmen, weil das für ihr Selbstwerterleben wichtig ist. So haben sie die Familien- Mythen, die ihnen angeboten wurden, wenig hinterfragt, aber dennoch insgeheim bezweifelt, wenn ihnen die Widersprüchlichkeit (z.B. gegenüber Informationen der Medien) auffiel.

Frau B. hat ihr zwiespältiges Erleben aus der Sicht des Kindes im KB eindrucksvoll wiedergegeben: Die mystische Umnebelung (der Weihrauch), das Zerbrechen einer Illusion (der zerstörte «Leucht-Turm»), das Gefühl des «Verbotenen», (das Buch mit dem einladenen Titel: «Aufklärung», was zunächst in eine harmlose Richtung wies) bis zur Entdeckung des Kreuzes mit dem Hakenkreuz und der Warnung «Nicht berühren».

Es «berührte» Frau B. und ihre Therapeutin, daß diese Dinge jetzt erst, an der Wiege eines neuen Lebens, zur «Aufklärung» drängten. Frau B. wollte, daß die alten Schuld- und Schamverstrickungen nicht noch ins dritte Glied als «Erblast» hineingetragen würden. Dabei handelte es sich nicht um einen erneuten Verdrängungsprozeß, sondern um eine Klärung in der Herkunftsfamilie. Frau B. hat sich nach ihrem KB konkret mit den noch lebenden Angehörigen über das Geschehen der Hitlerzeit auseinandergesetzt und das Aufgeben einer doppelten Moral für sich selbst beschlossen. Vermutlich hätte sie den grauen Schleier aus jener Zeit nie gelüftet, wenn es ihr nicht um des Kindes willen so wichtig geworden wäre. Heimannsberg und Schmidt (10) schreiben dazu: «In der (nicht stattfindenden) Auseinandersetzung mit der eigenen Geschichte und der unserer Eltern und Großeltern wird der Riß in unserer Identität spürbar... Wie können wir ein Haus als das unsrige betrachten und uns behaglich darin einrichten, wenn wir von den „Leichen im Keller" wissen?» Und an anderer Stelle: «Aber diese Kinder wissen nicht, wer sie wirklich sind, ihnen fehlen die Wurzeln...»

6 Frau B. verstand jetzt auch, warum es so schwer war, das eigene Haus zu finden (s. auch S. 69).

Nach der generellen Aufräumungsarbeit im «verbotenen» Zimmer wollte Frau B. auch den Raum hinter der zweiten dunklen Tür aufsuchen. Es zeigte sich, daß hier ein eigener «dunkler Punkt» ihrer Vergangenheit verborgen war[7]: Sie hatte einmal, in einer Notlage, einen Schwangerschaftsabbruch vornehmen lassen müssen. Nach der trauernden Auseinandersetzung auch mit dieser persönlichen Schuld war sie endgültig in der Lage, ihr Familien-Haus zu beziehen.

Es ist sicher nicht die Regel, daß junge Eltern, bevor sie sich in ihren zukünftigen Häusern einrichten, solche gravierenden Hypotheken abtragen müssen. Viele werden nur die Freude über die Erweiterung ihres Lebens- und Körper-Hauses empfinden. Denen aber, die Zweifel, Unsicherheit und Ängste spüren, wollten wir Mut machen, sich – wie Anke und Andreas, wie Frau Y. oder Frau B. – auch mit möglichen Schattenseiten auseinanderzusetzen.

7 In dem Augenblick, wo sich die Assoziation des Abbruchs einstellte, verwandelte sich die dunkle in eine kalte, weißlackierte Tür.

Anmerkungen

1 Ermann, M. und Seifert, Th. (Hrsg.): Die Familie in der Psychotherapie. Springer, Berlin, Heidelberg, 1985.

2 Winnicott, D. W.: Kind, Familie und Umwelt. Reinhardt, München, 1969.

3 Bowlby, J.: Mutterliebe und kindliche Entwicklung. Reinhardt, München, 1972. (Deutsche Übersetzung der Originalausgabe: Child Care and the Growth of Love, 1953).

4 Anhang zum Arbeitsbericht 1989 der Familien-, Ehe-, und Jugendberatungsstellen des Kreises Lippe: «Zusammenleben kann man lernen» oder «Partnerschaft ein Leben lang?»

5 Richter, H. E.: Eltern, Kind und Neurose. Psychoanalyse der kindlichen Rolle. Klett, Stuttgart, 1963.

6 Bollnow, O. F.: Mensch und Raum. Kohlhammer, Stuttgart, 1980[4].

7 v.Westernhagen, D.: Die Kinder der Täter. Das Dritte Reich und die Generation danach. Kösel, München, 1987.

8 Hardtmann, G.: Spuren des Nationalsozialismus bei nicht-jüdischen Kindern, Jugendlichen und ihren Familien. In: Cogoy, R., Kluge, I. und Meckler, B. (Hrsg.): Erinnerung einer Profession. Erziehungsberatung, Jugendhilfe und Nationalsozialismus. Votum, Münster, 1989.

9 Laplanche, Jean: Die allgemeine Verführungstheorie und andere Aufsätze. Tübingen, 1988.

10 Heimannsberg, B. und Schmidt, Ch. (Hrsg.): Das kollektive Schweigen. Nazivergangenheit und gebrochene Identität in der Psychotherapie. Asanger, Heidelberg, 1988.

11 Petersen, P.: In seinem Beitrag: Schwangerschaftsabbruch – unser Bewußtsein vom Tod im Leben, in: Bernauer U. (Hrsg.) Kinderwunsch-Wunschkind, Kathol. Akademie, Freiburg, 1991, erwähnt P. den Bericht einer Psychotherapeutin: Eine Frau, die schon drei Schwangerschaftsabbrüche hinter sich hatte, träumte vor einem geplanten vierten Abbruch, daß vor ihrer Haustür drei kleine gelbe Vogelküken dringend Einlaß begehrt hätten. Sie hat sich danach entschlossen, dieses Kind auszutragen.

3.2 Das Hausbild bei Trennungen

(Eibach/Klessmann)

«Trennung – das ist eine oder die Grunderfahrung des Menschen. Sein Leben ist eine Summe von Trennungen: Gewollten und ungewollten, verschuldeten und erzwungenen, heilsamen und tragischen. Es ist ein dauerndes Abschiednehmen, von Menschen, von Orten, von Zeiten – wir haben hier keine bleibende Statt.

Trennungen können Amputationen sein, Verstümmelungen, von denen wir uns nicht oder nur schwer erholen ... Trennungen sind notwendig. Sie haben ordnende, klärende, abschirmende, hegende Funktion ... Zum andern bedeuten sie Ent-Bindung, Ablösung, Aufbruch, Befreiung von etwas, das uns nicht festhalten darf. Sich „von nichts trennen" zu können, ist ein Unvermögen, wirklich zu leben. Aber sogar die notwendigen, die schöpferischen Trennungen pflegen mit Verlust und Gefahr, mit Leid und Trauer, mit Irritation und Verzweiflung verbunden zu sein. So verursachen Trennungen regressive Sehnsüchte: Den Wunsch nach Rückkehr in das Einssein und die Geborgenheit, und sie erzeugen depressive Ängste: Eine Ahnung des Alleinseins, der Beziehungslosigkeit. Aber wer ein Leben ohne Schmerz sucht, der wird kein Leben der Fülle finden. So kommt alles darauf an, daß wir lernen, mit Trennungen umzugehen, statt sie zu umgehen.» Hans Jürgen Schultz (1) hat diese einleitenden Worte einem Buch vorangestellt, das den Titel «Trennung» trägt. – Auch unsere Trennungsgeschichten und -Bilder stehen zwischen den Polaritäten von lähmender Trauer und Befreiung für einen kreativen Neubeginn.

Hat man eine längere und tiefer gehende gemeinsame Wegstrecke zurückgelegt, dann erweist sich die Trennung vom Partner in der Regel als ein mühevoller Prozeß, der sich wie eine versteinernde Krankheit auswirken kann. Manche Betroffenen erleben es wie einen ungerechten Schicksalsschlag und sie stemmen sich mit der noch verbliebenen Energie gegen das vermeintliche Unrecht. Viele ergeben sich aber auch apathisch in ihr Schicksal, sie verkriechen sich dann in eine hoffnungslose Einsamkeit.

Zu den letztgenannten gehörte Frau C. A., die uns wegen ihrer Depressivität aufsuchte. Die Imagination eines Hauses (Bild 94) gab die «Versteinerung» ihres seelischen Zustandes wieder: Der Boden ihres Hauses bestand aus groben Pflastersteinen. Sie entdeckte wohl eine niedrige Seitentür zu diesem Haus, durch die sie aber nicht eintreten konnte. Auch ein Fenster gab es nicht. Zu ihrer Verwunderung sah sie jedoch vor der Keller-Etage einen Torbogen über einer verschlossenen blauen Tür, und sie «wußte» plötzlich, daß sie durch diese Tür zu einer Krypta gelangen würde. Krypta (Küchenhoff, 2), auch das wußte sie, bedeutet «verborgen»: Was mochte sich in der Tiefe verborgen halten? Sie faßte allmählich Mut und beschloß, durch die blaue Tür hinabzusteigen. Es war ein abgegrenzter Raum, der mit nicht verarbeiteten Erinnerungen aus ihrer Partnerschaft angefüllt war. Frau C. A. setzte sich auf den Boden und ließ die Erinnerungen kommen. Noch konnte sie sich gegen den begleitenden Schmerz wehren, man sieht es an ihrer Haltung: Sie verbirgt zusammengekauert den Kopf in ihrem Schoß und kehrt dem Raum den Rücken zu. Das eher kühle Blau ihrer

Bild 94 «Versteinerung»

Bild 95 Trauer in der Krypta

Kleidung drückt die Verstandesebene aus, mit der sie sich zunächst auf das Geschehen eingelassen hat. Dann überkommt sie jedoch das Leid der Verlassenheit, sie kann sich nicht mehr wehren. Liegend und jetzt in brennendes Rot gekleidet, läßt sie mit dem wie zu einem Schrei geöffneten Mund und mit nach oben gestreckten Armen ihre Verzweiflung heraus (Bild 95). Sie trauert intensiv, bis es ihr gelingt, zur Ruhe kommen. Jetzt wird ihr die Versteinerung bewußt, die sie so lange zur Abwehr des Schmerzes wie eine Mauer um sich gebaut hatte[1]. Sie spürt in der nun eingetretenen Entspannung, daß sie sich nicht mehr verpanzern muß, daß es möglich sein wird, ein eigenes Haus zu gestalten und mit lebendigen Einfällen zu füllen. Die Krypta verschwindet, als sie bereit ist, irreale Hoffnungen und Erwartungen zu «begraben». Sie kann nun auch einen Zugang zu ihrem Haus entdecken.

Besonders eingreifend gestaltet sich oft der Trennungsprozeß, wenn es um das Aufgeben eines Familien-Hauses geht. Ein Patient mit einer schweren Phobie (Angstsymptomatik), der deswegen in einer Klinik behandelt wird, sieht zunächst keine Probleme in seiner Familie: Es sei alles in Ordnung, erklärt er kurz auf Befragen. In der Kunsttherapie gestaltet er dann ein Hochhaus, das dem Haus, in dem er mit seiner Familie wohnt, ähnlich sieht. Wie «aus einem inneren Zwang» heraus zeichnet er Risse in die Grundmauern, die sich auf der Dachterrasse zu einem tiefen Spalt erweitern. Das Haus sieht überdies eigentümlich schief aus (Bild 96). Beim nachträglichen Betrachten wird für den Patienten etwas deutlich, was er bisher nicht wahrhaben konnte (wollte?): Das Familien-Haus ist schon seit längerer Zeit brüchig, die Ehe «funktioniert» zwar noch in äußerlichen Routineabläufen, innerlich ist die Beziehung zu seiner Frau aber längst erkaltet. Die Kinder haben einen gefährdeten Spielplatz auf seinem rissigen Bild: er spürt, daß sie mehr Zuwendung von seiner Seite brauchen. Stattdessen irritiert er sie mit seinen Angstzuständen (er kann wegen der Phobie nicht mehr allein aus dem Haus gehen). Er hatte eine flüchtige Beziehung zu einer anderen Frau aufgenommen, die von ihm ein Kind erwartete. Dieses Ereignis hatte neben starken Schuldge-

Bild 96 Der Riß im Haus

fühlen seine Angstsymptomatik ausgelöst. Der Zusammenhang wurde ihm aber erst nach der Darstellung des brüchigen Hauses bewußt: Die ihn an das Haus bindende Angst sorgte dafür, daß es äußerlich zu keinem erneuten «Fehltritt» kommen konnte, sie kaschierte aber zugleich die darunter liegende innere Beziehungsstörung.

Er erkannte, daß der Riß im Dach und die brüchigen Grundmauern, die auch seine Kinder gefährdeten, nicht zu «reparieren» seien. Sein Haus-Bild wurde nach dieser Erkenntnis zur Basis eines neuen «Lebensentwurfes». Die panische Angst, die ihn gehindert hatte, das Familien-Haus zu verlassen, bildete sich zurück, als er mit seiner Frau, die das neue Konzept akzeptieren konnte, die Trennung plante. Es fiel allen, vor allem auch den Kindern, nicht leicht, diesen Schritt konkret zu vollziehen. Eine spätere Nachfrage ergab jedoch, daß es der ganzen Familie, die er regelmäßig besuchte, besser ging; sie erlebten die neue Offenheit als befreiend nach der langen Zeit zermürbender Spannungen. Die Ängste des Mannes waren nicht mehr aufgetreten.

Hier hatte es sich um eine junge Familie gehandelt, der es gelungen war, einen zweiten Bauabschnitt konstruktiv zu beginnen. Die Trennung hatte also überwiegend positive Aspekte. Im späteren Lebensalter kann ein solcher Neubeginn sehr viel schwieriger, ja unmöglich sein. Eine ältere, alleinstehende Frau träumte immer wieder von einem Haus, das sie stark ängstigte. Ihr Mann hatte vor einiger Zeit die Scheidung eingeleitet. Vieles war dadurch für sie zerbrochen, ihr weiterer Lebensweg schien völlig in Frage gestellt. Dennoch verleugnete sie die harte Realität vor anderen und vor sich selbst. Sie klammerte sich an eine «Er-

1 U.a. hat Nelly Stahel (3) in eindrucksvollen Bildern den Abbau einer ähnlichen Schutzmauer bei einem Kind wiedergegeben.

wird-eines-Tages-wiederkommen»-Illusion. Erst durch das sich wiederholende Traumbild (Bild 97) erkannte sie, wie zerstört ihr Ehe-Haus, wie fraglich auch ihre bisherigen Zukunftsvorstellungen wirklich waren. Es machte ihr angst, aus den Bruchstücken des Hauses etwas Neues aufbauen zu sollen. Das bedeutete für sie zugleich, daß sie die alten Vorstellungen endgültig aufgeben müßte. Sie wollte sich andererseits nichts mehr vormachen und tröstete sich mit der vagen Vorstellung, daß die Zeit «manches heilen würde». Ihr «Trümmer-Traumhaus» kehrte nicht mehr in nächtlichen Alpträumen zurück, nachdem sie ihre zerbrochene Ehe, wenn auch mit großen Schmerzen, akzeptiert hatte.

Wenn die Trennung durch den *Tod* eines geliebten Partners erfolgt, kann die Trauer sehr unterschiedlich erlebt werden. Das hängt u.a. davon ab, ob es ein plötzlicher Tod oder ein langsames Sterben im Verlauf einer schweren Krankheit ist, was bereits eine Vorbereitung auf das endgültige Abschiednehmen ermöglicht. Frau G. B. drückte ihr erschüttertes Selbst- und Welterleben nach dem unerwarteten Tod ihres Mannes in einem ausgebrannten, leeren Haus aus. Fenster und Tür des Hauses waren grau und hatten einen schwarzen Trauerrand. Das Grau symbolisierte ihr Lebensgefühl. Es gab nur ein Fenster im Haus – ihr Fenster als das der Überlebenden (Bild 98). Das Haus stand in einer steppenartigen Landschaft: Frau G.B.'s Gefühl der Verlorenheit in der Welt, zu der sie ohne den geliebten Mann keine Beziehung mehr zu haben meinte, drückte sich darin aus. Bei der erneuten Einstellung des Hauses nach einigen Wochen war es zu einer Ruine geworden. Sturm und Regen hatten ihm heftig zugesetzt (Bild 99). Es war «ein Haus ohne Hüter», wie es E. Kaiser (4) in einer vergleichbaren Situation formuliert hat. Als Frau G.B. näher an das Haus herantrat, verwandelte es sich in eine Grabplatte. Sie suchte ver-

Bild 97 Das «Trümmerhaus»

Bild 99 Ruine

Bild 98 Einsames Haus in der Steppe

Bild 100 Haus der Hoffnung

geblich den Namen ihres Mannes auf der Grabplatte, was für sie eine Bestätigung dafür war, daß sie der Endgültigkeit des Abschiednehmens noch ausgewichen war.

Ein Jahr später imaginierte sie jedoch ein farbiges und unzerstörtes Haus (Bild 100). Eine weit geöffnete Tür und ein offenes Fenster luden zum Austausch ein. Die jähe Begegnung mit dem Tod hatte Frau G. B. gelehrt, das Todesgeschehen in ihr Leben zu integrieren. Als Ausdruck ihrer Auseinandersetzung mit dem Transzendenten fand sich im Giebel ihres Hauses ein «Seelenfenster». Aus der Ruine war ein Haus der Hoffnung geworden.

Trifft der unerwartete Tod einen jungen Menschen, erleben wir häufig, daß sich die übrigen Familienmitglieder sehr eng zusammenschließen, als wollten sie so den verlorenen Halt wiederfinden. Als Christiane mit 18 Jahren ihren 16jährigen Bruder durch ein Krebsleiden verlor, brachte sie dieses Erleben in einem spontanen Bild zur Darstellung (Bild 101). Ihr Familien-Haus (die Mutter, der Bruder und sie) ist zusammengebrochen. Drei Hände, als Symbol für Beziehung, aber auch für Halt, versuchen vergeblich, ein Mauerfragment zu stützen. Eine vierte Hand scheint einer anderen mit der Umgreifung des Unterarmes mehr Halt geben zu wollen. Christiane meint, daß dies die Hände der Mutter, die beiden anderen ihre eigenen Hände seien. Die fehlenden Hände des Bruders werden in der leeren, weißen Fläche (rechts unten) dargestellt. Ein herausgerissener, herabfallender Stein läßt das über ihm liegende Fenster, das «Fenster der Verwundbarkeit», wie Christiane sagt, zerspringen. Hier teilt sich uns ein Verlust in seiner abrupten, noch gänzlich unverarbeiteten Unmittelbarkeit mit. Das Bild ist kurz nach dem Tod des Bruders gezeichnet worden. Es gab nur Schwarz-Weiß-Kontraste auf grauem Untergrund, Farben wären zu diesem Zeitpunkt undenkbar gewesen.

Mit einem letzten Haus-Bild, das von Herrn L. C. einen Tag vor seinem Freitod gezeichnet wurde (Bild 102), möchten wir diese Reihe abschließen. Es ist ein Abschieds-Haus, das Herr L. C. vor seiner selbst herbeigeführten Trennung aus dieser Welt als Vermächtnis hinterließ. Wir sehen, daß das Obergeschoß brüchig aussieht. Das Haus steht auch nicht mehr auf einem tragenden Boden, eine Basis ist jedenfalls nicht zu erkennen. Das einzige Fenster in der oberen Etage wirkt leer, unten sind die Fenster und die Tür grau und ausdruckslos gezeichnet. Unmittelbar hinter dem Haus wölbt sich ein blaß-grüner Hügel, der sich nach oben in braunen und violetten Farbtönen fortsetzt. Erhebt sich hinter dem Haus ein imaginärer Grabhügel? Die Frage stellt sich uns, wenn wir wissen, daß Herr L. C. dieses Haus wenige Stunden vor seinem bewußt herbeigeführten Tod als letzte Botschaft hinterließ. An der rechten Seite des Hauses erkennen wir einen Regenbottich, der uns unwillkürlich an Katrins (Seite 29) Regenrinne erinnert. Katrin wollte vor ihrem Tod mit ihrem Bild eine fürsorgliche Botschaft an die Lebenden vermitteln: Sie sollten die Pflanzen vor ihrem Haus wässern. Wir wissen nicht, ob Herr L. C., zu dessen Regenbottich zartblaue Wasserleitungen führen, etwas Ähnliches ausdrücken wollte. Er hat jedenfalls in auffallend farbigem Kontrast zu seinem blassen Haus Blumen und einen blühenden oder Früchte tragenden kleinen Baum in den Vordergrund gesetzt. Waren diese als

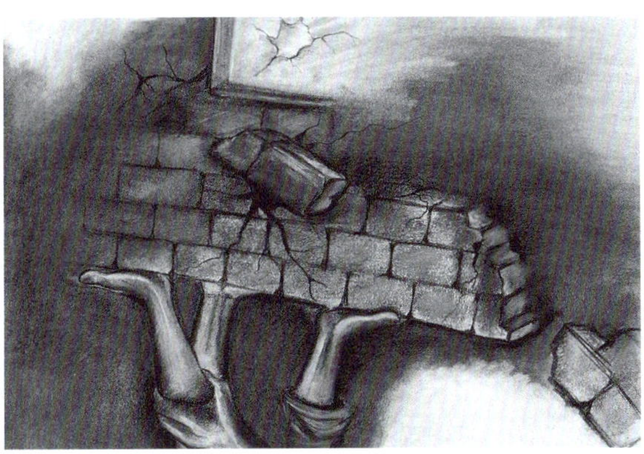

Bild 101 Stützende Hände

Bild 102 Abschiedshaus

Symbole des Lebens für die Menschen, die ihm nahe standen und die ihn doch nicht von seinem Vorhaben abbringen konnten, zu verstehen? Herr L. C. hatte auch vor diesem Bild schon Häuser mit Zeichen einer allmählichen Zerstörung dargestellt. Hätte man seine Botschaften stummer Verlassenheit und Selbstaufgabe richtig verstanden und beantworten können – vielleicht wäre Herr L. C. heute noch am Leben. Wir wissen es ebensowenig wie seine Angehörigen, die sich die Frage zu spät und in hilfloser Betroffenheit gestellt haben. Einen klärenden Abschiedsbrief hatte er nicht hinterlassen.

Was uns bewegte, war der Kontrast zwischen dem blühenden Leben im Vordergrund und der Todesbotschaft, die sich dahinter verbarg: Leben und Tod so nahe beieinander; wir hatten es auch schon bei den sterbenden leukämiekranken Kindern gesehen. Es fiel uns dazu das runde und weite Haus des werdenden Lebens bei Frau Y. ein, die gleichzeitig das internalisierte Elternhaus begraben mußte. Auch Frau B.'s Auseinandersetzung mit dem Schwangerschaftsabbruch zur selben Zeit, in der sie eine Bleibe für ihr neugeborenes Kind sucht, konkretisierte das Stirb und Werde in Haus-Gestalt.

Schließlich möchten wir den Traum einer «werdenden Großmutter» hier einreihen: Sie freut sich auf ein Enkelkind, das erste Kind ihrer einzigen Tochter. Sie strickt Jäckchen u.ä., und sie ist erfüllt von den Vorbereitungen für die Ankunft des Kindes. Da träumt sie, daß sie mit ihrem Auto, auf dessen Rücksitz ein winziges Kind liegt, durch ein offenes Tor in ein Haus fährt. Der Boden des Hauses ist aufgerissen, es wird eine lebensgefährliche Fahrt. Sie wacht in großer Angst auf, daß dem Kind etwas passieren könnte. Beim Erwachen fällt ihr ein Schwangerschaftsabbruch ein, den sie in jungen Jahren vornehmen ließ, an den sie jedoch nie mehr gedacht hatte. Sie hatte ihrem Kind seinerzeit kein bergendes «Haus» bieten können: Der aufgerissene Boden symbolisierte den operativen Eingriff der «Ausschabung». Jetzt war es jedoch möglich, sich noch einmal auf das damalige Geschehen einzulassen und einen späten Abschied von dem unbetrauerten Kind zu nehmen. Petersen (5) spricht von der «klärenden Wandlung des Schuldgefühls in echte akzeptierte Schuld», die dann auch wirkliche Trauer ermögliche.

Eduard Mörike (6) hat die Zusammengehörigkeit der scheinbar polaren Gegensätze von Tod und Leben, von Trennung und Neubeginn in folgende Fragen gefaßt:

Sucht das Leben wohl den Tod?
Oder sucht der Tod das Leben?
Können Morgenröte und das Abendrot
sich auf halbem Weg die Hände geben?

Anmerkungen

1 Schultz, H. J., (Hrsg.): Trennung. Kreuz, Stuttgart, 1985².
2 Küchenhoff, J.: Eine Krypta im Ich. Forum Psychoanalyse, 7, 31-46, 1991.
Hier wird in einer psychoanalytischen Fallstudie eine unbearbeitete Beziehungsstörung beschrieben, die im Unbewußten (= Krypta) lag.
3 Stahel, N.: Das Erkennen seelischer Störungen aus der Zeichnung. Reutsch, Erlenbach-Zürich, 1969.
4 Kaiser, E.: Wo Liebe war, ist jetzt Trauer. In: Schultz, H. J. (Hrsg.): Trennung. Kreuz, Stuttgart, 1985².
5 Petersen, P.: Schwangerschaftsabbruch – unser Bewußtsein vom Tod im Leben. Urachhaus, Stuttgart, 1986.
6 Mörike, E.: Sämtliche Werke. Klassiker, K. Desch, Wien, München, Basel, 1956. Das Gedicht unter der Überschrift «Leben und Tod» stammt aus der Zweiten Sammlung.

3.3 Das Haus-Bild bei schweren Krankheiten, Behinderungen und Tod

(H. Eibach)

Unser Körper, den wir haben und der wir zugleich sind, wird uns, so lange wir uns seiner unbekümmert erfreuen können, selten bewußt. In Zeiten schwerer Erkrankung verändert sich die Beziehung zum Körper. Wir leiden an ihm, spüren schmerzhaft diesen oder jenen Körperteil. Damit wird er zum Gegenüber, er wird als etwas wahrgenommen, von dem eine Bedrohung ausgeht. Ist der Körper lebensbedroht, so wächst die Neigung, sich von ihm zu distanzieren, ihn als etwas Fremdes der Medizin zu überantworten. In der Vorstellung, daß Psyche und Soma eigenen Gesetzmäßigkeiten unterworfen sind, wird etwas auseinandergerissen, was zusammengehört. Wenn der Körper erkrankt, leidet die Seele mit. Die Seele kommentiert das somatische Geschehen in der ihr eigenen Ausdrucksweise, in der bildhaften Darstellung.

Bei wiederholten Imaginationen von Schwerkranken erlebten wir, daß die Seele nicht nur das krankhafte Geschehen in seinem Verlauf darstellte, sondern auch Wege der Bewältigung, ja, hilfreiche Wege auf das Ende hin abbildete. Schwerkranke, vor allem Krebskranke, leben im Hinblick auf den Verlauf ihrer Erkrankung in Unruhe und Angst, denn trotz hoffnungsvoller Durchbrüche bei entsprechender medizinischer Behandlung, gelten neoplastische Krankheiten als schwere, zumeist tödlich endende Erkrankungen (Meerwein, 1). In einer Gesellschaft, die dem Tod keinen Raum gewährt, fühlen sich Krebskranke in einer doppelten Weise bedroht, körperlich durch den Verfall, sozial durch Isolierung in der Gesellschaft (Gerts, 2). (Wir weisen auch auf «Alice», S. 147 hin.)

Bei der Betrachtung vieler Bilder fiel uns wiederholt auf, daß die Häuser schon zu einem frühen Zeitpunkt der Erkrankung durch Rückzug und Vereinsamung gekennzeichnet waren[1]. In diesem Zusammenhang bemerkten wir auch, daß nahe Angehörige oder Freunde große Schwierigkeiten hatten, mit uns über die bildhaften Aussagen von Todesphantasien zu sprechen. Gelang es jedoch, Wege aus der Irritation zu finden, so veränderte sich auch der Ausdruck der Häuser.

1 Benedetti (3) weist bei *psychotischen* Kranken auf ähnliche, frühe Isolationstendenzen hin, ein «Mitten-im-Leben-tot-sein».

Bild 103 Das unbekümmerte Haus

Als Frau M. D. (Bild 103), 30, Mutter von drei Kindern, von ihrer Erkrankung, einem Mamma-Carcinom (Brustkrebs) informiert wurde, durchfuhr sie «blitzartig» die Vorstellung, dem Tod begegnet zu sein. Ihres verängstigten Mannes und der drei Kinder wegen glaubte sie, Zuversicht und Optimismus ausstrahlen zu müssen. Ihr erstes Haus zeugt davon: Sie gestaltet es aus roter Pappe, wählt Rot als Ausdruck eines starken Lebenswunsches, ihrer Vitalität. Sie erweckt Fröhlichkeit, ja Unbekümmertheit durch eine Vielzahl bunter Fenster, die sie mit einer individuellen Stoffgardine ausstattet. Zusätzlich verziert sie jedes Fenster mit einem Blumenkasten. Blumen sind für sie Symbole der Hoffnung. Sie hofft, mit Hilfe der Chemotherapie zu gesunden. Uns stellt sich die Frage nach dem Sinn des offenen Daches, wer und was schützt sie bei Regen und Sturm? Sie antwortet, daß es ihr ein Anliegen sei, überall das Leben hereinzulassen. Ist sie zu «un-bedacht», alles zu öffnen?

Nach acht Monaten (Bild 104) zeigt das Haus deutliche Veränderungen. Die Höhe ist durch die

Bild 104 Das Haus mit dem großen Tor

Bild 105 Das Haus mit schwarzem Fenster

Breite ersetzt. Die überhöhte Hoffnung auf die Chemotherapie hat sich nicht erfüllt, sie ist einer realisitschen Betrachtung gewichen. Wir sehen, daß die rote Farbe blasser geworden ist und daß aus dem Schornstein schwarzer Rauch aufsteigt. Die anfängliche Fröhlichkeit ist verschwunden. Die Fenster der Hoffnung haben an Kraft verloren. Statt einer Tür bildet sich im Zentrum des Hauses ein Torbogen. «Krankheiten sind Schlüssel, die gewisse Tore öffnen» – wiederholt hatte sie das Wort von A. Gide als Anfrage an sich gelesen. Manche Märchen erzählen, daß der, der im Torbogen steht, Klarheit für seine Situation gewinnen kann. Will Frau M. D. das andeuten?

Nach weiteren acht Monaten (Bild 105) malt sie ihr Körperhaus schmal und, abgesehen von dem roten Dach, farblos und leer. Somatisch hat sich ihr Zustand weiterhin verschlechtert. Der Metastasierungsprozeß ist chemotherapeutisch nicht aufzuhalten. Sie erlebt sich voller Angst, ist dünnhäutig und zerbrechlich geworden, was sich in den Hauswänden dokumentiert. Sie sei in Gefahr, «den Boden unter den Füßen zu verlieren» (das Haus hat keinen Boden mehr). Ein großes, geöffnetes, schwarzes Fenster steht im Mittelpunkt. Die Blumen im Fenster sind verschwunden. Schützend wird Frau M. D. auf der rechten Bildhälfte von ihren drei Kindern umgeben, die sie in der hoch aufgerichteten Gestalt von Bäumen malt. Zu ihrer Linken stehen ihr Mann und zwei Freundinnen, gleichfalls in Bäumen symbolisiert. Für jeden, auch für sich selbst, setzt sie noch eine Blume hinzu.

Bild 106 Das eiförmige Haus in der Frühlingswiese

Kurz vor ihrem Tod (Bild 106) malt sie ein letztes Haus in Gestalt eines eiförmigen Ur-Raumes, ohne Verbindung nach außen. Nur in einer verschwindend kleinen schwarzen Tür deutet sie einen noch möglichen Zugang an, nachdem sie aus der «Vertikalen des Lebens» in die «Horizontale des Todes» (Hodler, 4) geglitten ist. Zweierlei macht uns hier nachdenklich: Das Ei, als Keimzelle des Neuen *und* als Haus einer Sterbenden, erinnert noch einmal an die Einheit von Leben und Tod im Sinne der Ganzheit. – Die kleine Tür im Sterbe-Haus der Patientin ließ uns auch an die «Scheintüren» (s. Brunner, 6) der altägyptischen Gräber denken, an Opferstätten, wo die vergeistigten Toten den Lebenden begegnen sollten. – Nach langen Kämpfen kann Frau M. D. jetzt loslassen und sich zurücklegen. Sie ruht geborgen auf einer Frühlingswiese. Ihren Wunsch, noch einmal den Frühling zu erleben, hat sie vorweggenommen (sie starb im Januar). Ihr Leben hat sich vollendet im Symbol des Kreises, der Anfang und Ende in eins fügt. Das war möglich geworden, nachdem sie sich

Bild 107 Erdhaus

im Kreise der ihr nahestehenden Menschen getragen fühlen konnte.

Auch Frau C. E., 40 Jahre alt, hat einen Brustkrebs. Sie stellt in der Imagination im Hintergrund eines Dorfes ein Haus dar, das sie sich selbst zuordnet. Es ist ein grau-blaues, leeres Haus mit dem «Seelenfenster»[2] im Giebel. Einen Weg zum Haus gibt es nicht: Sie habe noch nie eine Beziehung zu ihrem Körper-Haus gehabt. Ihren Schmerz, ihr Leiden empfindet nur eine Blume, die neben ihr steht und durch stacheldrahtartige Ringe (Metastasen?) am Wachstum und Gedeihen gehindert wird, so sagte sie. Ein nach links gewendeter Vogel überrascht Frau C. E. in ihrer Imagination. Sein Auge erinnert sie an «Ba», den ägyptischen Seelenvogel, der «die Seele nach dem Tod in das Leben führen soll» (Brunner, 6). Sie war bewegt, dem Seelenvogel als Begleiter ihrer das Körper-Haus verlassenden Seele begegnet zu sein. Durch ihn meinte Frau C. E. erfahren zu haben, daß ihre Seele doch be-haust sei. Nach dieser imaginativen Bilderfahrung verlor sich ihre Isolation. Sie fand wieder Wege zu anderen Menschen, erlebte sich nicht mehr so ausgegrenzt.

Drei Monate später wird jedoch die Todesahnung zur Gewißheit. Vier Tage vor ihrem Tod malt Frau C. E. ein «Erdhaus» (Bild 107), in dem sie endgültig Wohnung nehmen möchte. Den Anstoß für das Erdhaus hatte sie aus der hebräischen Sprache erhalten, in der Gräber als «Häuser des Lebens» verstanden werden. Frau C. E. wollte in dieses letzte Haus bewußt eingehen. In ihren Gedanken war es mit Rückkehr, Heimkehr, auch Wiederkehr verbunden. Ihr Erdhaus mit dem Seelenfenster wird in warmen Gelbtönen gemalt. Beim gemeinsamen Anschauen des Bildes läßt sie erkennen, daß sie eine Veränderung vornehmen möchte. Sie läßt sich aus dem Farbkasten Deckweiß reichen, um den schwarz aufsteigenden Rauch weiß zu übermalen, bevor sie das Bild aus der Hand legt. Will sie uns vermitteln, daß dem Tod allein nicht das letzte Wort gehört? Verbindet

2 Im Zusammenhang mit dem Seelenfenster ist eine Forschungsarbeit von Lilliu (5) erwähnenswert, der Menhire in Sardinien mit «Seelenschlupflöchern» fand.

sich mit ihrer Vorstellung von Sterben, daß Eingehen in etwas Dunkles zugleich die Hoffnung auf ein Hinausgehen in etwas Lichterfülltes sein kann?[3] Die Thematik wiederholt sich im Baum, der die rechte Bildhälfte ausfüllt: Der Tod im Bereich der kahlen Krone als Vorbedingung zu neuem Leben im Inneren des Stammes, den sie grün malt.

Für Frau M. F. (Bild 108) schwand der bergende, schützende Hausraum mit Fortschreiten eines Metastasierungsprozeßes im Bauchraum. Ihr Bett auf der linken Bildseite steht in ihrer Imagination unerwartet in einem winddurchlässigen Zelt. Sie äußert ein beängstigendes Gefühl der Ungeborgenheit, des Ausgeliefertseins. Die anklagende Verzweiflung drückt sich in dem auffallend großen, roten Mund der bettlägerigen Kranken aus. Der Metastasierungsprozeß im Bauch wird in dem gleichen alarmierenden Rot wiedergegeben. Die Ungeborgenheit läßt sich wohl kaum besser darstellen als in dem offenen, verwehten Haus, dessen Wände genauso durchlässig aussehen, wie sich Frau M. F. offenbar in ihrer eigenen Haut fühlt.

Auch die leukämiekranke Frau L. G. gestaltet ihr Gefühl, nicht mehr Herr im eigenen Haus zu sein, in einem Bild des Zeltes. Zunächst imaginiert sie dies wie ein schwarz umrandetes, geteiltes Dreieck, in dem nur noch die kleinere rechte Hälfte mit lebendiger braun- und gelbgetönter Schraffur ausgefüllt ist. Die Patientin selbst erlebt sich auf der leeren linken und lichtlosen Seite, die von der anderen Seite durch eine hochaufgetürmte Mauer aus schweren Steinen abgespalten ist. Was von der rechten Seite, der «Seite des Lebens», wie sie sie bezeichnet, zu ihr herüberkommt (das Braune steht für Chemotherapie), vermag den linken Raum, ihren Krankheitsraum, nicht zu füllen. Lediglich ein kleines halb-rundes Gebilde, in denselben Farbtönen wie sie die «Seite des Lebens» enthält, ragt durch die Trennwand in ihren Raum, in dem sie nackt und hilflos liegt, hinein: es sei ein Symbol für die sie begleitende Therapeutin. Auf Bild 109 sehen wir die beiden Räume. Dieses Bild ist praktisch eine Wiederholung der ersten Darstellung, aber acht Wochen später gemalt. Zu diesem Zeitpunkt hatte sich der Zustand von Frau L. G. mit Hilfe der chemotherapeutischen Behandlung und durch wiederholte Bluttransfusionen somatisch stabilisiert. Dennoch tauchte in der Imagination kein Haus, sondern wieder das instabile Zelt auf, das wir soeben beschrieben haben. Es gibt aber eine neue, sofort ins Auge springende Variation: Das lodernde Feuer, das in der «lebendigen»

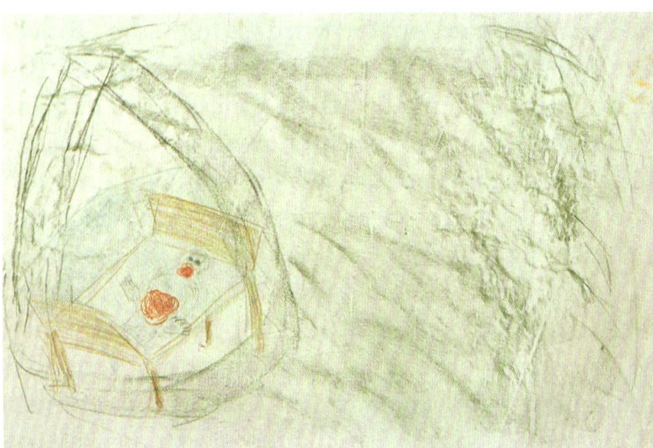

Bild 108 Das Bett im Zelt

Bild 109 Zelt mit Trennwand und Feuerzungen

3 Riedel (15) weist u.a. darauf hin, daß Weiß auch eine «Metapher für den Tod als Befreiung» sein kann, ferner «Ausdruck des Absoluten, des Anfangs und Endes, der Fülle und der Leere, sowie deren Vereinigung.»

Seite des Zeltes ausbricht. Allerdings greifen die Feuerzungen nicht als Lebensspender auf ihre kranke Seite über, sondern sie schlagen nach rechts aus dem Zelt heraus. Frau L. G. ließ im Gespräch erkennen, daß sich das visualisierte Bild mit ihrer inneren Überzeugung deckte: Die Lebenszeichen, die sich vorübergehend in der Stabilisierung ihres körperlichen Zustandes zu manifestieren schienen, können den Gesamtverlauf nicht mehr beeinflussen. Sie erlebt sich nach wie vor auf der linken, lebensabgewandten Seite, und sie kommentiert ihr Bild mit Domins (7) Worten: «Ich weiß nicht, warum die Welt sich mir in zwei Hälften teilt.»

Einen Tag vor ihrem Tod hat sie noch einmal ihr Haus dargestellt, wieder ist es das Zelt, diesmal aber ohne die Trennwand. Der Todesraum füllt jetzt das ganze Zelt aus. Am linken unteren Rand entdeckt man schattenhaft eine liegende menschliche Gestalt. Frau L. G. äußert, daß sie sich selbst und ihrem Körper fremd geworden sei, er sei zum «namenlosen Stein erstarrt». Ein anderes Gedicht von Hilde Domin ist jetzt für sie gültig geworden: «Von Herberge zu Herberge Vergessenheit. Der eigene Name wird etwas Fremdes.» – Das letzte Lebenszeichen verläßt ihren Todesraum in Gestalt einer Schlange; es sei ihre Therapeutin, von der Frau L. G. mit diesem Bild Abschied nimmt. Die Schlange, als Symbol für Leben und Tod, war hier wohl vor allem als ärztliches Sinnbild (Aesculap-Stab) (s. auch S. 153) empfunden worden. Sie verläßt die sterbliche Hülle der Kranken im Quadranten links unten, welcher von Jungianern auch als «Ort des Todes» gekennzeichnet wird. Auf der gegenüberliegenden Seite kommt die Schlange mit erhobenem Kopf hervor, um sich (wieder) dem aktiven Lebensquadranten zuzuwenden (Bild 110). Frau L. G. hat nichts von der elementaren Aussage des Todesgeschehens gemildert. Sie hat keine Hoffnungsvorstellungen für eine postmortale Existenz im Jenseits erkennen lassen. In tiefem Ernst ist sie hinübergegangen. Aber es wurde deutlich, daß es der Patientin äußerst wichtig gewesen war, ihr Erleben im Bild mitzuteilen und eine Begleiterin auf ihrem schweren Weg bis zum Lebensende gehabt zu haben.

Die Bibel verwendet (8) für den menschlichen Leib wiederholt das Bild des Zeltes, um den provisorischen Charakter seiner irdischen Existenz auszudrücken. Zelte benutzen auch Nomaden, also Nicht-Seßhafte, Menschen, die unterwegs

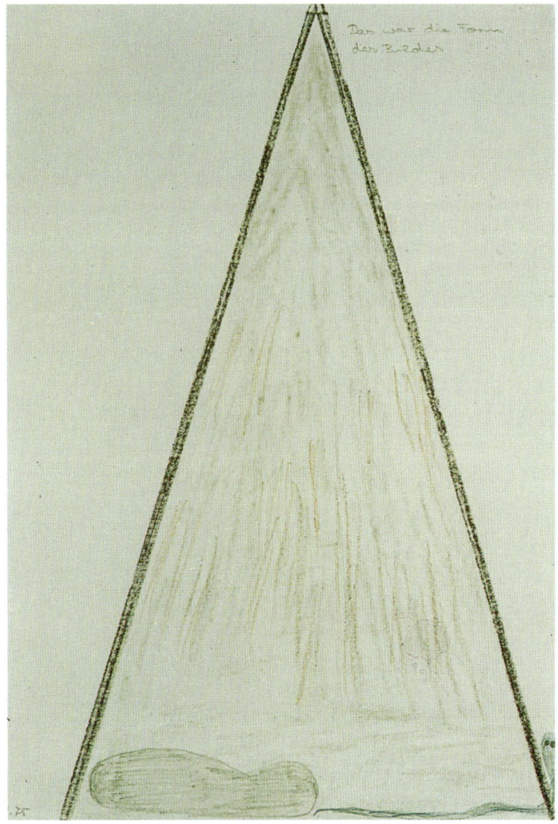

Bild 110 Todesraum im Zelt

sind. Als solche müssen sich Frau M. F. und Frau L. G. verstanden haben, denn ihr Haus nahm schon zu einem Zeitpunkt Zeltgestalt an, als somatisch noch berechtigte Hoffnung auf eine Stabilisierung des Körper-Hauses bestand. Beide ahnten wohl den frühen Abbruch ihres irdischen Zeltes.

Ganz anders nimmt Frau R. H. Abschied von dieser Welt. «Den Tod habe ich immer als Spiegelbild des Lebens betrachtet. Mein Leben daraufhin ausgerichtet und gestaltet.» Von dieser Lebenseinstellung geprägt wird auch das Haus im letzten Lebensabschnitt von Frau R. H., die an den Folgeerscheinungen eines Brustkrebses leidet. Es bildet sich in ihrem Haus ein großer einheitlicher Raum, dessen innere Gliederung in Auflösung begriffen ist (ihre zahlreichen Metastasen). Ihr Raum ist angefüllt mit den Farben Braun, Blau und Violett, die das ganze Haus in Schwingungen versetzen, wie sie sagt. Die Farben deutet Frau R. als Ausdruck ihrer Bereitschaft, ihres Eingestimmtseins auf das Ende. Während in früheren Imagina-

Bild 111 Engel im «Seelenfenster»

tionen kein Seelenfenster zu beobachten war, hatte sie in der letzten Imagination (Bild 111) ein Seelenfenster wahrgenommen, das durch eine engelartige Gestalt ausgefüllt war. Sie schildert die Gestalt als «unendlich wehende Erscheinung, als Geschöpf der großen Schöpfung». Die Blumen, die der Engel im Flug berührt hatte, nahmen eine violette Farbe an. Für Frau R. H. war das die Farbe des Schmerzes. Um die Blumen zu trösten, malte sie zum Abschluß noch einen hoffnungsvollen Lebensbaum auf die rechte Bildseite: «In Einklang und Hoffnung gehen», so hatte sie es gewollt und durchgehalten.

Gleichfalls hoffnungsvoll und doch wieder sehr anders malt Frau F. I. ihr letztes Haus, das die Form eines langen Tunnels annimmt (Bild 112). Das Gefühl, einen langen, dunklen Tunnel durchschreiten zu müssen, wird wiederholt von Reanimierten und von Sterbenden beschrieben. Nach Ansicht von Janus (9), Wiesenhütter (10) und Moody (11) kehren in diesem Bild früheste Erfahrungen, die sich mit dem Eintritt in das Leben durch den engen Geburtskanal verbinden, zurück. So kann mit dem Bild des Tunnels nicht nur der Ein-, sondern auch der Ausritt aus dem Leben dargestellt werden. Frau F. I. sprach beim Anblick des Tunnels von einer zweiten Geburt, verbunden mit der Hoffnung, in eine neue Form des Daseins geführt zu werden. Der kurvenreiche Weg dorthin ängstigte sie nicht. Weder die rechts des Weges offenliegende Hoffnung (symbolisiert durch die Farbe Grün) noch die links des Weges harrenden Schmerzen (auch sie in der Farbe Violett dargestellt) konnten Frau F. I. von ihrem bewußten Zugang auf das Ende aufhalten. Zu groß war die Anziehungskraft, die von der Lichtfülle im Tunnel ausging[4]. Es war ihr ein Trost, Licht als Gegenkraft zur Lichtlosigkeit ihres früheren Lebens zu sehen.

Der letzte Weg von Frau Q. J. (Bild 113) erinnert eher an einen offenen Tunnel, der sich durch eine Baumallee hinzieht. Am Ende ist dieser «Tun-

4 Hampe (15) berichtet vom «Lichterleben im Sterben, das eine heute verschüttete, uralte Menschheitserfahrung ist.»

Bild 112 Der Lichttunnel

Bild 113 Baumallee mit Häusern im Hintergrund

nel» jedoch durch Baumkronen, die wie eine Hecke zusammengewachsen sind, abgeschlossen. Dahinter ahnt Frau Q. J. Häuser, bunte, lebendige Häuser, die aber nicht die ihrigen sind, sondern in unerreichbarer Ferne liegen. Sie hat den Gang in der Baumallee, einen Meditationsweg, abgeschritten und steht auf diesem Weg in engem inneren Kontakt mit den Menschen, die die Häuser hinter der Allee bewohnen. Es ist ein hin- und herfließender Austausch, der Frau Q. J. so kräftigt und tröstet, daß sie für dieses letzte Bild intensive Farben wählt. Sie seien Ausdruck der Verbundenheit mit der Welt, trotz großer räumlicher Distanz. (Sie starb in einer entfernten Universitätsklinik.)

Weit entfernte Häuser sehen wir auch bei Frau N. K. (Bild 114). Sie ist ganz anders gestimmt als Frau Q. J.: Voller Verzweifung und Verbitterung nimmt sie ihr Schicksal als Krebskranke wahr. Eine zerbrochene senkrechte und waagerechte Achse bestimmen ihr Bild. Sie bringt damit zum Ausdruck, daß sie als Mensch durch ihre schwere Erkrankung gebrochen sei. Sie fühlt sich ohne Orientierung (kopflos). Vor allem zeigen die geschwärzten Arme, die mutlos herabhängenden Hände, wie enttäuschend ihre Erfahrungen mit Menschen für sie gewesen sein müssen (Hände stehen als Symbol für Beziehung). Sie sieht das Leben, das sich links unten in den blauen Häusern abspielt, das Leben, zu dem sie ja auch einmal gehörte, inzwischen aus großer Distanz. Es scheint ihr unerreichbar. Ihr Bild erinnert an Golgatha, den Ort für Ausgrenzung und tiefes Leiden. Nur zwei Teddybären aus der Kindheit (Übergangsobjekte, 12) harren bei ihr aus. Nachdem sie die Beziehungen zu ihren Freunden bereits abgebrochen hatte, faßte Frau N. K. nach diesem Bild doch noch Mut, in einer Gruppe (Tanz und Imagination) mitzumachen. Sie wurde dort an die Hand genommen, die schon so mutlos herabgehangen hatte, und sie fühlte sich gehalten. Ihre Verbitterung löste sich.

Ach, es sind die Wände und die Geräte
wie die Windharfen empfänglich
wie ein Acker, darin dein Leid wächst,
und spüren das Staubverwandte in dir.

Nelly Sachs

Bild 114 Golgatha

Bild 115 Das Glashaus

Wir möchten dem Kapitel über die Häuser von Krebskranken noch zwei Haus-Gestaltungen von schwer *Körperbehinderten* hinzufügen. Körperbehinderte sind nicht lebensbedroht, aber sie leiden auf ähnliche und doch wieder andere Weise in und an ihrem Körper, der ihnen «fremd» geworden ist. Im Alltag sind sie häufig gezwungen (bzw. sie fühlen sich gezwungen), ihr Leiden zu verbergen, zu überspielen, um die Anforderungen eines «normalen» Lebens bewältigen zu können. Und trotzdem können sie sich nicht «normal» erleben, bzw. sie erleben oft, daß andere sie nicht als normal erleben – Unsicherheiten, Verlegenheiten, Wegsehen oder (zuviel) wohlmeinende Hilfe können sich so als unsichtbare Schranken und Wände zwischen ihnen und den «Gesunden» auftun.

Herr T. L. erkrankte mit 24 Jahren an einer Primär chronischen Polyarthritis (chronischer Gelenkrheumatismus). Im Laufe der Jahre, als er nicht mehr aus eigener Kraft auf den Füßen stehen konnte, wurden beidseitige endoprothetische (Kunstgelenke) Versorgungen notwendig. Aber auch danach brauchte er Stöcke, um sich fortbewegen zu können. Er kann seine ungelenken Bewegungen vor Außenstehenden nicht verbergen und fühlt sich eindringenden, neugierigen Blicken ausgesetzt. Das machte ihn dünnhäutig, verletzlich, und so sehen wir, wie auch sein Körper-Haus (Bild 115) von einer durchsichtigen, gläsernen «Haut» umgeben ist. Es wird mit zahllosen Stäben gestützt. In der Mitte erkennt man ein nicht definierbares, dunkles Farbgemenge – ein Versuch sich abzugrenzen, wenigstens sein Innerstes nicht durchschauen zu lassen. Er sagt dazu: «Bei Behinderten nimmt man alles und zugleich gar nichts wahr.»

Auch Frau J. M. zeigt, wie schwer es ist, als Behinderte ihr Körper-Haus zu bewohnen. Sie erlitt als Studentin infolge eines Autounfalls schwere Verletzungen, die u.a. zu bleibenden Schäden in beiden Beinen geführt hatten. In ihrem Haus-Bild zeigt sie die große Schwierigkeit, ihr beschädigtes Körper- Haus zu akzeptieren. Was sie einst genießen konnte, alles, was für sie mit

Lebensfreude verbunden war, wie z.B. Wandern und Tanzen, hatte sie seit ihrem Unfall tief in sich abgespalten. In ihrem Haus-Bild (Bild 116) sehen wir diese Abspaltung. Sie hat unter dem gläsernen Dach (auch hier, wie bei Herrn T. L., die Durchsichtigkeit, des Sich-vor-den-Blicken-der-anderen-nicht-verbergen-Könnens) und dem darunter sitzenden Stockwerk einen jähen Abriß erkennen lassen. Sie selbst erscheint in ihrem blauen «Dachstübchen» nur bis zum Unterleib. Wir sehen übergroße Hände aus dem gläsernen Dach kommen, die wie die Hände eines Dirigenten wirken. So erlebte sie es auch: Die Hände mußten in vielen Bereichen die Funktion der verkrüppelten Füße übernehmen. Und mit ihrem Kopf lernte sie das Leben in seinem täglichen Einerlei routiniert zu dirigieren, ohne ein Gefühl von Freude zu empfinden. Das Blau ihres Dachstübchens steht für Geistigkeit, Klarheit, aber auch Distanz. Der untere, abgerissene Teil des Hauses liegt in einem halbrunden verstreuten Trümmerfeld. Hier stellt sie ihre funktionsunfähigen Organe dar. Es entwickelt sich aber in der Imagination eine blaue Wendeltreppe, die von ihrem Dachstübchen aus in ein Kellergeschoß führt, in welchem sich Lebensmittel-Vorräte befinden. Dort verändert sich der Bildcharakter: Warme, erdhafte Farben lassen eine ganz andere Atmosphäre erkennen, als in der eher kühl wirkenden Dirigenten-Glaskuppel. Frau F. M. erkannte in der Imagination, wie notwendig es sei, Körper und Geist wieder miteinander zu verbinden, und den Körper in seiner beschädigten Form zu akzeptieren. Verschüttete, lustvolle Tätigkeiten, die sie trotz ihrer Behinderung noch ausüben kann, wie z.B. Kochen, eröffneten seither neue Möglichkeiten, kreative Farbtupfer in ihren routinierten Alltag zu setzen, mit Freude für sich und andere etwas planen zu können.

Wir möchten diesem Kapitel noch einige Klärungen hinzufügen. Es könnte beispielsweise die Frage auftauchen, warum hier nicht auch Bilder von geheilten Krebskranken zur Darstellung (ein solches Beispiel findet sich auf S. 155) gelangt sind, und ob die Bilder nicht zum Teil durch ihre Verdichtung Hoffnungslosigkeit und Ängste eher verstärkt haben. Mit anderen Worten: War es immer ein hilfreiches Angebot, die Häuser darstellen zu lassen? Dazu ist zu sagen, daß *alle* Kranken den *Wunsch* hatten, sich bildlich auszudrücken, um so das eigentliche Unsagbare wenigstens einem Men-

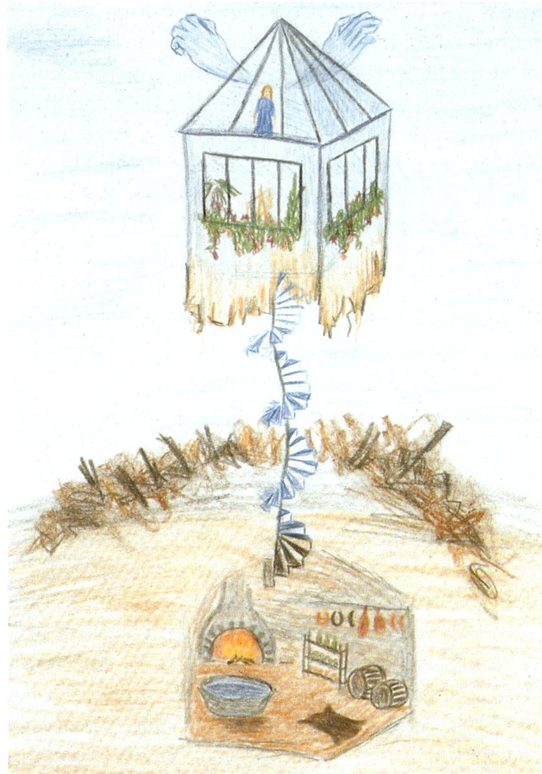

Bild 116 Das auseinandergerissene Haus

schen mitteilen zu können. Sie hatten gleichzeitig um eine eventuelle Sterbebegleitung gebeten. Diejenigen, die das Thema Tod für sich nicht berühren wollten, fielen also nicht in diese Auswahl. Wir erwähnten bereits, daß es gerade den Angehörigen schwer fallen kann, sich auf die tiefen Ängste der ihnen Nahestehenden einzulassen. Daher wurde das therapeutische Angebot dankbar angenommen.

Auch Patientinnen, wie z.B. Frau N. K. (S. 103), die ihr Leid so unbeschönigt dargestellt und scheinbar alle Beziehungen aufgegeben hatte, konnte im anschließenden Gespräch der Therapeutin sagen, daß es sie sehr erleichtert habe, einmal «ganz ohne Maske» sein zu können und sich dennoch verstanden und angenommen zu wissen. Das gab ihr auch den Mut, in die Gruppe zu gehen.

Wir möchten hier Benedetti[5], der sich eingehend mit psychotischen Bildern auseinander-

5 Vortrag am 2. April 1992 in Köln zum Thema: Schöpferische, unbewußte Fähigkeit der Bewältigung des Leidens – Der Patient als Künstler. Das Kongreßthema hieß: Therapie als Kunst – Kunst als Therapie.

gesetzt hat, in einigen Auszügen zitieren, weil wir glauben, daß seine Sicht zum Teil auch für das Erleben von Sterbenden Gültigkeit hat. «Der bildhafte Ausdruck kann zunächst als eine Projektion verstanden werden. Projektion auf das Bild bedeutet, daß das Patienten-Selbst etwas ausdrückt, von dem es ganz durchdrungen ist. Nach dem Aus-Druck liegt es gewissermaßen „draußen", es läßt sich von außen betrachten, ist auch ohne Worte für jeden Partner zugänglich... Diese Projektion, die dem Subjekt welthaften Raum schafft, erlaubt somit die Lokalisierung des ausgedrückten Affektes. So kann eine Depression vom Patienten als eine schmutzige, schwärzliche Wasserpfütze ausgedrückt werden, welche *Konturen* hat, selbst die Farbe läßt noch im Amorphen Konturen erkennen... (s. Bild 115). Jede Lokalisierung bedeutet (aber) auch eine Abgrenzung; (das Dunkle) wird nun durch den Griff des Bleistiftes festgehalten; man hat ihm „die Maske genommen", die es „im Bilde gefangen", durch den „Ausdruck festgenagelt", anschaulich gemacht und... es so ein wenig erkannt. Festnageln, anschaulich machen, abgrenzen: Ist das alles nicht auch *Ich-Aktivität?* Somit also Abwehr im positiven Sinne des Wortes, welche nun an die Stelle tritt, wo früher nur die *Passivität* des wehrlos vom Leiden Ergriffenen zu spüren war. Projektion, Lokalisierung, Abgrenzung, Abwehr bedeuten alle, daß etwas Diffuses, nur als Angst oder Depression Wahrnehmbares, selbst für den Patienten zu einer Sache wird oder sich in einer Handlungsszene entfaltet, die endlich etwas objektiviert. Mehr und mehr wird der Patient zum Herr seiner eigenen Krankheit, er lernt, mit ihr zu leben, von ihr kreativ Abstand zu nehmen, sie auch durch das Bild weiter zu gestalten.»

Wir meinen, daß die Bilder in diesem Kapitel ein Zeugnis dafür sind, daß auch bei Todgeweihten – mehr oder minder deutlich – solche Momente schöpferischer Gestaltung des scheinbar unbeherrschbaren Geschehens möglich sein können. «Voraussetzung (für den begleitenden Therapeuten) ist allerdings die Bereitschaft, zunächst in den inneren Raum zu blicken, in dem der Kranke ist und die ganze Ohnmacht dieser Lage nachzuvollziehen, damit der schöpferische Ansatz mehr als ein Kunstgriff sei» (Benedetti, 14).

Die uns zur Verfügung stehenden Haus-Bilder der Sterbenden wiesen häufig über das persönliche Diesseitige hinaus auf kollektive, z.B. mythologische oder kosmologische Vorstellungen. M.-L. v. Franz (17) erwähnt u.a. Analogien bei altägyptischen und anderen frühen Hochkulturen. Sie berichtet auch von *Tunnel*erlebnissen mit unendlich schönen Farb- und Klangeindrücken oder der Vision «einer himmelblauen Luftflüssigkeit, die *Eiform* hat.» – C.G. Jung habe zwei Monate vor seinem Tod einen «eindrücklichen Traum» von «seinem» Turm in Bollingen (s. S. 19) gehabt, «der ganz aus Gold bestand. Er (Jung) hielt den Schlüssel in der Hand, und eine Stimme sagte, daß nun der „Turm" fertig gebaut sei und er einziehen könnte. Ihm fiel die völlige Einsamkeit und die absolute Stille des Ortes auf.»

Anmerkungen

1 Meerwein, F.: Einführung in die Psycho-Onkologie. Huber, Bern 1981².
2 Gerdes, N.: Der Sturz aus der normalen Wirklichkeit und die Suche nach Sinn. Institut Schloß Reisenburg, 8870 Günzburg o.J.
3 Benedetti, G.: Das Todessymbol in psychotherapeutischer Verwandlung. In: Benedetti, G. und Rauchfleisch, U. (Hrsg.): Welt der Symbole. Vandenhoeck und Ruprecht, Göttingen, 1988.
4 Brüschweiler, J.: Ein Maler von Liebe und Tod – Ferdinand Hodler und Valentine Gode-Darel. Ein Werkzyklus. 1908–1915, Katalog des Kunsthauses Zürich 1976.
In diesem Zyklus malt Hodler das langsame Sterben seiner Geliebten, Valentine, die sterbend aus der Vertikalen in die Horizontale gleitet.
5 Lilliu, L.: A. Civittadi Sardi. Verlag Ilte, Torino 1967, Abbildung in «Kunst Sardiniens»: Ausstellungskatalog Karlsruhe, 1980.
6 Brunner, H.: Grundzüge der altägyptischen Religion. Wissenschaftliche Buchgesellschaft Darmstadt, 1983. Zu Ba, der menschlichen Seele in Vogelgestalt, wird ausgeführt, daß der Vogel Ba erst beim Tode in Erscheinung tritt. Man nimmt an, daß er für die ersehnte Bewegungsfreiheit, die nach dem Tode wiederzugewinnen ist, steht.
7 Zitiert aus: Domin, H.: Fahrt durch Kastilien. In: Domin, H.: Rückkehr der Schiffe. Fischer, Frankfurt, 1962.
8 Reclams Bibellexikon, Stuttgart, 1978.
9 Janus, L.: Die verdeckte pränatale Dimension im Konzept Melanie Kleins. Forum der Psychoanalyse, 5, 333–341, 1989.
10 Wiesenhütter, E.: Blick nach drüben. Furche, Hamburg, 1974.
11 Moody, R.: Leben nach dem Tod. Rowohlt, Reinbeck, 1977 (S. 37).
12 Winnicott, D. W.: Übergangsobjekte und Übergangsphänomene. Psyche 33: 666-682, 1969.
13 Domin, H.: Flut. In: Domin, H.: Rückkehr der Schiffe, Fischer, Frankfurt, 1962.
14 Benedetti, G.: Todeslandschaften der Seele. Vandenhoeck und Ruprecht, Göttingen, 1991³.
15 Hampe, J.: Sterben ist doch ganz anders. Erfahrungen mit dem eigenen Tod. Kreuz, Stuttgart, 1976³.
16 Riedel, J.: Farben in Relegion, Gesellschaft, Kunst und Psychotherapie. Reihe Symbole. Kreuz, Stuttgar, 1991⁹.
17 V. Franz, M.-L.: Traum und Tod. Was uns die Träume Sterbender sagen. Kösel, München, 1984.

3.4 Das Haus-Bild bei «Unbehausten»

(H. Eibach)

Unter der Überschrift «Suche nach dem Seelen-Haus» schrieb kürzlich die Malerin und Therapeutin Frauke Plaschnick[1]: «Es war der deutsche Maler Ernst Ludwig Kirchner, der von sich behauptete, er sei ein „unbehaustes Kind“ gewesen. Ein Mensch ohne Heim, da die Familie immer wieder zu neuen Wohnorten aufbrach. Der Maler hat darunter ein Leben lang gelitten, bis er sich 1936 in Davos erschoß. Kirchner sprach von der äußeren Beständigkeit, an der es ihm als Kind mangelte. Aber vielleicht meinte er doch das „innere Haus“, das nie bestellt worden war.»

Dieses «innere Seelen-Haus» versucht die Künstlerin (sie selbst muß seit einem Unfall im Rollstuhl sitzen) mit anderen «unbehausten» und leidenden Menschen zu entdecken.

Auch unsere Häuser-Beispiele zeigen, daß sich Unbehaustsein im konkreten Sinn als äußere Heimatlosigkeit manifestieren kann. Es kann sich aber auch als ein innerliches Unbehaustsein zeigen, wenn man sich in seinem Körper, in seiner physischen (und psychischen) Existenz nicht (mehr) zu Hause fühlt. Bei Krebskranken und Behinderten fanden wir dafür schon einige Beispiele. Das menschliche Ur-Bedürfnis nach Beheimatetsein, Zugehörigkeit zu etwas Vertrautem, zu Menschen und Räumen, aber auch einem In-sich-selber-ruhen- können bleibt uns ein Leben lang erhalten. Unbehaust-sein kann sich schon früh manifestieren, wenn die nötige Geborgenheit fehlte. Es kann sich aber auch aus einem ursprünglichen Urvertrauen durch traumatische Einbrüche eine späte Unbehaustheit entwickeln. Hier kann es wichtig sein, die verschütteten Geborgenheits-Quellen wieder aufzuspüren.

Frau K. N. verlor mit dem zerbombten Elternhaus und anschließender Flucht ihren Kindheitshort der Geborgenheit. Sie hat das bei der Imagination eines Hauses (Bild 117) in den blau-grauen Haustrümmern und einem zerfetzten Baum ausgedrückt. Sie hat über die düstere Landschaft jedoch einen leuchtenden Regenbogen gespannt, als Hoffnungszeichen für die neue Heimat, auf die sie mit ihrem Bruder mutig ausschreitend zusteuert. Aber die neue Heimat bleibt ihr fremd. Sie

Bild 117 Flucht

versucht, bei einer zweiten Haus-Imagination (Bild 118) zwischen zwei Häusern Fuß zu fassen. Der Abstand der Häuser vergrößert sich dabei, so daß sie abzustürzen droht. Sie versucht, an die hell erleuchteten Fensterscheiben zu klopfen, die sich dann aber immer verdunkeln. Verzweifelt klettert sie von Stockwerk zu Stockwerk nach oben, um ein sich ihr doch noch öffnendes Fenster ausfindig zu machen. – Erst als sie nach der Imagination die Illusion aufgab, in der Zufluchtsstätte das Altvertraute wiederfinden zu können und sich stattdessen realistisch auf «das Andere» einließ, konnte sie neue Perspektiven entdecken und das verlorene Kindheitsparadies betrauern.

War es hier die durch äußere Ereignisse herbeigeführte Unbehaustheit, die sich uns im Bild des Hauses mitteilte, so drückten sich bei Herrn V. O. (Bild 119) fehlende frühe Zuwendungen aus, die ihm ein Gefühl von Unbehaustheit in seinem eigenen Körper vermittelt hatten. (Die Mutter hatte aus einer eigenen zwiespältigen Entwicklung her-

1 Frankfurter Rundschau, 14. März 1992

Bild 118 Die neue Welt

Bild 119 Unerreichbare Häuser

aus seinen Körper, aber auch ihn selbst immer abgewertet, keine Selbstentfaltung ermöglicht.) Herr V. O. imaginiert blaue Berge, auf denen sich Häuser unerreichbar hoch auftürmen, Häuser, die seiner Sehnsucht nach Geborgenheit entsprungen sind. Grau, schwarz und wuchtig wirken sie jedoch eher bedrohlich und erweisen sich beim Näherkommen als unzugänglich, leblos. Der äußerste linke Bergkegel trägt einen schwarzen Baum, der nicht zum Erblühen kam, wie Herr V. O. sagt. Er spiegelt sich in diesem Baum als «Fremdling in der Fremde».

Frau E. P. bezeichnet sich als hauslos, als heimatlosen Wanderer zwischen gestern und morgen. Ihre frühkindlichen Erfahrungen sind schwer zu vermitteln. Sie wurde als Jüdin im Keller, in einem Versteck gehalten und zum Schweigen verurteilt, tot- geschwiegen. Sie imaginiert die Spuren der Vergangenheit (Bild 120), die tief in sie eingezeichnet sind. Sie wählt nur Schwarz, die Farbe des Todes (Riedel, 1), die für sie zusätzlich die Farbe des stummen Schmerzes und der Klage ist. Jeder Strich bewahrt ein Schreckenserlebnis aus jener Zeit. Dennoch hat sich im Zentrum, wenn auch verschlüsselt, etwas Dynamisches und Kraftvolles erhalten, geborgen und verborgen unter dem schwarzen Hügel der Erinnerungen. Aus ihm entwickelte sich ein Skyline-artiges Gebilde. Gedanklich stand Frau E. P. dabei die Vorstellung eines Mahnmals nahe (Bild 121). Sie schrieb darunter: «In den Ruinen erwacht die Geschichte, formt sich zum Baustein für eine Zukunft.» Durch die fensterartige Öffnung versuchte Frau E. P. neue Durch- und Ausblicke aus der immer noch gegenwärtigen Vergangenheit zu finden. Jüdische Menschen nach Auschwitz, die ihre Grundpfeiler, wie Sicherheit und Verläßlichkeit, verloren haben, können nur schwer neue Häuser bauen. So bleibt es in der Imagination für Frau E. P. auch bei dieser angedeuteten Konstruktion eines Bauwerkes als Symbol des Nicht-bei- sich-selbst-zu-Hause-sein-Könnens.

Die Unbehaustheit bei Frau G. Q. hatte andere Ursachen. In ihrer Haus-Imagination offenbarte

Bild 120 Dunkle Vergangenheit

Bild 121 Mahnmal

sich etwas, was sie immer verdrängt hatte: Das Geheimnis ihrer Geburt. Sie entstammte einer Liebesbeziehung ihrer Mutter zu einem Priester. Doch die Mutter hatte nie den Mut gefunden, ihr dies eindeutig mitzuteilen. «Quälende Schuld, peinigende Schamgefühle» (Wurmser, 2) drängten die Mutter, den kindlichen Körper der Patientin «vor triebhaften Versuchungen» zu bewahren, indem sie alle Andeutungen eines lustvollen Körpererlebens bei der Tochter unterband und das Kind auf eine eigentümliche Weise «abzuhärten» versuchte. Die Patientin sollte Nonne werden und damit die Schuld der Mutter sühnen. Das wurde zwar nie so begründet, aber die Tochter spürte im Augenblick der Imagination, daß es wohl so gewesen war. Wir sehen bei der Imagination des Hauses ein Bild (Bild 122), auf dem nicht das Haus der Patientin erscheint, sondern, wie wir es früher zum Teil schon erlebt haben, die Elternhäuser in Erscheinung treten. Es handelt sich um zwei Kirchen, wobei die linke ein riesiges rotes Kreuz trägt, während die rechte vergleichsweise schmucklos und auch etwas kleiner ist. Die Patientin «weiß», daß das linke Gebäude den Vater darstellen soll, das rechte entsprechend die Mutter. (Es fällt auf, wie das rote Kreuz in den linken oberen Quadranten hineinragt. Wir erinnern an die Jungianische Interpretation, daß sich hier ein überhöhtes patriarchalisches Prinzip darstellen kann (s. auch

Bild 122 Die Eltern-Kirchenhäuser

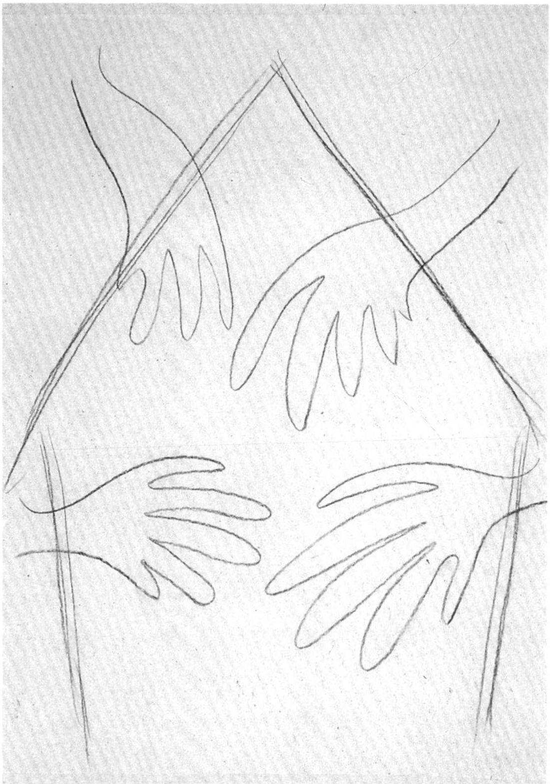

Bild 123 Leeres Haus mit Händen

Bild 124 Das graue, tote Haus

S. 74). Nachdem Frau G. Q. ihre Elternhäuser imaginiert hat, versucht sie, ihr eigenes zu entdecken (Bild 123). Sie sieht ein völlig leeres Haus, in dem vier Hände hantieren, wobei die der linken Seite etwas kleiner sind. Diese bezeichnet sie als ihre eigenen, während die der rechten Seite die Hände der Mutter seien. Sie erlebt die Hände der Mutter als gefühllos (nur die Umrisse sind vorhanden), wie sie ihr Kind-Körper-Haus unsensibel manipulieren (Manus = Hand), und sie stellt anschließend mit Erschrecken fest, daß auch ihre eigenen Hände den mütterlichen Händen gleichen. In der Identifikation mit der Mutter übernahm sie die feindliche Einstellung zum eigenen Körper, in dessen völliger Abwertung und Geringschätzung (s. auch Hirsch, 3). Das letzte Bild dieser Reihe zeigt ein totes, lebloses Haus, ihr Körper- Haus, das keine Türen und Fenster als Ausdruck von Offenheit und Beziehungswünschen erkennen läßt. Sie empfindet sich und die Welt als grau, von Leere und Sinnlosigkeit undurchdringbar gekennzeichnet (Bild 124).

Auch Frau H. R. (Bild 125 und 126) imaginiert ein braun-graues, fast leeres und ein schwarzes Haus, zu denen es aber eine ganz andere Geschichte gibt. Frau H. R. hatte eine Therapie aufgesucht, weil sie an vielen, ihr unverständlich scheinenden Ängsten litt. Beim Versuch, ihr Haus zu entdecken, bildert sie ein «Erd-Haus» mit einer Feuerstelle. Darin lodern kleine rote Flammen. Der Rauch zieht durch eine zentrale Öffnung nach oben ab. Frau H. R. hat spontan die Vorstellung, daß sie wie die Vestalinnen (die römischen Priesterinnen der Vesta, Rieß, 4) ein heiliges Feuer bewachen müsse. Mit dem heiligen Feuer verbindet sie die Vorstellung der Vereinigung von Tod und Leben. Während sie, am Feuer sitzend, solchen Gedanken nachhängt, verwandelt sich das Erd-Haus in ein Todes-Haus (es erinnert an einen schwarzen Sarg), das von drei dunkel gekleideten Figuren davongetragen wird. Aus diesem Todes-Haus entsteigt der Geist ihrer toten Großmutter, der sie auf eine verschlossene Tür im Haus aufmerksam macht (Riedel, 5). Es gab in ihrer Kind-

Bild 125 Haus mit heiligem Feuer

Bild 126 Das «Todes-Haus» wird fortgetragen

heit tatsächlich einen verschlossenen Raum, den sie nie betreten durfte, nachdem sich die Großmutter im vierzigsten Lebensjahr dort umgebracht hatte. Die verwirrte Seele der Großmutter wurde als böse, dem Haus nun innewohnende Kraft phantasiert, welche schädigend auf alle Mitglieder des Hauses Einfluß nehmen könnte. Durch die Verbannung in den abgeschlossenen Raum sollte der negative Einfluß eingegrenzt werden. Das eigenartige Imaginations-Bild hatte dazu geführt, daß Frau H. R. ihre Ängste mit dieser frühen, mystischen Kindheitserinnerung in Verbindung bringen und so konkretisieren konnte. In der spontanen Übernahme der Verantwortung für das «heilige Feuer» erlebte Frau H. R. die Auflösung des Widerspruches von Leben und Tod in ihrem Kindheits-Haus, in dem sie sich jetzt angstfrei bewegen und behaust fühlen konnte. Sie konnte dabei an Geborgenheitsgefühle anknüpfen, die sie vor dem Suizid der Großmutter erlebt hatte.

«Nur das Wissen um Hell und Dunkel, um Tag und Nacht, schenkt das Bewußtsein eines ganzen Tages», so charakterisiert Frauke Plaschnick (s. Einleitung) ihre aufdeckende Arbeit mit «Unbehausten» in Bildern. Wir denken, daß es kein Zufall ist, daß sich auch unsere Unbehausten in auffallend dunklen Farben (fast nur schwarz-weiß) geäußert haben. Es machte uns nachdenklich, daß sich das ergänzende Wissen um das Helle nur dort einstellen konnte, wo es in früher Zeit einmal lichte und warme Raumerlebnisse gegeben hatte. Die von R. Spitz (6) so genannte anaklitische Depression von Kindern, die sehr früh in Heimen «hospitalisiert» wurden, müßte unseres Erachtens auch hier angesiedelt werden. Es würde uns überraschen, wenn diese von Anfang an unbehausten, schwer gestörten Kinder bergende Häuservorstellungen entwickeln könnten. Wir kennen nur einen Jugendlichen mit einem Hospitalismus-Syndrom, der tatsächlich ein außerordentlich düsteres, völlig verschlossenes Haus dargestellt hat. Es war ein Ebenbild des jungen Menschen, zu dem sich kaum ein Zugang finden ließ. Das Haus wurde zwar formal als Gegenstand gezeichnet, aber das inhaltliche Erleben der «3. Haut» als eines natürlichen Schutzraumes, der zugleich die Freiheit des beliebigen Hinausgehens gewährt, konnte verständlicherweise nicht gestaltet werden.

Während die meisten Bewohner der Häuser in «Schwellensituationen» an oder auf der Schwelle zu einer Veränderung fähig sind, bleiben so manche Unbehausten ihr Leben lang draußen, vor der Schwelle, und wir müssen es betroffen zur Kenntnis nehmen, daß wir ihnen später zu keiner «bleibenden Statt» mehr verhelfen können, wenn sie nicht wenigstens eine Ahnung davon in sich tragen.

Anmerkungen

1 Riedel, I.: Farben. In: Religion, Gesellschaft, Kunst und Psychotherapie, aus der Reihe Symbole. Kreuz, Stuttgart, 1984[3].

2 Wurmser, L.: Die Maske der Scham. Springer, Berlin, Heidelberg, New York, 1990.

3 Hirsch, M. (Hrsg.): Der eigene Körper als Objekt. Springer, Berlin, Heidelberg, New York, 1989.
4 Rieß, G.: Traumbild Feuer. Walter, Olten, 1986. Die Göttin des Feuers, von den Römern Vestia, von den Griechen Hestia genannt, galt als Beschützerin des Herdfeuers. Sie wurden wegen ihrer Güte und Mildtätigkeit sowie der Kunst des Hausbauens verehrt.
5 Riedel, I.: Tabu im Märchen. Walter, Olten, 1985. I. R. erläutert anhand verschiedener Märchen die große Anziehungskraft, die von verbotenen Türen ausgeht. Sie werden von Jungen und Mädchen trotz Strafandrohung geöffnet. Jedes Verbot erweckt den Wunsch, das Verbotene, Verdrängte zu erfahren, es ins Leben zurückzuholen. Dazu gehört auch der Tod.
6 Spitz, R. A.: Hospitalism: An Inquiry into the Genesis of Psychiatric Conditions in Early Infancy; A Follow-up. The Psychoanalytic Study of the Child, 2, 113, 1946.

4. Das Haus-Motiv als psychotherapeutischer Wegweiser

Wir lernen es erst langsam wieder,
wie wichtig es für den Menschen ist,
auf dieser seiner Erde zu «wohnen».
Das heißt: nicht als ewiger Flüchtling
herumgetrieben zu werden und sich im
Augenblick an einem zufälligen «irgendwo»,
an einem beliebigen Punkt zu befinden,
der so gut oder so schlecht ist wie jeder andere,
sondern an einem bestimmten Punkt wirklich
Wurzeln gefaßt zu haben – um den sich dann
die Welt zu einer gegliederten Ordnung
zusammenzuschließen vermag.
Darum ist das Haus für den Menschen
die Mitte der Welt.

O. F. Bollnow

4.1 Das Haus in Träumen

Wenn wir im folgenden Kapitel von den unterschiedlichen therapeutischen Möglichkeiten sprechen, in denen das Motiv des Hauses auftritt, dann hebt sich das «Haus im Traum» dadurch heraus, daß es nicht willkürlich in einer bestimmten Stunde als therapeutischer Katalysator eingeführt werden kann, sondern irgendwann – oft scheinbar zufällig – in nächtlichen Visionen auftaucht. Solche Häuser können, *ohne in eine Therapie einbezogen zu werden*, eine *spontane Heil-Wirkung* entfalten, Anstöße für konstruktive *Lösungen* aus festgefahrenen Situationen geben. Sie können aber auch *in einer Therapie*, beispielsweise einer Psychoanalyse, als wichtige Aussagen aus dem Unbewußten gezielt *genutzt* werden.

Meistens erscheint das nächtliche Traum-Haus nur in ein- oder zweimaligen Vorstellungen, dann allerdings oft eindrucksvoll für den Träumer, dem es einen langen, nachwirkenden Anstoß zu einer Neuorientierung geben kann. Seltener taucht es in einer (Traum-)Serie auf, es sei denn, daß es sich um sogenannte fixierte Nacht-Träume handelt (die sich meist nicht verändern).

Ähnlich wie in den vorangegangenen Kapiteln können auch Eltern-Häuser in nächtlichen Visionen auftauchen. Sie zeigen in der Regel an, daß hier konflikthaftes Material zur Klärung drängt. Das kann Ausdruck eines natürlichen Reifungsprozesses sein. Ein *«Lösungs-Traum»* kann aber auch in einem einmaligen Akt wie ein erhobener Zeigefinger eine längst überfällige *Auseinandersetzung «anmahnen»*, so wie es eine Frau mittleren Alters während eines Kuraufenthaltes erlebte. Sie hatte in dieser Zeit viel über sich und ihre Situation nachdenken können: Ihr Mann verstand sich mit ihren Eltern von Anfang an nicht. Aus finanziellen Gründen war man seinerzeit trotzdem – wie es häufig geschieht – unter ein Dach gezogen, d.h., die junge Familie bewohnte das Obergeschoß, die Eltern lebten in der unteren Etage. Im Lauf der Jahre war es zu unerträglichen Spannnungen gekommen, in die auch die Kinder immer mehr einbezogen wurden. Der Ehemann drängte auf einen Auszug, seine Frau meinte jedoch, die alten, etwas hilflos gewordenen Eltern «nicht im Stich lassen zu dürfen».

Während ihrer Kur träumte sie, daß das Elternhaus lichterloh brannte, allerdings nur im Obergeschoß. Sie sah sich und ihre Familie vor dem brennenden Haus[1], das inzwischen gelöscht wurde, stehen. Die Eltern, das wurde im Traum deutlich, konnten weiterhin unten wohnen bleiben; diesen Teil hatte der Brand verschont. Aber der obere Teil des Hauses war so vernichtet, daß dort niemand mehr wohnen können würde. Schlagartig hatte sich der Träumerin das «brennende» Problem, das sie immer wieder vor sich hergeschoben hatte, aufgedrängt. Die Entscheidung, das Haus zu verlassen, war ihr im Traum scheinbar abgenommen worden. Sie «mußten» ja heraus, sonst wären sie dort verbrannt: Eine Art

1 Das brennende Haus, das hier für ein zwischenmenschliches Problem steht, kann auch eine psychosomatische, autoaggressive Problematik zum Ausdruck bringen, wie Wilke (1) von einer Colitis-Patientin berichet. Hier verwandelte sich das Feuer anschließend in Blut.

«Wunsch-Erfüllungs-Traum», könnte man mit Freud postulieren. Aber die Träumerin spürte beim Aufwachen, daß sie diese Entscheidung selber treffen müßte und nicht noch länger zufälligen höheren Mächten überlassen könne. Als sie sich dazu durchgerungen hatte, gab es überraschenderweise auch eine Lösung für die weitere Betreuung der alten Eltern.

Ein weiteres Traum-Beispiel für die Auseinandersetzung mit Elternhäusern stammt aus der Therapie von Frau T. R. Auch hier geht es um eine Traum-Häuser-Serie, die sich im Laufe von mehreren Monaten ereignete. Frau T. R. hatte einen Therapeuten aufgesucht, weil sie unter starken Ängsten, Depressionen (mit Suizidanwandlungen) bei einer Sucht-Problematik litt. Während ihrer Therapie, in der sie schon einiges bearbeitet hatte, träumte sie einen Haus-Traum, den sie ihrem Therapeuten in der nächsten Stunde vortrug (Bild 127).

Es war ein kleines Haus, das durch eine schwarze Hand auf der linken und eine weiße auf der rechten Seite nicht nur gehalten, sondern auch äußerlich geformt wurde, wie es der Träumerin schien. Das Haus stand auf einer grünen Wiese, der Himmel war blau; auch das Haus selber empfand die Patientin im Traum als farbig (auf dem Bild sieht es eher grau aus, allerdings mit rötlichen und einigen gelben Farbtönen aufgehellt). Eine ockerfarbene Haustür und das einzige Fenster, hinter dem vages Licht schimmerte, waren geschlossen. Die Hände, das fiel der Patientin auf, konnten das Haus nicht ganz umschließen. Frau T. R. beschrieb es so: «An der Spitze des Daches war ein kleiner Freiraum, eine Verbindung zur Umwelt, die geistige Verbindung.» Die Einbettung des Hauses in grüne Hügel sah Frau T. R. hingegen «als emotionale Verbindung zur Welt, zur Natur», an. Sie hat das Haus im Bild zwar so auf den unteren Blattrand gesetzt, daß man eine Bodenverbindung nicht sieht, aber sie schilderte das Traum-Haus trotzdem als auf dem grünen Boden stehend, «also voller Hoffnung». Was die Patientin sehr ambivalent erlebte, waren die großen Hände, die das Haus gleichzeitig schützten und einengten. Sie erkannte hier die Elternhände, die ihr eigenes Haus noch halten mußten, «sonst würde ein leerer Raum entstehen, vielleicht würde es sogar auseinanderfallen, da seine Wände nicht sehr dick sind». Eine weitere Assoziation war: «Obwohl schwarz (= durch Drohung einschüchtern) und weiß (= durch Liebe, Schuldgefühle, einengen) so unterschiedlich zu sein scheinen», sei ihre Freiheit durch beide Hände in gleicher Weise eingeschränkt gewesen. Frau T. R. beendet ihr Resümee über das Traum-Haus mit den Worten: «Die Schwierigkeit liegt in dem Wissen, sich von den Händen befreien zu müssen, um Freiheit zu erlangen und in der gleichzeitigen Angst, die dann entstehen wird, wenn die Hände sich wirklich lösen, die Angst vor der Leere.»

Etwa ein dreiviertel Jahr später träumt Frau T. R. erneut von einem Haus. (Die Elternproblematik war inzwischen bearbeitet worden.) Frau T. R. hat jetzt ein eigenes, aber noch «sehr verletzliches Haus» gefunden. Sie hat dieses Haus nicht nur bildlich gestaltet (Bild 128), sondern dazu auch einige Einfälle notiert, die wir hier zitieren möchten: «Das Dach besteht aus einer blutenden

Bild 127 Das Haus und die Hände

Bild 128 Das Haus und die Flügel

Wunde. Eine Öffnung zur Außenwelt, ein Schornstein ist zu sehen. Durch diesen Schornstein kann das eitrige, üble Sekret, das sich zu Rauchwolken umgewandelt hat, das Haus verlassen. Ein großer Freiraum ist im Inneren entstanden. Nun kann Sonnenlicht herein und gleichzeitig ein helles Licht von innen heraus, wie eine Wechselwirkung ist das. Die Fenster und Türen sind diesmal weit geöffnet und ohne Schutz. Das Dach ist noch sehr verwundbar und wird aus diesem Grund durch zwei Flügel geschützt. Die Flügel bedeuten keine Bedrückung, sie sind eine Art „Schutzschild" und frei beweglich. Unter dem Schutz der Flügel findet eine Heilung statt. Das Haus hat eine klare, wenn auch nicht endgültige Abgrenzung, es hat eine Form gefunden. Die innere Struktur ist offen und läßt eine neue Entwicklung zu, der Raum wird sich füllen. Es fehlen allerdings noch geeignete Türen und Fenster, doch auch dafür ist die Form schon zu sehen. Wenn die Türen und Fenster endgültig da sind und die noch blutende Wunde Heilung gefunden hat, werden die Flügel entschweben. Eins ist ganz deutlich zu sehen: die Flügel und auch das Haus haben in sich selbst eine eigene Form. Die Flügel bedeuten den Therapeuten, das Haus bin ich selbst.»

Frau T. R. ist unter dem Schutz der Therapie in einen Individuationsprozeß eingetreten, in dem sie vor allem auch ihre «dunklen Anteile» (das eitrige, üble Sekret) wahrnehmen konnte. Aber es wird auch erkennbar, daß die Patientin sich allmählich von ihrem Therapeuten-Dach befreien muß, wenn sie wirklich ein eigenständiger Mensch werden will.

Drei Monate später träumt sie nicht mehr von dem äußeren Haus, sondern von einem Innenraum, in dem sie sich befindet: «Die Wand mit der Eingangstür ist nicht sichtbar, denn ich bin selbst in dem Raum. Nach langer Zeit hat sich die starre Form gelöst, es ist kein dunkler Raum mehr, der mich erdrückt, keine Bedrohung, und doch fühle ich noch Unsicherheit. Die einzelnen Wände bewegen sich langsam, aber ständig aufeinander zu, wollen zu einer Form finden. Um sich nicht gegenseitig zu stören, sind sie bemüht, behutsam zusammenzufinden, um miteinander eine Einheit zu bilden. Ich spüre die intensive Bewegung. Alles ist in einem Schwebezustand, es ist aber auch ein Halt vorhanden. Ich spüre große Anspannung und Furcht, doch ich weiß, daß ein neuer Raum entstehen wird. Dieses Empfinden läßt mich die Unsicherheit ertragen.» Frau T. R. hat inzwischen ihre Therapie beendet. Sie meldet sich ab und an noch einmal (z.B. mit Weihnachtskarten). Es geht ihr gut, sie hat keinen Rückfall erlitten. Offenbar ist ihr Haus inzwischen stabil.

War es hier das Problem der Öffnung und zugleich der Abgrenzung nach außen, die jedoch die innere Entwicklung nicht gefährden sollten und daher die Elternhände und später die Therapeutenflügel als vorübergehenden Schutz brauchten, so berichtet R. Ammann (2) von einem etwa 40jährigen Mann, der sein eigenes Haus gefunden hatte, dieses aber selber vor zu viel Offenheit schützen mußte. Sein Traum-Bild war sehr kurz: «Ich befinde mich in einem einfachen, einräumigen Haus. Ich schließe die Türe, die Fenster und die Fensterläden.»

Der Träumer erlebt sich in einem Ur-Raum (wie Ammann ihn bezeichnet), dessen Wände, Boden und Decke gleichzeitig die Begrenzung nach innen und außen darstellen. Warum mußte der Mann sein Haus so verschließen? Er war Dozent an einer Hochschule und war immer unterwegs, spann eifrig Fäden in der Außenwelt und war äußerst gesellig. Bei dieser Betriebsamkeit hatte er den Weg zu seiner inneren Welt verloren. Als er sich dieser Situation bewußt wurde, suchte er seine eigene Welt und kam deshalb zur Analyse. Es wurde ihm durch sein Traum-Bild klar, daß er seinen übertriebenen Kontakt zur Außenwelt einschränken, seine Energien sammeln und sich auf seine Innenwelt konzentrieren mußte. Das einfache Haus-Bild hatte sein Bedürfnis in einer klaren Sprache übersetzt.

Wir haben schon Träume erwähnt, die tief verdrängte Erinnerungen wachgerufen und damit einen wesentlichen Anstoß zu einer neuen Sicht gegeben hatten, beispielsweise der von Petersen erwähnte Traum der drei Küken, die Einlaß bei der Träumerin begehrten und so eine Schwangere vor einem vierten Abbruch bewahrten (s. S. 91).

Ein fixierter nächtlicher «Alptraum» stellte sich von Zeit zu Zeit bei Frau A. Z. ein. Er irritierte sie stets aufs neue, wurde aber regelmässig durch die Tagesereignisse wieder zugedeckt. Ihr Alptraum-Haus war eine riesige Bahnhofshalle. Sie stand dort mit viel zuviel Gepäck, das sie gar nicht allein tragen konnte. Viele Menschen hasteten vorüber. Alle waren so mit sich beschäftigt, daß sie niemanden um Hilfe bitten konnte. Die Atmosphäre erinnerte sie an Eschers (3) kühl distanzierte «Denkbilder», etwa seine Lithographie «Treppauf und treppab», wo Menschen wie «Bewohner verschiedener Welten» achtlos aneinander vorbeigehen.

Frau A. Z. verstand hintergründig, daß dieser Traum zu ihr gehörte, aber eigentlich, vordergründig, doch nicht. Er paßte so wenig zu ihrem realen, wohlbestellten Lebens-Haus, ihrem Eingebettetsein in eine große Familie und einen Beruf, der ihr viele Anregungen und Befriedigung vermittelte. Warum diese Verlorenheitsträume in der Bahnhofshalle?

Es klärte sich, als die großen Umwälzungen im Osten geschahen. Frau A. Z. war seinerzeit, wie so viele andere, in den Westen geflüchtet, und sie hatte ihr Kindheitsparadies mit den Jahren fast vergessen. Als sich der «eiserne Vorhang» hob und sich damit nach Jahrzehnten die Möglichkeit ergab, daß sie die alten Stätten hätte wiedersehen können, merkte sie erst, wie sehr sie der Verlust seinerzeit getroffen haben mußte. Inzwischen konnte sie sich eingestehen, wieviel Trauer sie darüber spürte, daß sie kaum etwas in der veränderten Stadt wiedererkennen und nicht einmal die Straßennamen in einer ihr unverständlichen Schrift lesen können würde. Der Bahnhofshallen-Traum mußte etwas mit dem jähen Abschied und den chaotischen letzten Eindrücken auf dem Bahnsteig zu tun haben, den vielen Menschen, die sich nur um sich selbst kümmern konnten, und dem Gefühl von ohnmächtiger Verlorenheit...

Bei dieser Erkenntnis hob sich ein zweiter Vorhang: Es gab schon einmal eine solche Szene. Sie hatte mit vier Jahren in einer Pflegefamilie aufgenommen werden müssen. Als die Mutter sie dort nach längerer Zeit besuchte, hatten die Pflegeeltern, wohl weil sie ein «Drama» befürchteten, dem Kind gesagt, es dürfe beim Abschied auf keinen Fall weinen, sonst könnte die Mutter es nie wieder besuchen. Das hatte die Vierjährige bitter ernst genommen. So stand sie, als der Zug mit der Mutter immer kleiner wurde und sie noch mechanisch winkte, stumm neben der Pflegemutter auf dem Perron, und keiner von den vorbeihastenden Menschen in der riesigen Halle merkte, wie sie krampfhaft die verräterischen Tränen hinunterschluckte.

Die späte Verarbeitung der unbeweinten Abschiede erlöste Frau A. Z. von ihren Alpträumen. Eines Nachts tauchte statt der Bahnhofshalle ein anderes Haus auf, zum ersten Mal überhaupt ein Haus im Traum der lange Zeit «Unbehausten»: Es war kein kleines Haus der Geborgenheit, von dem sie manchmal am Tag «geträumt» hatte, sondern ein überraschend weites Haus, in dem viele Menschen wohnten. Sie fand es am Rande eines lichten Waldes. Wenn man es auf der anderen Seite verließ, war man erstaunlicherweise mitten in einer pulsierenden Großstadt, Kultur und Natur dicht beieinander – so irreal und doch so selbstverständlich, wie es der Träumerin schien. Sie konnte das Haus nicht in seinen Einzelheiten erkennen, sie wußte auch, daß es nicht ihr (allein) gehörte[2], daß es darin aber eine Wohnung für sie gab, und sie erlebte mit großer Erleichterung, daß sie kein Gepäck mehr hatte (das stand für ihre jahrelange Tendenz, sich immer zu viel Verantwortung aufzuladen).

Solche Träume, die eine Serie von nicht erledigten Nachtträumen mit neuen Aussichten beenden, finden wir nicht selten als «spontane Lösungsträume». Sie drücken eigentlich eine bereits vollzogene innere Wandlung in einem Bild aus, das in der Symbolsprache noch eine weitere bekräftigende Wirkung haben kann. Ein anderes Beispiel erwähnt Petersen (4). Es geht um einen «Anfangssechziger», einen nachdenklichen Mann, den er in einer Arbeitsgruppe während einer Tagung kennenlernte. Das Leben dieses Mannes wurde von einer tiefen Tragik überschattet: Er hatte als Kind mit seinem Bruder in einer Sandkuhle gespielt. Als er sich von dem Bruder kurz abgewandt hatte, war dieser in eine Spalte gerutscht und anschließend von den herabstürzenden Sandmassen begraben worden. Er hörte, wie ihn der Bruder mit erstickter Stimme beim Namen rief und lief, da er ihm nicht helfen konnte, in Panik nach Hause. Der Bruder konnte nur noch tot geborgen werden. Fortan hieß es von ihm: «Das ist der mit dem toten Bruder.»

Peinigende Selbstvorwürfe verfolgten ihn seither. Er erfuhr selber keinen Trost, sondern mußte sein Leben lang die unglückliche Mutter trösten. Aber nun, in der Arbeitsgruppe, fand er späten Trost in der dichten Teilnahme der Gruppenmitglieder. Durch das «mittragende Zuhören» hatte sich seine Einstellung zu dem Erlebnis verändert.

2 Ihre defensive Sicherheitsstrategie: Was mir nicht gehört, kann mir auch keiner nehmen.

Er schrieb in einem Brief: «Jahrzehntelang hat mich ja die Tatsache in einer oft unerträglichen Spannung gehalten, daß mein Bruder mit dem Gedanken an mich und meinem (vergeblich!) zugerufenen Namen sterben mußte. Was mir bisher nur zu denken Qual war, bekommt jetzt ein anderes Gesicht: Mein Bruder ist mit dem Gedanken an mich und mit meinem Namen auf den Lippen in die andere Dimension gegangen. Ich bin mit ihm an die Grenze gekommen, mußte zurückbleiben, aber von jenseits der Grenze ist bei diesem Geschehen etwas Licht sichtbar geworden, das mich nicht mehr verlassen hat. – In einer der letzten Nächte träumte ich, ich sei umgezogen in eine Wohnung mit lauter hellen, weiten Räumen. Ich war über das viele Licht ganz glücklich und erwachte, weil ich laut singend durch die hellen, weiten Räume tanzte.»

Der schwedische Arzt Poul Bjerre (5), der in den 30er Jahren über die Grenzen seines Landes hinaus durch seine Veröffentlichungen über Träume bekannt wurde, unterschied verschiedene Funktionen des Traumes. Zum Beispiel die «Gestaltung, Anknüpfung, Objektivierung, Negierung, Identifizierung, Umwertung und Assimilierung» der Trauminhalte. Waren die oben erwähnten Träume vor allem Beispiele für das, was bei Bjerre Umwertung und Assimilation genannt wird, so möchten wir nun noch zwei Haus-Träume aus einer beginnenden Traumarbeit zitieren, die Bjerre als «Gestaltung» bezeichnet.

Eine Frau in mittleren Jahren träumte: «War in einer Irrenanstalt. Es waren keine Möbel im Raum. War wütend darüber, daß man mir nicht einmal etwas gegeben hatte, was ich abstauben konnte.» Die Patientin, so führt Bjerre aus, war kurz vorher durch eine Katastrophe ihrer Existenzmittel beraubt und in eine Situation gebracht worden, die den mutigsten Menschen zur Verzweiflung gebracht haben würde. «Kann des Lebens Nacktheit, in die sie ohne eigenes Verschulden geworfen war, drastischer gezeichnet werden, gibt es etwas Nackteres als einen Anstaltsraum ohne Möbel?» Soweit Bjerres Kommentar.

Eine andere Frau in mittleren Jahren träumte: «Ging mit einem Licht in der Hand in ein dunkles Haus mit vielen dunklen Gängen. Neben mir ging eine Frau, die ich nicht wiedererkannte.» Bjerre kommentiert, daß die Patientin mit dem Licht sofort ein Licht assoziiert, das sie alle Freitagabende anzündet: Sie ist Jüdin und hält noch den alten Ritus heilig. Das Leben ist ein dunkles Haus mit vielen dunklen Gängen geworden. Sie kann sich darin nicht zurechtfinden. Sie geht neben sich selber durch das Leben und erkennt sich nicht wieder. Sie hält das Licht des mosaischen Gesetzes in der Hand. Aber es hilft ihr nicht. Sie ist nach altjüdischem Brauch früh mit einem Manne verheiratet worden, den sie nur wenige Male gesehen hatte. Sie liebte einen anderen, den die Eltern aus ökonomischen Gründen ablehnten. Jahre vergingen, da begegnete sie einem anderen Mann, aber die Ehe aufzulösen, war unmöglich, und dem Mann, dem sie begegnet war, zu entfliehen, war noch unmöglicher. Wohin sollte sie in dem dunklen Haus mit den vielen dunklen Gängen den Weg nehmen? Wie sollte sie sich selbst wiederfinden? Dieser «Initial- Traum», wie es in der Sprache der Psychoanalyse heißt, wurde für sie zum Wegweiser in ihrer Psychotherapie.

Anmerkungen

1 Wilke, E. und Leuner, H. (Hrsg.): Das Katathyme Bilderleben in der Psychosomatischen Medizin. Huber, Bern, 1990.

2 Amman, R.: Traumbild Haus. Von den Lebensräumen der Seele. Walter, Olten, 1987.

3 Escher, M. C.: Graphik und Zeichnungen. Benedikt, Berlin, 1991.

4 Petersen, P.: Der silberne Löffel. In: Schwalm, J. (Hrsg.): Almanach deutscher Schriftsteller – Ärzte 92, Breit, Marquartstein, 1991.

5 Bjerre, P.: Das Träumen als Heilungsweg der Seele. (Schwed. Original-Titel: Drömmarnas naturliga system), Rascher, Zürich, 1936.

4.2 Das Haus im Katathymen Bilderleben

Den Lesern wird nicht entgangen sein, daß wir bereits viele «KB-Häuser» vorgestellt haben. Nicht ohne Grund reihen wir nun das Kapitel «Katathymes Bilderleben» (KB, Leuner, 1), auch Symboldrama oder gelenkter Tag-Traum genannt, in einer eigenen Zusammenstellung unmittelbar hinter das Traum-Kapitel. Es sind die gleichen Gesetzmäßigkeiten der «primärprozeßhaften» Traum-Abläufe mit ihren Verdichtungen, Verschiebungen und den Sekundärbearbeitungen (Freud 2), die uns beim KB wieder begegnen. Auch das im Tag-Traum erscheinende Bildmaterial ist häufig komplex und vielschichtig, «ganzheitlich». Leuner betont, daß das Haus-Motiv (ein Standard-Motiv der Grundstufe des KB) «in der Regel einen ausgesprochen konfrontierenden Charakter (hat). Allein die Besichtigung des imaginierten Hauses kann einen tiefen Eindruck, unter Umständen sogar eine Art von Schock hinterlassen, entdeckt man doch darin gewissermaßen, „wie es in mir aussieht"». (Leuner sieht das Haus in erster Linie als Repräsentanz des Ich.)

Was das KB grundsätzlich von nächtlichen, spontan auftretenden Träumen unterscheidet, ist die Möglichkeit eines *gezielten Einsatzes* in einem Therapieprozeß, den wir als einen sensiblen *dialogischen Austausch* zwischen Patient und Therapeut verstehen müssen. Im Gegensatz zum Nacht-Träumer, der seinen Bildern allein «ausgeliefert» ist, kann das KB ohne Begleitung nicht verstanden werden. Es beginnt damit, daß der Patient durch den Therapeuten in eine leichte Entspannung versetzt wird. Anschließend überläßt sich der Tag-Träumende seinen aufsteigenden Bildern, über die er dem Therapeuten laufend berichtet. Zusätzlich kann sich der Therapeut durch Nachfragen über weitere Einzelheiten informieren. Die Sitzung wird mit einem klärenden Nachgespräch beendet.

Ein Vorteil des KB (gegenüber dem Nacht-Traum) besteht darin, daß es beliebig ein- oder auch abgesetzt, *«dosiert»* werden kann, auch im Hinblick auf die Dauer und die Frequenz. Wichtig ist ferner, daß die *KB-Inhalte verfügbar bleiben*, da sie der Therapeut protokolliert. (Wir wissen, daß in Nacht- Träumen das aufsteigende Material häufig wieder verdrängt wird und sich damit einer Bearbeitung entzieht.) Ein weiterer Vorteil des KB besteht darin, daß das regressive Erleben sich durch den strukturierenden Dialog mit dem Therapeuten *bis zu einem gewissen Grad kontrollieren* läßt, so daß eine eskalierende Erweiterung in unkontrollierbare Tiefen vermieden werden kann. Wir sprechen daher auch von einer «kontrollierten Regression im Dienste des Ich» (Kris, 3). Der KB-Ablauf wird auf Grund der Entspannung und der teilnehmenden Begleitung des Therapeuten als «geschützter Erlebnis- und Entwicklungsraum» von Kottje-Birnbacher (4) charakterisiert. Ullmann (5) spricht von einem «Übergangsraum», in dem der Patient seine Bilder kreativ gestalten, sie aber auch mit einem anderen Menschen teilen kann. Da die Imaginationen über einen «starken affektiven Gehalt» und zugleich über eine «integrative Potenz» verfügen (Kottje-Birnbacher), kommt es häufig zu einer intensiven Wiederbelebung früher (meist unbewältigter) Erfahrungen, die jetzt eine «basale Nachreifung und Ausdifferenzierung von Gefühlen und Ich-Funktionen» (Kottje-Birnbacher) erkennen lassen. So ist es möglich, um noch einmal Kottje-Birnbacher zu zitieren: «neue gesündere Strukturen aufzubauen, die die dysfunktionalen, in schwierigen, alten Beziehungsszenarien aufgebauten inneren Strukturen verändern und erweitern» können.

Wir möchten im Folgenden zwei charakteristische KB-Beispiele zum Motiv des Hauses schildern. Das erste Beispiel zeigt den Verlauf einer *«kontrollierten Regression»*, wobei deutlich wird, daß sich regressive und progressive Schritte ablösen können. Da dies meist in imaginierten Handlungsvollzügen geschieht, sprechen wir auch vom *«Probehandeln in der Phantasie»*. – Im zweiten Fall geht es um eine *KB-Serie*, bei der *systematisch* die *wiederholte Einstellung des Hauses*[1] im Laufe einer rund zweijährigen Therapie eingesetzt wurde. Leuner plädiert übrigens auch für eine «mehrfache Einstellung des Haus-Motives», um sich über die jeweilige Ich- Stärke der Patienten zu orientieren. Das Haus eignet sich unseres Erachtens besonders als Bildvorgabe, weil es geradezu prädestiniert ist, sich wandelnde, stabiler werdende Ich-Strukturen in analogen, gefestigten Haus-Konstruktionen zu verdeutlichen.

Zunächst also das Regressionsbeispiel: Eine «Mittfünfzigerin» erlebt sich bei der Haus-Imagi-

1 Wir weisen in diesem Zusammenhang auch auf die Haus-Entwicklungen von Frau A. (S. 66) und Frau B. (S. 67) hin.

nation am Rande eines Gewässers. Sie sieht dort eine Art Gummiröhre, einen «Rüssel» herausragen (Bild 129). Frau I. G. läßt sich in dieser Röhre nach unten gleiten und gerät an einen «Bunker». Sie sucht eine Möglichkeit, in den Bunker hineinzukommen. An einer Stelle kann sie ihre Hand hineinstecken, anschließend auch die Füße. Dabei wird sie plötzlich von einem Mann in den Bunker hineingezogen. Der Mann setzt sich anschließend auf den Boden, während Frau I. G. auf einer Betonbank Platz nimmt. Der Mann kümmert sich nicht weiter um sie. Dafür entdeckt sie auf der anderen Seite (links) eine Frau, deren auffallend langes Haar bis auf den Boden reicht. Als Frau I. G. sich weiter umsieht, bemerkt sie, daß der Bunker innen zwar aus Beton besteht, am Boden liegt aber ein rosa gefärbtes, «sanftes Material». Sie erlebt jetzt, daß sie immer kleiner wird. Schließlich geht sie als Kleinkind auf die Frau zu, neben der ein runder Tisch mit kleinen Eß-Happen steht. Die Frau gibt ihr etwas davon (Bild 130). Frau I. G. wird noch kleiner. Die Frau hebt sie auf, legt sie in eine der Betonnischen und geht aus dem Raum hinaus.

Bild 129 Unterwasser-Haus I

Frau I. G. erlebt sich nun völlig verlassen als Baby in der Betonnische. Neben ihr sitzt allerdings noch immer der Mann. Er scheint zu meditieren, jedenfalls beachtet er sie nicht. Sie weint verzweifelt. Daraufhin kommt der Mann zu ihr, blickt sie

Bild 130 Unterwasser-Haus II

einen Augenblick an und fühlt, ob sie naß ist. Dann holt er eine Art Schnuller aus seiner Tasche und steckt ihn in ihren Mund. Sie schweigt sofort erschrocken still. Auch der Mann geht nun weg. Sie spürt, daß sie (als Baby) nicht weinen oder lästig sein darf und fühlt sich noch überflüssiger. Allmählich kann sie jedoch ihre Hilflosigkeit überwinden. Sie spuckt den Schnuller aus und versucht anschließend, auf die Sitzbank zu klettern. Dabei merkt sie, daß sie nicht mehr so hilflos ist und etwas größer wird. Vorsichtig kriecht sie über die Betonbank in eine andere Nische und läßt sich von dort auf den Boden plumpsen (Bild 131). Sie kann wieder laufen, wenn auch etwas wacklig. Durch eine Tür gelangt sie nun in einen dunklen Raum, in dem sich links vier große Muscheln und rechts eine «Wasserorgel» befinden (Bild 132). Sie bläst vorsichtig auf der Wasserorgel, aus der Luftblasen und ein sanfter Klang herauskommen. Sie möchte niemanden wecken, denn sie meint, daß Eltern und Geschwister in den Muscheln schlafen. Ihrer Meinung nach darf sie diese nicht wecken, sonst werden sie ungehalten und wenden sich von ihr ab. Gegen Ende ihrer Imagination gerät sie in einen dunklen Gang. Sie ahnt inzwischen, daß sie sich außerhalb des Ganges selber versorgen kann. Sie weiß auch, daß dort das vertraute Meer ist. Hier kann sie sich neben einem Picknickkorb am Strand, von der Sonne gewärmt, ausruhen und das Bild beenden.

Bild 131 Unterwasser-Haus III

Bild 132 Unterwasser-Haus IV

Eine solche KB-Szene kann nicht nur bedrükkend, sondern auch befreiend wirken. Man fühlt sich angeregt durch die schöpferische, oft unerwartete Poesie der Bildersprache. Zugleich wird man in einer sehr persönlichen Weise durch die begleitenden Gefühle angerührt. Es tauchen alte, oft tief verdrängte Erlebnisse symbolisch verhüllt und doch unverhüllt im emotionalen Gehalt auf. Aber die Kindheitsversagungen können nun im reflektierenden Wiedererleben zu korrigierenden Neuinszenierungen führen: Man muß z.B. nicht mehr mit vorschnellen Behauptungstendenzen auf das Signal «Keiner-kümmert-sich...» reagieren. Man kann vielleicht die versöhnliche Perspektive entdecken, daß aus dem «bösen» Alleinsein auch «gute» Kräfte wachsen konnten.

Während bei Frau I. G. das Unterwasser-Haus wie eine Art zweite Geburt[2] die Erkenntnis wachrief, daß sich kreative Potenzen aus einer frühen «Abnabelung» entfalten können, geriet das Haus-Motiv im zweiten Fall zu einem sich ständig wandelnden Symbol der Ich-Entfaltung und -Festigung.

2 Das Wasser steht in alten mythischen Vorstellungen häufig mit dem Gedanken der Wiedergeburt in Verbindung. Die Sintflut läutete ja nicht nur den Untergang des bisherigen Lebens ein, sie ermöglichte (in Noahs Arche) auch neues Leben.

Eines der ersten Häuser von Frau L. A. fiel ihr geradezu unangenehm auf, weil es ein halbfertiger Rohbau war, in dem noch nichts funktionierte – mit Ausnahme eines unübersehbaren Klingelknopfes (Bild 133). Frau L. A. schoß es durch den Sinn, daß das «typisch» für sie sei: Ihre jederzeit abrufbare Hilfsbereitschaft. Es wurde ihr durch den alarmierenden Klingelknopf besonders klar, wie wenig sie oft an sich selber denken konnte, weil sie sofort auf Appelle aus der Umwelt reagierte. In weiteren KBs wurde erkennbar, daß dieses «Muster» schon in der Kindheit angelegt worden war: Die Fassung des Knopfes, das fiel Frau L. A. später ein, war aus Mahagoni, was weder zu ihr, noch zu dem unfertigen Haus paßte. Aber aus demselben Material waren die elterlichen Möbel gefertigt (S. 123).

Nach dem «Klingelknopf-KB» begann sie ihr Haus von Grund auf zu erforschen. Sie entdeckte zunächst im Keller des Hauses eine kartenspielende, mittelalterlich gekleidete Landsknechtsgruppe. Dabei fiel ihr besonders eine farbige Gestalt auf, zu der sie einige Wesenszüge ihres Vaters

Bild 133 Der Klingelknopf

assoziierte. Die Landsknechtsszene verwandelte sich anschließend (Bild 134) in eine Familienrunde: Dem immer noch farbigen Landsknechts-Vater mit seinem großen Hut sitzen Mutter und Tochter (sie selbst) gegenüber. Die Vitalität des Mannes kontrastiert zu der «grauen Angepaßtheit» der Frauen, so wie Frau L. A. die Kindheitsatmosphäre zeitweise erlebt hat.

Bild 134 Landsknechtsszene im Keller

Bild 135 Auf der Leiter zwischen Dach und Keller

Bei einer späteren Betrachtung ist aus der rudimentären Kelleretage ein dreigeschossiges Haus geworden (Bild 135). Der Landsknechts-Vater ragt diesmal aus einer undefinierbaren, grauen Menschenmenge heraus. Er scheint seiner Tochter, die auf einer Leiter über dieser Szene «schwebt», auffordernd zuzuwinken. Aber Frau L. A. kann sich ihm ebensowenig zuwenden, wie dem schreienden, strampelnden Kleinkind in der oberen Etage. Zu diesem Kind fällt ihr als erstes die jüngere, behinderte Schwester ein, für die sie sich immer verantwortlich fühlte (der Klingelknopf!). Frau L. A. sitzt «wie gelähmt» auf der Leiter in der leeren mittleren Etage des Hauses und erwartet «irgendwie eine Entscheidung von oben», was auch ihr nach oben gerichteter Blick ausdrückt. Es wird im Nachgespräch klar, daß sie zwischen Über-Ich-Forderungen und Es-Impulsen keine eigene Handlungsstrategie für ihr «Ich» (die leere Mitte) finden konnte. Das «Es» wurde ihrer Meinung nach durch die rustikale Landsknechtsatmosphäre im Keller repräsentiert. Die bürgerlich-

Bild 136 Eingeengt von oben und unten

gediegene Wohnzimmereinrichtung im Dachgeschoß mit dem schreienden Kleinkind und der implizit enthaltenen Mahnung, sich um dieses zu kümmern, erlebte Frau L. A. hingegen als familiär-mütterliche «Über-Ich-Ebene».

Wenn wir uns an Jungs «Strukturdiagramm der menschlichen Seele» erinnern (s. S. 10), dann möchte man meinen, die Träumerin habe in der mittelalterlichen Keller-Atmosphäre eine treffende Übersetzung der Jungschen Aussagen wiedergegeben. – Wir können aber auch Freuds Modell einsetzen und statt des «kollektiven Unbewußten» das persönliche, verdrängte Material, im Souterrain mit der «ödipalen» Konstellation erkennen.

Freuds Vorstellung, daß «sich das Ich mit den anderen Bewohnern (Es und Über-Ich) des Hauses vertraut machen» solle (s. S. 10), spiegeln die folgenden Bilder eindrucksvoll wider.

Auf dem nächsten Bild (Bild 136) sieht man Frau L. A. in liegender Stellung, wie sie von unten durch den großen roten Hut des Vaters eingeengt wird, gleichzeitig drückt ihr von oben der schwere Familientisch fast den Atem weg. Frau L. A. kann sich aber aus der eingeengten Lage befreien. Sie spürt festen Boden unter sich. Beim Aufsetzen merkt sie gleichzeitig, wie sich der obere Raum öffnet (Bild 137). Vorübergehend erlebt sie das wie ein Vakuum, was in ihr das Erschrecken auslöst: Wie geht es mit mir weiter, wenn ich nicht mehr von meinen familiären Konflikten «besetzt» bin! (Wir kennen das Phänomen der Ratlosigkeit, ja Angst, wenn die vertrauten Rollen und Muster sich im Therapieprozeß aufzulösen beginnen.) Frau L. A. kann die KB-Stunde so abschließen, daß

Bild 137 Das Vakuum

sie sich zunächst eine eigene *Körperhülle* schafft. Sie spürt darin eine wachsende Sicherheit, aber auch die Notwendigkeit, diese Hülle mit ihrem «Ich» auszufüllen.

In der nächsten Stunde ist sie wieder in der mittleren Etage. Da kommt es plötzlich über ihr zu einem Deckeneinbruch: Ein riesiger Schutthaufen fällt herunter (Bild 138). Frau L. A. kann sich auch diesmal befreien, obwohl der Schutt sie, mit Ausnahme des Kopfes, fast gänzlich zugedeckt hat. Sie sieht durch das Loch in der Decke, wie die ältere Schwester gleichgültig daneben steht, und sie spürt einen gesunden Widerstand gegen das ihr so vertraute Muster, daß sie immer den «Familienschutt» beseitigen soll. Sie beschließt, sich nicht darum zu kümmern und entdeckt nun einen grünen Teppich mit dickem, weichem Flor. Sie weiß, das ist *ihr* Teppich, auf dem die anderen nichts (mehr) zu suchen haben. Sie kann sich inzwischen durch Glaswände gegen die obere und die untere Etage abgrenzen. Ihre Angehörigen sieht Frau L. A. jetzt oben links hinter einer Glaswand. Sie zieht ein Rollo herunter, so daß sie die Gesichter nur noch schemenhaft erkennt. Es fällt ihr nicht leicht, sich so energisch zu verwahren, denn es melden sich vertraute Schuldgefühle gegenüber der Mutter und der kleinen, behinderten Schwester. Aber sie kann es aushalten. Auf ihrem weichen Teppich, auf den sie sich bäuchlings gelegt hat, findet sie Halt und Trost zugleich. Später ruht sie sich auf einem roten Sessel in der mittleren Etage aus. Sie weiß, daß noch viel zu tun ist, aber sie weiß auch, daß es notwendig war, zunächst den eigenen Raum und seine Grenzen in *ihrem* Haus zu finden. In der nächsten KB-Szene kann sie sich trauernd von den

Bild 138 Deckeneinbruch

alten Mahagoni- Möbeln (den elterlichen Repräsentanzen) verabschieden.

Das eigene Haus zu finden und zu akzeptieren, die Besetzung der Ich-Etage, sich von nicht mehr passenden Elternhausanteilen lösen: Solche Hausbild-Metaphern des Individuationsweges könnten einen weiteren wichtigen Aspekt außer acht lassen, den wir – wenn auch kurz – erwähnen möchten.

Wir haben bisher vor allem die intrapsychische, «tiefenpsychologische» Therapieebene beachtet. Das KB ermöglicht aber auch ein anderes *interpersonelles* («systemisches») *Setting*, bei dem gleichzeitig mehrere Individuen an einer Haus-Imagination beteiligt sein können. In den Kapiteln 3,1 und 3,2 gab es bereits Beispiele gemeinsamer Haus-Darstellungen (die Zeichnungen von Anke und Andreas beispielsweise). Genausogut wie in Zeichnungen oder noch besser läßt sich mit einem Paar/einer Familie das Thema Haus in einer gemeinsamen KB-Sitzung bearbeiten. Dabei werden in erster Linie die Hier- und Jetzt-Beziehungen mit den dazugehörigen Konflikten fokussiert. Es geht z.B. um unterschiedliche Nähe- und Distanzvorstellungen, um Machtkämpfe oder auch um Loyalitätsprobleme. Das KB gerät dann zu einer Projektionsbühne der Beziehungsdynamik. Die oft überraschenden imaginativen Szenarien, die noch nicht von eingeschliffenen Regeln «automatisiert» worden sind, können so unerwartete Anstöße zu neuen Beziehungsregeln geben und festgefahrene Rollenpolarisierungen auflockern. Wir zitieren noch einmal Kottje-Birnbacher zum Thema Haus (6): «Man kann das *Paar gemeinsam* ein *Haus einrichten* lassen. Dabei zeigt sich recht deutlich, wer in welchen Bereichen dominiert und seine Bedürfnisse durchsetzt, und es ergeben sich viele Möglichkeiten, aufeinander einzugehen und Wünsche abzustimmen, aber ebenso Möglichkeiten, sich abzugrenzen und einzuigeln oder Scheinlösungen anzubieten. Zum Beispiel kann es bei sehr unterschiedlichen Bedürfnissen dazu kommen, daß das Haus immer größer wird, weil keiner auf etwas verzichten will und als Lösung einfach die Addition sämtlicher Wünsche angeboten wird. Da eine solche Lösung in der Realität auf räumliche und finanzielle Grenzen stößt, wird sie leicht als unrealistische Möglichkeit erkannt, und man kann dann die Paare mit ihrer Unfähigkeit, faire Kompromisse auszuhandeln, konfrontieren.»

Man kann auch eine *ganze Familie* einladen, ein Haus zu imaginieren, in dem beispielsweise etwas Gemeinsames unternommen werden soll: Eine Magersucht-Familie stellte sich im KB ein Ferienhaus vor, in dem sie früher einmal gewohnt hatten. Das war zu einer Zeit, als die Tochter noch gesund und «die Welt in Ordnung» schien. Die Therapeutin hatte eigentlich das Thema «ein gemeinsames Zukunftshaus» vorgegeben. Jeder sollte dazu erst einmal ein Haus für sich bildern und es den anderen schildern. Dabei zeigte sich, daß der Vater eindeutige Tendenzen hatte, sich von der (an ihm «klammernden») Familie abzugrenzen, ein Haus für seine eigenen Bedürfnisse zu entdecken. Das verstieß aber gegen die (unbewußten) Regeln des «Sich-für-die-anderen-Aufopferns» (insbesondere für das kranke Kind), und so einigte man sich umgehend auf das Ferienhaus, das die magersüchtige Tochter imaginiert hatte. Dort könnte man vielleicht abends am Kamin sitzen und sich wärmen ... So endete das Familien-KB.

Der regressive Charakter dieser Haus-Imagination (d.h., so friedlich-heimelig wie damals sollte es immer bleiben) löste mit Unterstützung der Therapeutin einen deutlich progressiven Schub aus. Vor allem dem Vater, der nur zögernd auf sein Wunsch- Haus verzichtet hatte, ging auf, daß der Rückgriff auf die idealisierte Ferienhaus-Idylle keinen Anstoß für eine Veränderung, also auch keine Heilungschancen für die Tochter hergab. Er setzte eine fruchtbare Auseinandersetzung in Gang, die bei allen Familienmitgliedern Verselbständigungsaktivitäten nach sich zog. Bei einer späteren KB-Einstellung des Hauses einigte man sich auf das «Separations-Haus» des Vaters, in dem jeder eigene Räume entdeckte, sich aber auch zum gemeinsamen Ballspiel auf der Terrasse einfinden konnte. Der Ball als Sinnbild einer lockeren Kommunikation (auffangen und weiterwerfen) kennzeichnete den neuen Umgangsstil in der Familie. Die Tochter hatte inzwischen ihre Eßprobleme überwunden. Sie und ihre Angehörigen «brauchten» die Krankheit nicht mehr, um die Kohärenz der Familie zu sichern.

Wir hatten am Ende des Kinder-Kapitels darauf hingewiesen, daß Häuser auch *kollektive gesellschaftskritische Aspekte* beinhalten können. In diesem Zusammenhang finden wir die Veränderungen von KB-Hausbildern in der ehemaligen DDR bemerkenswert. H. Eibach fielen in einer Teilnehmergruppe unmittelbar nach der politischen «Wende» die ungewöhnlich optimistischen, farbigen KB-Häuser mit weit geöffneten Fenstern und Türen auf. Offensichtlich äußerte sich hier die spontane Erleichterung der Menschen nach der Abschaffung der autoritären Staatsstrukturen. Zugleich offenbarten sich auch die (zu) großen Zukunftserwartungen in der ungeschützten Offenheit der Türen. Kürzlich erfuhren wir von H. Hennig[3] (Halle/Saale), daß es bei der Einstellung des Haus-Motivs zunehmend festungsartige Gebäude, zum Teil mit Kanonen u.ä. zur Selbstverteidigung geben würde. Ein Mann entdeckte, als er auf der Zinne seiner Festung stand, im Innenhof ein unentwirrbares Labyrinth. Kann es anschaulichere Bilder geben für das Bedürfnis, sich gegen Überfremdung und Übervorteilung abschirmen zu müssen, oder für die Ratlosigkeit (das Labyrinth[4] der neuen Verordnungen) in den eigenen Mauern?

3 persönliche Mitteilung

4 Kern (7) weist allerdings darauf hin, daß das «echte» Labyrinth nicht in die Irre führt, sondern ursprünglich «als ganzheitsstiftendes Sinnbild der Selbstfindung», auch als «geistig-seelische Wiedergeburt des Menschen» galt.

Anmerkungen

1 Leuner, H.: Lehrbuch des Katathymen Bilderlebens. Huber, Bern, 1987[2].
2 Freud, S.: Die Traumdeutung. GW II/III. Imago, London, 1955[3].
3 Kris, E.: Psychoanalytic Exploration in Art. Int. Univ. Press, New York, 1952.
4 Kottje-Birnbacher, L.: Strukturierende Faktoren des Katathymen Bilderlebens. Prax. Psychother. Psychosom. 37, 164, 1992.
5 Ullmann, H.: Übergangsphänomene und restitutive Phantasiebildung im Katathymen Bilderleben. Prax. Psychother. Psychosom. 33, 46, 1988.
6 Kottje-Birnbacher, L.: Erste Ergebnisse der Paar-Therapie mit dem Katathymen Bilderleben. In: Leuner, H. (Hrsg.) Katathymes Bilderleben. Ergebnisse in Theorie und Praxis. Huber, Bern, 1980.
7 Kern, H.: Labyrinthe. Erscheinungsformen und Deutungen – 5000 Jahre Gegenwart eines Urbildes. Prestel, München, 1983[2].

4.3 Das Haus in Tanz und Imagination

(H. Eibach)

Die Tanz-Therapie erinnert sich der uralten Heilkraft des Tanzes. Unter dem gemeinsamen Dach «Tanz-Therapie» erproben heute verschiedene psychologische Schulen ihre theoretischen Konzepte. Während humanistische und existentielle Therapieverfahren (Willke et al., 1) ihr Augenmerk im Tanz stärker auf lebensfördernde, kreative Handlungsansätze in der Gegenwart ausrichten, ist es tiefenpsychologisch fundierten Tanz- Therapieverfahren (Klein, 2, Peter-Bolaender, 3) ein Anliegen, die Rückschau in die Zukunftsperspektive einzubinden und dabei lebensbehindernde Konflikte aufzudecken. Beide Richtungen verknüpfen die äußere mit der inneren Bewegung; es kommt zu einer engen Wechselwirkung zwischen motio und e-motio, wobei im imaginativen Tanz die Verbindung zum Unbewußten noch gefördert wird. Das Hineingehen in das unbewußte Raumerleben wird im Anschluß durch Zeichnen, Malen, aber auch klärende Gespräche zu einer stärkeren Bewußtwerdung der Körpersprache ausgestaltet.

Bild 139 Haltsuche an der Wand

Wenn das Motiv des Hauses (es gibt natürlich auch andere Motive) in die Tanz-Therapie eingeführt wird, müssen zunächst Fundamente gefunden, eine Standortbestimmung vorgenommen werden. Dabei kommt es zu einem ersten Erproben der Grundbefindlichkeit des Haus-Erbauers. Es geht nicht nur darum, den Körper als eigenen Raum zu erfahren, sondern auch darum, wie der Mensch sich als Körper im *äußeren Raum*, im *Umraum*, erlebt. Die Frage, wo soll mein (Körper-)-Haus stehen, wieviel Platz benötige ich, wie grenze ich mich ein und (von der Umwelt) ab, wird präzisiert. Die Stabilität, aber auch die Flexibilität der subjektiv erlebten Körpergrenzen hängen von frühesten, zwischenmenschlichen und leiblichen Erfahrungen ab (s. auch Krietsch, S. 132). Wer keine Sicherheit, kein Vertrauen innerhalb seiner Körpergrenzen entwickeln konnte, wird auch nicht wagen, seinen Körper in den Umraum auszudehnen.

Frau I. S. stellte im Anschluß an den Tanz «Suche»[1] (Lander, 4, 5) ihr Erleben in einer Bleistiftzeichnung dar. Sie konnte sich weder farbig noch flächig (durch Schraffierungen) ausdrücken, sondern wählte konturierende, distanzierende Bleistiftlinien. Es war ihr wichtig, ihre zuvor erlebte Angst, «sich im Raum zu verlieren, intellektuell in den Griff zu kriegen». Sie hatte während des Tanzes panikartig gefürchtet, «vom Raum geschluckt zu werden», d.h., sich nicht vom Umfeld abgrenzen zu können. Auf ihrem Bild (Bild 139) sieht man, wie sie rückhaltsuchend sich mit einer Hand an der Wand orientiert, um hier den Halt zu finden, den sie nicht in sich spürt. Man erkennt, daß es ihr nicht nur unmöglich ist, einen Schritt nach rechts oder links in den horizontalen Raum zu wagen, sondern daß sie auch in der Vertikalen, also zwischen oben und unten keine «Lösung» finden kann. Beide Füße stehen nebeneinander auf einem Treppenabsatz und weisen (wie auch der Körper) geradeaus, d.h., zur Treppenrichtung nach unten hin. Der Kopf ist aber nach hinten, zu den oberen Räumen (der geistigen Ebene) ausgerichtet. Zu der hier deutlich werdenden, verdreh-

1 Ein Tanz, der durch exzentrische und konzentrische Bewegungen das Körper-Raum-Gefühl sensibilisiert.

ten «Verkörperung von Unräumlichkeit» (Loos, 6) gesellen sich die imaginativen Symbole eines Schädels und einer Anatomietafel, welche Frau I. S.' intellektuelles Bedürfnis, die Situation zu bewältigen, noch unterstreichen. Anstatt sich leiblich-ausschreitend zu erleben, kann sie sich nur abstrakt-zwiespältig an der Wand eines Treppenhauses lehnend «denken». (Der reale Tanzraum war übrigens ebenbödig, und sie stand nicht auf einer Treppe, wie auf dem imaginierten Bild.)

Frau I. S. wog zu diesem Zeitpunkt 35 kg, sie war magersüchtig. Es fällt in der Tanz-Therapie immer wieder auf, daß Magersüchtige sich nicht nur vor einem fülligen Körper ekeln, sondern auch vor raumfüllenden Bewegungen zurückschrecken, obwohl sie nicht die Bewegung als solche scheuen, sondern sogar von einem Bewegungsdrang «besessen» sind. Die oft verzweifelten Versuche von Magersüchtigen, sich geistig-autonom von ihren Körperbedürfnissen zu lösen, können wir in der Tanz-Therapie als eine tiefreichende *Unfähigkeit*, den *Körper zu erleben*, wahrnehmen. Die Schwierigkeit, das eigene Körper-Haus zu finden, zeigte sich auch in weiteren Tanz-Träumen von Frau I. S. Zunächst konnte sie nur Umrisse eines Hauses erkennen. Viel klarer gelang ihr dabei die Ausführung des Zaunes, der ihre Abgrenzungswünsche verdeutlichte. Später stimmen die Haus-Maße nicht mit ihrer inneren Entwicklung überein. Sie hatte zunächst nur eine Hütte gebildert, die ihr ein Stückchen Sicherheit gewähren konnte. Erst allmählich, als sie mit ihrem Körper-Haus vertrauter wurde, konnte sie ein bewohnbares Haus mit schutzgewährenden Bäumen entdecken (s. S. 142).

Auch Frau W. A. reagierte intensiv auf den Tanz «Suche»; er löste ein tiefes Erschrecken aus. Sie kauerte sich während des Tanzes hilflos in einer Ecke zusammen, um sich selbst Halt geben zu können. Nachträglich berichtete sie, daß ihre Mutter bei ihrer Geburt gestorben sei. Die fehlenden Halt- gebenden-Hände und der mangelnde Hautkontakt hätten dazu geführt, daß sie kein sicheres Gefühl für ihren Körper (den sie als leeren Raum erlebte) und für ihre Körpergrenzen, die Haut, entwickeln konnte. Letztere war krank, Frau W. A. litt unter einem chronischen Hautleiden, einer Neurodermitis. Vorübergehend mußte sie in einem imaginierten Schnecken-Haus Schutz suchen. Mit diesem bemerkenswerten «Übergangs-Haus», einer sie ständig schützenden, eng anliegenden «dritten Haut», konnte Frau W. A. nicht nur eine allmählich wachsende Sicherheit in den eigenen Körperräumen erleben[2]; das Schnekken-Haus in seiner spiralförmigen Gestalt ermöglichte ihr zugleich den Rückzug nach innen und den Weg nach außen. Sie konnte Kopf und Fühler hinausstrecken, um die weitere Umgebung zu erkunden. Das Bei-sich- und Außer-sich-sein, die spannungsreiche Synthese dieser polaren Anteile, die Frau W. A. anfänglich im Tanz «Suche» so irritiert hatten, gelang ihr im Vorstellungsraum des Schnecken-Hauses zunehmend besser, so daß sie sich eines Tages von dieser Übergangslösung befreien und ein «wirkliches» Haus finden konnte.

Die Spirale spielt in einer Tanzchoreographie von B. Wosien (8, 9): «Wir bauen ein Haus in unserer Stadt» ebenfalls eine zentrale Rolle. Wosien folgte bei seiner Choreographie Heideggers Wort «Mensch sein heißt wohnen»[3], d.h., wohnen als eine Geborgenheit in sich erfahren, die erst eine Geborgenheit in der Welt ermöglicht. Heidegger gebrauchte die Begriffe «Wohnen und Bauen» fast bedeutungsgleich, bevorzugte aber das Bauen wegen seines aktiven Aspektes, was auch Wosien zu dem oben genannten Tanz inspirierte. Zu Beginn seiner Choreographie läßt Wosien mit den Füßen den Wohn-Raum um- und abschreiten, um deutliche Abgrenzungen in alle Himmelsrichtungen vorzunehmen. Als ein weiteres Tanzelement wählt er die «Spirale», mit der das Fundament umkreist wird. Wosien versteht die Spirale als Figur eines Weges, der vermittelt, daß Erweiterung nach außen immer mit Konzentration nach innen verbunden sein muß, damit das rechte Maß für den Innen- und Außenraum nicht verlorengeht.

Während der Tanz «Suche» in seiner Offenheit die Angst vor eigener Grenzenlosigkeit (bei Frühgestörten oder Ich-Schwachen) wach werden lassen kann, beruhigt das eingrenzende Vorgehen in Wosiens Haus-Tanz eher. Der Tanz weckt das Bedürfnis, verfügbaren Raum und seine Grenzen in Erfahrung zu bringen, wissend, daß ein Haus nicht im Irgendwo stehen kann.

Im Folgenden wollen wir mit einigen Beispielen die vielfältigen Häuser-Vorstellungen, die nach Wosiens Choreographie entstanden sind, aufzei-

2 Bollnow (7) weist darauf hin, daß Raum sich von räumen im Sinne von urbar machen ableitet. Raum muß also durch menschliche Tätigkeit gewonnen werden.

3 In: Biehl, P. (10)

gen. Dabei kann die heilende, aufbauende Wirkung der imaginativen Tanztherapie, die zu einer positiven Wandlung führt, durch Bilder anschaulich werden.

Herr F. G. geriet während des Tanzes bei der Vorstellung, bei sich zu Hause zu sein, in große Erregung. Er gehörte zu den «Unbehausten» (s. auch S. 107), die auf Grund frühkindlicher Versagenserlebnisse nicht nur eine Beziehungslosigkeit zum eigenen Körper, sondern auch zur Außenwelt entwickelt hatten. Als Herr F. G. seinen Raum finden sollte, blieb er starr stehen. Räume waren für ihn leere Gebilde, die er nicht zu füllen wußte. In der Imagination konnte er sich wenigstens in einer tief versteckten, höhlenartigen Behausung, zu der es keinen Zugang gab, annähernd sicher fühlen. In dieser imaginären Behausung spiegelte sich auch seine reale Situation: Von zwischenmenschlichen Anforderungen befreit (seit Jahren hatte er mehrere Arbeitsversuche abgebrochen), lebte er in völliger Zurückgezogenheit ein äußerlich ruhiges Leben. In der bergenden Gemeinschaft der Tanzgruppe tauchten bei seinen Imaginationen allmählich konkrete Erinnerungen aus seiner dunklen Kindheit auf, wie etwa stundenlange Einsperrungen im Kohlenkeller. Die Anteilnahme der Gruppenmitglieder ermöglichte ihm eine erste Öffnung der Höhle: Eine außen sichtbare Rauchsäule (Bild 140) signalisierte ein Zeichen von Leben in der Tiefe. Acht Monate später imaginierte Herr F. G. ein «Wärterhäuschen» (Bild 141), das äußerlich an die Kontrolltürme der ehemaligen DDR-Grenze erinnert. Er hatte sich dort oben ein kleines Stübchen eingerichtet und teilte der Gruppe mit, daß man ihn – sofern man schwindelfrei sei und auf der Leiter hochklettern wolle – besuchen könne; die Tür sei angelehnt. Nach zwei Jahren konnte Herr F. G. seinen Kontrollturm verlassen und sich eine ebenerdige, feste Behausung in der Natur vorstellen. Seine vielfältigen Ängste und psychosomatischen Beschwerden waren weitgehend überwunden. Er hatte sein Haus gefunden.

Bild 140 Höhle mit Rauchzeichen

Bild 141 Wärterhäuschen

Bild 142 Beobachtungsturm

Herr M.W. hatte von vornherein aus frühkindlichen Erlebnissen des Nichtangenommenseins sein Haus beim Tanz als eine Art Beobachtungsturm (Bild 142) imaginiert. Es gab keinen Zugang zu diesem Haus, die Tür war jedenfalls fest verschlossen. Das Haus war «nicht gegründet», es fehlte Herrn M.W. buchstäblich der feste Boden des Vertrauens. So mußten die beiden riesigen Fenster im Mittelgeschoß auch die Funktion von kontrollierenden Augen übernehmen. Nur in seinem «Oberstübchen» fühlte Herr M.W. sich sicher. Immerhin hatte er aus dieser eher intellektuellen als körperlich erlebten Sicherheit eine grüne Treppe der Hoffnung im Erdgeschoß imaginieren können. Mit dieser Hoffnung schloß er seine Imagination ab.

Zwei Schwestern hatten wohl ursprünglich Geborgenheit, aber später häufig emotionalen Mangel – «Unbehaustheit» – erfahren. In der sich an den Tanz anschließenden Imagination drückten sie ihre Erfahrungen recht unterschiedlich aus: Frau U. M. imaginierte als auffälligstes Detail ein rotes Dach über ihrem Haus; rot war für sie die Farbe der Bedrohung. Sie drückte mit dem roten Dach ihre Schutzbedürftigkeit und ihre Verletztheit aus (Bild 143). Ihre Schwester, Frau R. M., schuf sich in der Imagination ein erdhöhlenartiges Haus (Bild 144), in das sie sich jederzeit zurückziehen konnte. Beide Schwestern hatten im Zentrum ihrer Häuser verschüttete Kraftquellen aus der frühesten Zeit imaginiert. Bei Frau U. M. war es eine Spirale, die ihr als «Lebenskraft» bei der Bewältigung schwieriger Situationen half, bei Frau R. M. waren es die Wurzeln eines Lebensbaumes, in dessen reichen Verästelungen sie Geborgenheit fand. Uns fiel das Wort von Hofmannsthal dazu ein: «Drum will ich nie glauben, daß ich irgendwo alleine bin, wo Bäume oder Blumen sind.» Wir haben auch an anderer Stelle Baum-Häuser erwähnt und möchten hier vor allem noch einmal Riedels Märcheninterpretation des «Hans mein Igel» (11) nennen, der in seinem schützenden, lebendigen Baum- Haus die Mangelerlebnisse der frühen Kindheit überwand.

Von Sokrates wird erzählt, daß er auf die Frage, warum er täglich tanze, geantwortet habe: «Damit kein Teil meines Körpers ohne die Erfahrung der Religio bleibe.» (Religio ist hier im ursprünglichen Sinn des Eingebundenseins in größere Zusammenhänge gemeint.)

Frau A. E. hat diese Einbindung ihres Körper-Hauses in einem «Tempel des Herrn» imaginiert (Bild 145). Die Worte aus dem 1. Korintherbrief: «Wißt Ihr nicht, daß Ihr Gottes Tempel seid und daß der Geist Gottes in euch wohnt?» waren ihr dabei gegenwärtig. In der Verbindung von Körper und Tempel verbarg sich ihre Hoffnung, als isolierter, in sich zerrissener Mensch Heilung und Ganzheit des Lebens durch geistliche Rückbindung zu erfahren: Auch so kann sich ein Körper-Haus gestalten.

Fast das Gegenteil erfuhr Frau E. G. bei der Imagination ihres Hauses im Tanz. Es entwickelte sich als eine Art Gedächtnisstätte zur Inkarnation des Bösen (Bild 146). Frau E. G. geriet in heftige Erregung, als die Farben schwarz-weiß-rot auftauchten und sich auf drei Hausdächern mit einer davor liegenden «Lagerhalle» abbildeten. Unwillkürlich assoziierte sie die nationalsozialistische Vergangenheit des Vaters, die in der Familie ver-

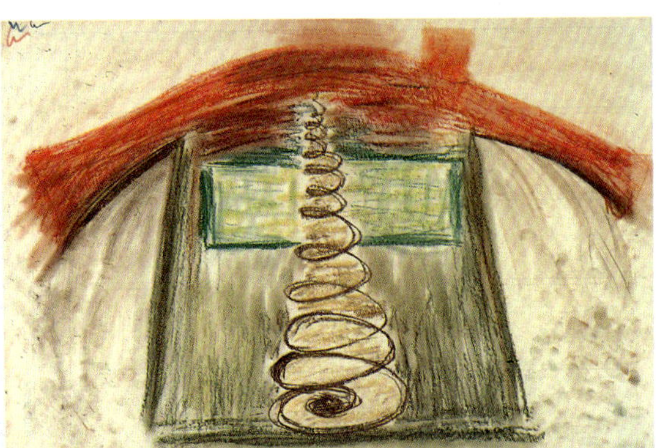

Bild 143 Rotes Dach und Spirale

Bild 144 Blaues Erdhöhlen-Haus mit Wurzeln

Bild 145 Tempel

drängt und verleugnet worden war. Durch Lanzmanns Film «Shoah» über die Judenvernichtungen waren die von der Familie tabuierten Geschehnisse in Frau E. G. aktualisiert worden: Die drei Häuser mit den schwarz-weiß-roten Dächern waren für sie die Häuser des Vaters, der Mutter und ihr eigenes, letzteres in einer tiefen Schuld-Scham-Verstrickung mit den Eltern-Häusern verknüpft. An der Fensterfront der «Lagerhalle», die an eine KZ-Baracke erinnert, sah Frau E. G. in der Imagination unzählige Irrlichter, die sie mit den Seelen der Hingemordeten in Verbindung brachte. Das Mittragen der dunklen Vergangenheit des Vaters hatte bei Frau E. G. wiederholt zu psychotischen Episoden geführt, die nach der Bearbeitung in der Tanz-Imagination nicht mehr aufgetreten sind.

Im folgenden Beispiel wird noch einmal das Gemeinschaftserlebnis des Tanzes transparent: Herr E. O. hatte stets nur auf seine intellektuelle Begabung vertraut, und so tanzte und imaginierte er sich zunächst auf dem Dach eines Hochhauses. Hier fühlte er sich im wörtlichen Sinn zu Hause und genoß den Blick auf die menschlichen Behausungen «dort unten». Aber der Tanz im Kreis der Teilnehmer führte ihm auch seine Distanz, ja, seine Isolation vor Augen. In einer späteren Imagination war sein Hochhaus auf die Hälfte der bisherigen Höhe geschrumpft. Herr E. O. nahm erstaunt wahr, wie sehr der bisher so geschätzte Überblick ihm «naheliegende Einblicke» verwehrt hatte. Ein kleines wohlproportioniertes Haus neben seinem Hochhaus überraschte ihn gleichfalls durch seine lebendige Ausstrahlung (Bild 147). Die Frage, ob er hier nicht sogar als Mitbewohner einziehen könne, löste ein tiefergreifendes Nachdenken über die Qualität seines bisherigen Stiles der «splendid isolation» aus.

Das letzte Beispiel zeigt, wie sich psychosomatische Manifestationen im Rahmen einer zu engen Mutter-Tochter-Beziehung in einem Tanz-Haus spiegeln können. Frau A. A. erlebte beim Tanz einen anhaltenden, brennenden Rückenschmerz,

Bild 146 Schwarz-weiß-rote Dächer und KZ-Baracke

Bild 147 Das geschrumpfte Hoch-Haus

der sich in der Imagination in einem Zwillings-Haus (Bild 148) abbildete. Es fiel ihr ein, daß derselbe Schmerz erstmals aufgetreten war, als sie von der Verdachtsdiagnose einer bösartigen Unterleibserkrankung der Tochter hörte. Alte Ängste, die sie vor Jahren bei einer eigenen malignen Unterleibsgeschwulst (die operativ entfernt wurde) gehabt hatte, kehrten nun in unerwarteter Heftigkeit wieder. Frau A. A. «übertrug» ihre angstvollen Erwartungen auf die Tochter: «Sie ist mir so ähnlich, sie wird dasselbe erleiden müssen...» Das Zwillings-Haus zeigte ihr die zu enge Bezogenheit auf die Tochter, bei der eine Untersuchung inzwischen ergeben hatte, daß es sich nicht um einen Krebs gehandelt hatte. Im Zwischen-Raum des Mutter-Tochter-Hauses, im engen Dialog über die gefürchtete Krankheit, wurde ein Feuer entfacht, das für Frau A. A. in seiner Intensität ein Hinweis dafür zu sein schien, daß noch viele schmerzvolle Erinnerungen (= brennende Herde) nicht «gelöscht» seien, d.h., der brennende Rückenschmerz im Tanz war für sie ein Indiz, daß ein schwelender Konflikt (die innere Lösung von der Tochter) nicht bearbeitet worden war. Es überfiel sie bei den dadurch ausgelösten Trennungsgedanken ein tiefer seelischer Schmerz (das Äquivalent für den Schmerz in der Wirbelsäule). Frau A. A. erkannte, daß der Trennungsschmerz auf der geistig-seelischen Ebene bearbeitet werden mußte. Als sie in die tanzende Gemeinschaft zurückkehrte, gestaltete sie ein Haus für sich allein, das nach oben offen war. Es sollte dem brennenden Schmerz «Abzugsmöglichkeiten durchs Dachstübchen» (ihr geistiges Zentrum) bieten, so hatte sie es für sich beschlossen.

Wir sahen, wie das Ich im Körper wie in einem Haus Wohnung nehmen, wie es sich in den verschiedenen Körperräumen einrichten konnte, wie Bodenständigkeit im Tanz erlebt wurde (oder auch nicht) und wie sich in der begleitenden Imagination die Häuser-Bilder verdichteten. Wir sahen auch, wie Klang und Rhythmus in Einklang mit der Bewegung (Siegel, 12) im Raum ordnende, Sicherheit gewährende Kräfte wachsen ließen, die sich in stabiler werdenden Haus-Bildern manifestierten. Die Befindlichkeit des Ichs in der Welt ist ein Schwerpunkt der Tanztherapie. Im nächsten Kapitel geht es auch (oder mehr) um Details der

Bild 148 Zwillings-Haus

«Innenausstattung»: Die schmerzenden Hüftgelenke als verrostete Türangeln, die Wirbelsäule hat morsche Treppenstufen u.ä. In beiden Therapieformen erweist sich die «Häusersprache» als anschauliche Konkretisierungsmöglichkeit der überwiegend unbewußten Körpersprache und somit als wichtiger Baustein in der psycho-somatischen Heil- Kunst.

Anmerkungen

1 Willke, E., Hölter, G. und Petzold, H. (Hrsg.): Tanztherapie, Theorie und Praxis. Ein Handbuch. Junfermann, Paderborn, 1991.
2 Klein, P.: Tanztherapie, Eres Edition Lilienthal, Bremen, 1987.
3 Peter-Bolaender, M.: Tanz und Imagination, Junfermann, Paderborn, 1992.
4 Lander, H.M. und Zohner, M.R.: Meditatives Tanzen, Kreuz, Stuttgart, 1987.
5 Lander, H.M. und Zohner, M.R.: Trauer und Abschied. Rituale und Tanz für die Arbeit mit Gruppen. Grünewaldt, Mainz, 1992.
6 Loos, G. K.: Spiel-Räume, Fischer, Stuttgart, 1986.
7 Bollnow, O. F.: Mensch und Raum. Stuttgart, 1980[4].
8 Wosien, M. G.: Sakraler Tanz, Kösel, München, 1988.
9 Wosien, B.: Der Weg des Tänzers, Veritas, Linz, 1988.
10 Biehl, P.: Symbole geben zu lernen. Einführung in die Symboldidaktik anhand der Symbole Hand, Haus, Weg. WdL 6, Neukirchner Verlag, Neukirchen-Vluyn, 1989.
11 Riedel, I: Hans mein Igel. Weisheit im Märchen. Kreuz, Zürich, 1988[4].
12 Siegel, E. V.: Tanztherapie. Seelische und körperliche Entwicklung im Spiegel der Bewegung. Klett-Cotta, Stuttgart, 1986.

4.4 Das Haus in der funktionellen Entspannung: der Körper, das bewohnte Haus

(Sophie Krietsch)

Wir Menschen bauen Häuser, um uns in ihnen sicher und geborgen zu fühlen. Was ist nötig, damit mein Körper für mich Wohnstatt ist mit Räumen, in denen ich lebe, in denen ich mich atmend ausbreite bis an die Grenzen meines Körpers?

Was ist nötig, damit ich meine Haut in ihren Funktionen als zusammenhaltende, den ganzen Körper verbindende Hülle sowohl in der Abgrenzung, als auch im Kontakt zur Umwelt erlebe? Was ist nötig, damit mein Körperhaus einen festen Boden hat, der mir Halt gibt, ein inneres Knochengerüst, das fest und doch flexibel ist? Und sind die Öffnungen meines Körperhauses wirklich offen, damit Austausch entstehen kann? Ich lasse die Welt zu mir herein und gebe etwas von mir an die Welt ab. Mein Körperhaus bildet sich auf zweifache Weise, einmal biologisch und einmal seelisch. Beides ist miteinander verzahnt. Es wächst, ich wachse in ihm und mit ihm auf dem Boden des Elternhauses, in der Beziehung mit Mutter, Vater, Geschwistern.

Die Frage: «Was ist nötig», möchte ich jetzt im Sinne der Methode der Funktionellen Entspannung beschreiben.

Räume, auch Körperräume bilden sich durch Grenzen. M. Mahler (1) spricht in ihrem Buch «Die psychische Geburt» von der allmählichen Verschiebung der libidinösen Besetzung vom Körperinnern, womit hauptsächlich der Bauchraum gemeint ist, nach außen an die Peripherie des Körpers. Dabei wird die Haut libidinös besetzt, sie kann als Hülle und Grenze empfunden werden.

Dieser Entwicklungsschritt erfolgt durch die Berührung, die die Mutter dem Säugling liebevoll und warm zuteil werden läßt; durch den gegenseitigen Druck der beiden Körper, der beim Halten und Tragen des Kindes entsteht. Bei psychosekranken Menschen haben sich die Grenzen nicht ausgebildet oder nur inselhaft, so daß sie ihren Körper durchlässig erleben. Es bleibt die Frage, wieviel hier nachgeholt werden kann (s. S. 139).

Die Empfindung, sich nicht bis an die Grenzen des Körpers ausbreiten zu können, beschrieb mir eine junge Patientin so: «Zwischen meinem Innen und meiner Haut ist ein leerer Raum» und sie zeigte mit ihren Fingern einen Abstand von etwa 4 cm. Alles spielte sich bei ihr im Bauch ab, sie war auch wegen chronischer Obstipation zur Therapie gekommen. Es war, als ob sie in ihrem Körper der kleine Säugling geblieben wäre, der mit einem halben Jahr das Trauma erlebte, plötzlich von der Mutter getrennt zu werden. Tanten nahmen das hübsche kleine Baby mit, weil die Mutter mit den andern zwei Kindern genug zu tun hatte. Es blieb aber nicht nur bei diesen Tanten. Immer wieder mußte, sollte sie sich an andere Bezugspersonen gewöhnen.

Kein Wunder, daß sie sich nicht loslassen, sich ihrem Atem hingeben kann, bis er an den Grenzen ihres Körpers ankommt. Hatte sie doch nie erfahren, wie das ist, wenn man sich immer wieder in dieselben sicher haltenden Hände vertrauensvoll hineinkuscheln und sich in ihnen bewegen darf. «Ich bin steif wie eine Marionette» sagte sie in der ersten Stunde «und meinen Atem muß ich im Hals festhalten». Der Säugling in ihr konnte im Laufe der Therapie wachsen und eines Tages mit der Außenhülle der erwachsenen Frau eins werden.

Die Bildung des Körperhauses ist ein ständiger Prozeß, der niemals aufhört.

Ich berichte aus einer Wochenendtagung mit dem Thema:

Der Körper – das bewohnte Haus.

Die Teilnehmerinnen, alle mit Funktioneller Entspannung (FE) (Fuchs, 2) vertraut, konnten an diesem Wochenende die Veränderbarkeit ihres Körperhauses erfahren.

Wir setzten uns mit folgenden Themen auseinander:

Wie sicher fühle ich mich in meinem Haus?

Wie lebendig fühle ich mich in meinem Haus?

Zunächst wurde der momentane Ist-Zustand ermittelt, d.h. nach Einspüren in den eigenen Körper malte jede Teilnehmerin ihr Körperhaus.

Die Konkretisierung des körperlich Erlebten im Bild war für manche eine Überraschung.

So auch für Frau B.: Ihr Haus war schmalbrüstig, wenig stabil, es gefiel ihr nicht besonders. Es hatte zwar ein leidliches Fundament, aber die Türen im Unterbau waren in den Angeln verrostet, damit identifizierte sie ihre schmerzenden Hüftgelenke. Auch die Treppe nach oben, ihre Wirbelsäule, hatte einige morsche Stufen, und zwar im Bereich der Lendenwirbelsäule und Halswirbelsäule. Das Dach war nur ein Hütchen, das etwas wackelig auf der Bodentreppe saß.

Ein Haus, das Geborgenheit vermittelt, muß auf einem stabilen Untergrund stehen.

Deshalb beginnen wir die praktische Arbeit mit unseren Füßen. Wie stehe ich auf ihnen, wie erspüre ich durch sie den Boden? Die Füße sind differenzierte Gebilde. Da gibt es die Zehen, den Fußballen, den Mittelfuß, die Ferse.

Wie verteile ich mein Gewicht auf meinen Füßen, um mich dem Boden anzuvertrauen, um Verbindung über alle Gelenke der Beine mit Anschluß an die Wirbelsäule zu finden?

Dies versuchen wir herauszufinden im Umhergehen vorwärts, auch rückwärts, im Stehen, im Verlagern des Gewichtes nach vorne auf die Fußballen, nach hinten auf die Fersen, seitlich einmal auf den rechten, einmal auf den linken Fuß.

Frau B. wird im Laufe des Übens bewußt, daß ihr rechtes Bein weniger stabil ist als ihr linkes, dadurch gerät sie leicht aus der Balance. Ihr rechter Fuß zeigt beim Gehen in eine andere Richtung als der linke, so als ob sie in zwei verschiedene Richtungen gehen wolle. Was bedeutet das – fragt sie sich. Sie korrigiert die Beinstellung mit einer Drehung im rechten Hüftgelenk und erlebt eine ganz neue Sicherheit. «Ich kann mein Haus in der Balance halten», sagt sie.

Eine weitere Veränderung erfühlt Frau B., als sie an der Rückseite ihres Körperhauses, also hinten, ihren Schulter-Nackenbereich einschließlich des Kopfes neu entdeckt.

Die Hinführung zu diesem Bereich findet in meinem Angebot über den Ellenbogen statt. Der Ellenbogen ist ein Platzschaffer, sowohl nach außen, als nach innen.

Wir sind bei dieser Übung zu zweit in einer Patienten-Therapeuten-Situation.

Frau B. wählt die Rückenlage. Ich gebe ihr mit meiner Hand Kontakt zu ihrem Ellenbogen.

Ihr erster Bewegungsimpuls läßt sie nach außen stoßen in dem Sinne «geh' weg». Dabei tritt ein großer Schmerz im Schulter-Armgelenk auf, den Frau B. gut kennt. Seit vielen Jahren kommt er immer wieder. Wegstoßen löste diesen Schmerz aus. Ich lege nun meine Hand unter die schmerzende Stelle im Schulterblatt. Der Schmerz verlagert sich zwischen die Schulterblätter in die Brustwirbelsäule und wird heftiger. Die Ellenbogen drücken jetzt gegen den Boden und es kommt zu einem Aufbäumen in der Wirbelsäule bis in den Kopf, den ich mit meiner anderen Hand unterstütze. Diesem Aufbäumen kann Frau B. auch mit ihrer Stimme adäquaten Ausdruck geben, so daß die Atmung in Fluß kommt. Der Schmerz ist augenblicklich fort und ist, soweit ich Nachricht habe, fort geblieben. Die Schultern von Frau B., so quasi die Hinterzimmer, werden warm, geräumig und fühlen sich wohlig an.

Meine Hände gaben Frau B. den Mut, eine schmerzvolle Einengung ihrer Persönlichkeit, die sich als Blockade in ihrer «Ich-Achse», ihrer Wirbelsäule, zeigte, aufzulösen. Dadurch entstand in ihrem Körperhaus Lebensraum.

Das Haus, das sie am Ende des Seminars malte, sah ganz anders aus. Sie beschreibt es so: «Das Fundament ist viel stabiler geworden, der Untergrund tragender. Die eingerosteten Türangeln, meine Hüftgelenke sind geölt. Die morschen Treppenstufen meiner Wirbelsäule sind ausgebessert, knirschen nicht mehr, und ich bin fähig geworden über der Bodentreppe, der Halswirbelsäule, ein stabiles Dach zu tragen. Ich fühle mich wohl in meinen durchlüfteten Räumen, in denen sich Wärme ausbreitet, denn im Keller meines Körperhauses ist die Heizung mit Umwälzpumpe in Gang gekommen.»

Eine andere Teilnehmerin nimmt ihr Körperhaus als Papphaus wahr, das leicht umfällt. Als sie ihre Füße erlebt, kann sie folgendes berichten: «Das Erspüren und Bewegen der Zehen und Zehengelenke – dann die Verbindung von den Zehen zur Ferse, wodurch die gesamte Fußsohle in die Empfindung kam, hat mein Papphaus wieder auf den Platz gestellt, wo es umgefallen war.

Mit Hilfe des Handkontaktes bei der Partnerarbeit konnte ich meine Grenzen erfahren an der Fußsohle, an Ellenbogen und Hand. Es entstand eine andere Hausform, wie ein Kanonenöfchen. Noch einmal erlebte ich meine Hausgrenzen, als ich mit meiner Partnerin seitlich Schulter an Schulter stand. Es entstand ein Schwingen, aber auch ein Druck und Gegendruck. Das war sehr gut für mich, denn ich spürte mich bei mir, verlor mich nicht in meine Partnerin und festigte mich somit in meinem Haus.»

Eine dritte Teilnehmerin erlebte die Lebendigkeit ihres Hauses gut in der Phase der Einatmung. «Der Atem erreicht und erfüllt auch die kleinen Räume an der Peripherie.» – «Und über die

Bewußtwerdung des Innenraums im Fußgelenk gelangte ich zu meinem Problemgebiet, den eingezogenen Schultern. Ich hatte plötzlich das Bedürfnis, die Schultern und auch den Kopf in einer heftigen Bewegung zu schütteln, abzuschütteln, was seit vielen Jahren auf diesen Schultern lastet.»

Wieder waren es die Kontakt-gebenden Hände ihrer Partnerin, wodurch sie den Innenraum im Fußgelenk zulassen konnte und unten mehr Stabilität, Stand, Zu-sich-Stehen gewann. Dadurch wagte sie oben die Last abzuschütteln.

Die Art und Weise, wie Sicherheit und Lebendigkeit in ihrem Körperhaus konkret spürbar wurden, nannte eine vierte Teilnehmerin «Schlüsselerlebnisse». Sie sagt: «Der entscheidende Impuls für die Sicherheit in meinem Haus kam aus der Mundhöhle, die sich als Spiel- bzw. Kinderzimmer entlarvte. Aus dieser Verspieltheit zwischen Mundhöhle, Zunge und Kiefergelenken, setzte sich in meinem Körper eine Beweglichkeit fort, die mich ins Gleichgewicht brachte. – Daß zwischen meinen Kiefergelenken und Fußgelenken ein unmittelbarer Zusammenhang besteht, der meine Standfestigkeit deutlich beeinflußt, brachte mich zum Staunen.»

Ganz individuell wurden Sicherheit und Lebendigkeit im Körperhaus entdeckt, erspürt, Veränderungen, Zusammenhänge wahrgenommen.

Anmerkungen

1 Mahler, M.: Die psychische Geburt des Menschen. Fischer, Frankfurt, 1978.

2 Fuchs, M.: Funktionelle Entspannung. Hippokrates, Stuttgart, 1989[4].

4.5 Das Haus in der Kunsttherapie: Selbstwahrnehmung und Körperempfinden bei der Gestaltung des Hauses mit psychotischen Patienten[1].

(Flora von Spreti)

Draußen tobt und heult der Sturm übers nächtliche Land.- Das Tosen der Brandung, untermalt von grollendem Donner, bricht sich dumpf an den steilen Felshängen.
Unaufhaltsam beginnt der Regen zu strömen.
Es scheint, als wolle sich der Himmel mit Wasser und Erde vereinen und zu einem untrennbaren grenzenlosen Element verschmelzen.

In unserem kleinen Ferienhaus im Süden können wir uns sicher und geborgen fühlen vor den ungezügelten Naturgewalten. Vom geschützten «Innen» erscheint uns das Unwetter «draußen» eher wie ein grandioses Naturschauspiel – willkommene Abwechslung heißer Sommertage, an denen uns das Haus mit den dicken Steinmauern kühle Zuflucht vor der sengenden Hitze bietet. Doch öffnen wir für einen kurzen Augenblick die Tür, drängen wilde Sturzbäche und pfeifender Wind ungestüm herein. Es zeigt sich, daß es nicht nur ein spannendes Schauspiel ist, was wir hier erleben. Nur gut, daß sich die Tür nach «Draußen» schließen läßt und so das «Innen» vor dem Sturm geschützt ist. Wie zuverlässig ist aber unser Haus? Wird es diesem gewaltigen Unwetter wirklich standhalten können? Inmitten einer noch ursprünglichen Natur wird uns die grundlegende Bedeutung eines «guten» Hauses als Schutz- und Lebensraum sehr bewußt. Hier sind wir allein für die Sicherheit und Intaktheit unseres Hauses verantwortlich und müssen selbst Sorge tragen für die Beseitigung der Schäden.

Arbeit am eigenen Haus aber ist nicht nur Mühe und Belastung. Sie kann, außer dem Gefühl der Befriedigung, aktiv an der Gestaltung einer verläßlichen Behausung mitzuwirken, auch einen ordnenden inneren Prozeß in Gang setzen. Dieser Ordnungsprozeß – das Wiederfinden innerer Ordnung – geht häufig mit der Erfahrung eines beglückenden «In-sich-Seins» Hand in Hand. Das Erleben innerer Ausgeglichenheit bei der bildnerischen Arbeit am «äußeren» Haus kann so in Beziehung gesetzt werden zum Wiederfinden heilsamer Kräfte im Gestaltungsprozeß des «inneren» Hauses.

Wir können uns vorstellen, wie groß die Verunsicherung und Bedrohung für den psychisch kranken Menschen sein kann, wenn er spürt, daß die Mauern seines «Hauses» zerfallen und zu brüchig sind, um den Stürmen des Lebens standzuhalten: Die Grenze, die sein Innen vom Außen trennt, ist in Gefahr zusammenzubrechen. Es ist ein langwieriger und mühsamer Prozeß, den Weg aus den Trümmern zu finden, das Zerfallene wieder zusammenzufügen, das Entgrenzte zu begrenzen. Auf diesem manchmal entmutigend langen Weg aus der Krankheit gibt es aber auch einen gemeinsamen starken Verbündeten zu entdecken: Es ist die schöpferische Kraft, die jedem Menschen innewohnt und die häufig gerade in Phasen schwerster Krankheit zutage tritt. So kann die gestalterische Auseinandersetzung mit den aufsteigenden unbewußten Bildern dem kranken Menschen helfen, den Bau seines «inneren» Hauses wieder selbst in die Hand zu nehmen.

1. Beispiel: «Das Augenhaus»

Als mir Frau S. von ihrem Arzt vorgestellt wird, schaut sie mich flüchtig mit einem abwesenden Lächeln an. Sie ist eine schlanke, gepflegt wirkende Frau, Ende Dreißig. Während ich mich ihr zuwende, verschließt sich plötzlich ihr Gesicht, bekommt einen wachsamen, fast mißtrauischen Ausdruck. Wie gehetzt schaut sie sich um, als vermute sie etwas oder jemanden hinter sich. Dann wieder sieht sie mich an, breitet in hilfloser Geste die Arme aus: «Entschuldigen Sie, ich bin so komisch geworden in der letzten Zeit, aber es geschehen Dinge um mich herum und in mir, die ich nicht mehr verstehen kann. Ich hab' mich längere Zeit schon so ungut und deprimiert gefühlt und wollte deswegen auch schon zum Arzt gehen. Dann aber ist etwas passiert, was ich überhaupt nicht begreifen kann. Vorgestern nacht wurde ich von einer Stimme geweckt, die mich aufforderte, aufzustehen, aus dem Haus zu gehen und ein bestimmtes Haus in der Stadt aufzusuchen. Ich bin der Anweisung gefolgt, habe das andere, mir aber ganz fremde Haus auch gefunden. Die Stimme gab mir den Befehl, hineinzugehen und auf das Dach dieses Hauses zu steigen. Als ich dem Befehl folgen wollte, war die Haustür aber verschlossen, und jemanden mitten in der Nacht herauszuklingeln,

1 Psychiatrische Klinik der Technischen Universität München.

hab' ich mich nicht getraut. Die ganze Nacht bin ich in der Stadt umhergelaufen und am Morgen bin ich dann in die Klinik gekommen. Wie das alles zugegangen ist, weiß ich nicht mehr!»

Frau S. bricht in Tränen aus und kommt wie ein schutzsuchendes Kind ganz nah zu mir. Von heftigem Schluchzen unterbrochen kann ich ihre Worte kaum verstehen: «Ich hab' das schreckliche Gefühl, als sei um mich herum nichts mehr wirklich, als gäbe es Sie und diesen Raum hier gar nicht. Wenn ich etwas anfassen will, weicht es zurück, die Wände dieses Raumes verschwinden und ich steh' im Nichts. Nehmen Sie mich fest in den Arm, ich möchte spüren, daß da noch jemand ist.» Einige Augenblicke halte ich Frau S. in den Armen, kann ihr wohl für diesen Moment Schutz, Geborgenheit und Grenze bieten – dann hat sie sich wieder ein wenig gefaßt. Sie verlangt Papier und Bleistift: «Ich hab' jetzt das Bedürfnis, etwas ganz Konkretes zu zeichnen, ein Haus zum Beispiel, mit festen Wänden», und wie um sich selbst Mut zuzusprechen: «Das werde ich wohl noch können!» Im oberen Drittel der rechten Bildhälfte zeichnet sie ein kleines Haus ohne Bodenlinie und mit feuerrotem Dach. Zwei Fenster entstehen, in die sie, wie einer plötzlichen Eingebung folgend, Augen zeichnet. Gleich darauf entsteht links neben dem «Augenhaus» ein sehr viel kleineres, nach links unten schräg ins Bild gesetztes Haus. Und ohne Unterbrechung, wie als logische Fortsetzung auf die Gestaltung des kleinen Hauses, malt sie rechts neben das größere Haus mit grünem Stift ein rundes Gesicht, wie Kinder es zeichnen: «Punkt, Punkt, Komma, Strich – fertig ist das Mondgesicht», fällt mir dazu ein. Der runde Kopf hat

Bild 149 Das «Augen-Haus»

grüne wie gesträubte Haare und aus dem Scheitelpunkt des Kopfes strebt ein dünner, ebenfalls grüner Zweig mit spitzen kleinen Blättern zum oberen Bildrand hin. Von da aus zeichnet sie mit gleicher Farbe eine geschwungene Linie, fast genau durch die Bildmitte. Dadurch werden das kleine und das große Haus klar voneinander getrennt. Zur ihrer Gestaltung entstehen in mir Bilder und Gedanken, die ich aber der Patientin nicht mitteile (Bild 149).

Was so tief aus ihrem Unbewußten aufgetaucht ist, verträgt noch keine verbale Deutung. Die Interaktion im therapeutischen Prozeß findet vorerst nur auf der gestalterischen und der nonverbalen Ebene statt. In diesem Stadium der Erkrankung braucht die Patientin vor allem die stützende Intervention der Therapeutin.

Die Spaltung des Ich – also des Hauses – in ein kleines und ein großes Haus wird durch die grüne, vom Kopf ausgehende Linie unterstrichen. Das kleinere, das kindlich frühe «Ich»-Haus wird vom größeren «Erwachsenen»-Haus abgespalten und somit vom kontrollierenden Teil der Persönlichkeit. Das runde Gesicht scheint väterliche wie auch mütterliche Qualitäten zu haben, wie es die runde Form – Sonnenscheibe, Mond, Kugel – als Symbol für symbiotische Einheit assoziieren läßt. Für die mütterliche Seite steht vielleicht auch der kleine Zweig, der aus dem nährenden Rund hervorwächst und sich wie mit einer Nabelschnur dem später entstandenen Rahmen verbindet.

Frau S. sieht mich verwirrt an: «Warum sieht denn das Haus so komisch aus, da stimmt doch etwas nicht!» Ohne direkt auf ihre Fragen zu antworten, schlage ich ihr vor, mit einer der Farben, die sie schon im Bild verwendet hat und die ihr im Augenblick besonders wichtig sei, einen Rahmen um das Dargestellte zu zeichnen. Das heißt: Die inneren Bilder, die unkontrolliert aufgetaucht sind, werden begrenzt und ausdrücklich auf ihren Platz in dem Bild verwiesen. Somit kann sich das Unkontrollierte im «Rahmen» halten. In der Gestaltung des Rahmens mit den Farben des Bildes kann das vom Unbewußten Diktierte nun bewußt als strukturierende Kraft genutzt werden. Nachdem Frau S. ihr Bild mit der roten und grünen Farbe umrahmt hat, erscheint auf ihrem Gesicht ein undeutbares, fernes Lächeln. Sie nimmt nun einen orangefarbenen Ölkreidestift und malt das Orange über das ganze Blatt. Dann beginnt sie, um die

Häuser herum die Farbe mit den Fingern zu verwischen. Als ihre Bewegungen ungerichteter und gehetzter werden, nehme ich ihr vorsichtig den Stift aus der Hand. Ihr Blick kommt von weit her, das Lächeln ist weggewischt. «Es ist furchtbar – es hat schon wieder angefangen – was ist nur mit mir los. Ich kann noch nicht einmal mehr ein Haus zeichnen – das sind keine Fenster, das sind Augen. Und dieser rote Hintergrund – alles verbrennt, wird vernichtet...» Wieder weint sie, läßt den Kopf auf den Tisch fallen. Ich lege ihr die Hand mit festem Druck auf den Arm – als Halt und Begrenzung vor dem weiteren Zerfließen. Die Tränen versiegen, sie greift abermals zum Stift und zeichnet mit gleichmäßigem Schwung eine liegende Acht. Wieder und wieder fährt sie mit grünem und rotem Stift der Form nach – es entsteht durch den Schwung des Armes eine wiegende Bewegung, und auch dieses Mal kommt sie mir vor wie ein sehr kleines Kind, welches sich selbst nach unbegreiflichem und qualvollem Erleben tröstend in den Schlaf wiegt.

Das kleine Haus hat in der halben Achterform wie in der schützenden Geborgenheit des Uterus Halt und Bezug gefunden. Diese frühen Deutungsgedanken werden nicht ausgesprochen. In der Erinnerung der Therapeutin aufbewahrt, bestimmen sie aber im Verlauf der Therapie die Interaktion zwischen Patientin und Therapeutin auf der emotionalen Ebene. Frau S.' Worte dazu. «In diesen Kreisen fühle ich mich wohl und geborgen.» Und dann die Frage, fast mehr an sich selbst: «Darf ich das überhaupt?» Meine Zustimmung erleichtert sie. Erste archaische Ordnungsversuche, die sich in der Darstellung der «Acht» ausdrücken, bilden den Boden für weitere strukturiertere Bilder und symbolisieren so die bewußtere Gestaltung des eigenen Lebensraumes.

2. Beispiel: «Ich brauche kein Haus, ich bin in der Welt zu Hause»

Den Blick in die Ferne gerichtet – ungreifbar schattenhaft – so bewegt sich Andreas über die Station. Unhörbar und unsichtbar fast – wie unter einer Tarnkappe – kommt und geht er. Nie kann ich sagen, wann er den Raum betreten hat, und erst wenn sein Platz leer ist, nehme ich wahr, daß er wieder gegangen ist. Malen – jeden Tag – das ist das einzige, zu dem er von sich aus bereit ist. Selbst zum Essen muß er in den ersten Wochen jedesmal geholt werden. An den anderen Angeboten der Station beteiligt er sich nicht: Weder Spiele, noch Sport – weder Ausflüge noch Kino. Selten sehe ich ihn mit jemandem sprechen. Zu seinen Mitpatienten nimmt er kaum Verbindung auf. Ihn aber scheinen sie gern zu haben – das zeigt sich an den kleinen Gefälligkeiten, die sie ihm erweisen. Trotzdem wirkt Andreas verloren – wie aus einer anderen Welt in eine ihm fremde und unbegreifliche Umgebung versetzt. Auch Angst ist spürbar, wenn er sein ruheloses Hin- und Herrennen über die Gänge der Station aufnimmt – so lange, bis er Blasen an den Füßen hat. Oder auch Verlorenheit, Einsamkeit, wenn er in einer dunklen Ecke mit erschrecktem, angstvollem Blick wie ein in die Enge getriebenes Tier zitternd vor der Heizung kauert.

Andreas ist Anfang Zwanzig, mittelgroß, schmal, mit einem ebenmäßigen «Indianergesicht», schwarzen Haaren und großen, dunklen Augen. Oft sucht er Nähe, wagt sich dann zu nah heran und muß fliehen. Sein Blick versenkt sich häufig tief und ohne Lidschlag ins Auge seines Gegenübers. Erwidere ich seinen Blick, muß ich, mehr als bei einem anderen Patienten, Festigkeit und Grenze in meinen Blick legen, vielleicht, um nicht selbst in den Sog seiner Augen gezogen zu werden oder ihn in die Angst zu stürzen, mein Schauen könnte ihn verschlingen. Findet Andreas in meinem Blick Halt, leuchtet in seinem Gesicht ein unerwartetes und strahlendes Lächeln auf. In seiner leisen, oft ganz unverständlichen Sprache verstehe ich so etwas wie: «Es ist gut so.»

Jeden Morgen sitzt er am selben Platz und malt; ganz in seine eigene Welt versunken. Es entstehen schönfarbige, subtile Bilder – ungegenständlich – mit vielen feinen Pinselstrichen stetig und ausdauernd gestaltet. Er scheint sich über meine Zustimmung zu seinen Bildern zu freuen, deren stiller Zauber mich anrührt. Obwohl ich erkennen muß, das er seine psychotische Welt darstellt, wird in mir keinerlei Impuls zu kunsttherapeutischer Intervention wach.

Andreas verharrt lange Wochen in einem fast unveränderten Zustand. Aber ganz unmerklich konkretisieren sich seine Bilder. Eines Morgens spreche ich in der Gruppe das Thema der Behausung an. Das Haus als einen Ort, an dem ich mich geschützt, sicher und auch stark erleben kann. Wie mag wohl dieses Haus für den Einzelnen in der

Gruppe aussehen? Andreas malt den größten Teil der zwei Stunden an der linken Bildhälfte. Wie jedesmal, möchte er, daß wir uns das Bild gemeinsam anschauen. Diesmal entsteht, im Gegensatz zu dem sonstigen stummen Betrachten, so etwas wie ein «fragmentierter» Dialog; d.h., Andreas sagt oder fragt etwas, was ich nicht oder kaum verstehen kann. Ich antworte auf das, was ich intuitiv verstanden habe. Aus seinem bestätigenden Nikken und dem Lächeln auf meine Worte entnehme ich, daß er sich in seinem Bild von mir verstanden fühlt. Wir sprechen über das, was er auf der linken Bildhälfte gestaltet hat, über das Zelt auf der rechten Seite und über das Herdfeuer im Zelt, dem Zeichen, daß es Menschen und Leben dort gibt. Über die Zeichen oberhalb des Zelts, die vielleicht schützender Zauber sein könnten. «Die Indianer wissen das», kommt als verständliches Satzfragment von ihm. Und auch, daß er nicht so fest im Haus leben möchte, auf Wanderschaft sein wolle, wie die Indianer.

Wenn wir daran denken, daß Andreas, heute 22jährig, seit mehr als sieben Jahren krank ist, so können wir uns vielleicht vorstellen, daß die Indianerphantasien eine Erinnerung an die Zeit sind, in der er sich noch gesund fühlen konnte. Die Zeit vor und während der Pubertät ist häufig geprägt vom Interesse an fremden Kulturen, von Sehnsucht nach fernen, unbekannten Ländern und Erdteilen, dem Suchen nach einem anderen erweiterten Lebensraum. Spielerisch (z.B. im Indianerspiel) wird der Eintritt in die Welt des erwachsenen Mannes geprobt und vorbereitet; das gegenseitige Kräftemessen im spielerischen Wettkampf ebenso, wie das Nachvollziehen von Initiationsriten und das Festlegen von Rangfolge und Machtstruktur.

Wir können beim Betrachten der linken Seite des Bildes aber auch erkennen, wie groß noch die Bedrohung durch die Krankheit ist, selbst wenn sie farbige und phantasievolle Seiten hat. Wie stark muß der Gegenzauber sein, die Magie der «wis-

Bild 150 Das Indianerzelt

senden Indianer», um das kleine Zelt mit dem Herdfeuer zu schützen, es vor der gewaltigen schwelenden Masse der linken Seite des Bildes zu bewahren. Die Flammen am Zeltdach weisen vielleicht auf diese Gefahr hin, und im Kopfschmuck des Indianers wiederholen sich die Merkmale des Feuers. (Der brennende, explodierende, fragmentierte Kopf in der bildnerischen Darstellung schizophrener Patienten ist häufig expliziter Hinweis auf die psychische Krankheit. Das Erleben des «Krank- Seins» wird von den meisten Menschen, die an einer Psychose erkrankt sind, im Kopf empfunden.) (Bild 150).

Einige Wochen später, als er von der Psychose schon fast frei ist, greift Andreas von sich aus noch einmal das Thema Haus auf. Diesmal entsteht keine eigenwillige Gestaltung. Andreas malt ein sehr einfaches Bauwerk. Ein kleines Haus mit rotem Dach, dessen Mauern nicht farbig gestaltet sind, sondern vom Papierhintergrund weiß ausgespart sind. Die Tür und zwei unterschiedlich große Fenster stellt Andreas nur durch die schwarze Umrandung dar. An der rechten Hausseite gibt es einen kleinen, grauen Anbau «fürs Auto». Im Vordergrund links ein etwas blasser Baum und ein kaum sichtbarer Weg, der von der Bildmitte zum Haus führt. Die Bodenlinie des Hauses wird auf der rechten Bildseite von einem grünen, wie ein Reisigbesen wirkender Busch überschnitten. Der Himmel ist blau mit zerfließenden grauen Wolken, und in der rechten oberen Bildecke scheint ein kleines, gelbes Sonnenviertel aufs Haus. Das Bild wirkt seltsam leer. Gerade das weißgebliebene Haus mit den nur durch Schwarz angedeuteten Fenster- und Türrahmen verstärkt den Eindruck der Leere, der Langeweile und auch der Einsamkeit. Er meint: «Ist es das, was ich erreichen soll? Auf diese Normalität pfeif ich.» Und mit einem schnellen Blick zu mir: «Oder gefällt Ihnen das vielleicht?» Ich gebe ihm zu überlegen, daß er sich nicht alle Träume und Phantasien verbieten muß, um gesund zu werden. «Vielleicht muß das Haus, welches Ihnen Schutz und Heimat bieten kann, nicht gar so leer aussehen?» Wieder schaut er mich mit seinem merkwürdig fernen und wissenden Blick an. «Ich glaube, das weiß ich besser, ich bin jetzt zehn Jahre krank und das» – er zeigt mit wegwerfender Handbewegung aufs Blatt – «ist immer der Preis fürs Gesundwerden gewesen.» (Bild 151).

Bild 151 Das leere Haus

Die Fähigkeit, bildnerisch zu gestalten, ist jedem von uns als Kind zu eigen gewesen. Mit wachsender Kontrolle über das eigene Unbewußte und der zunehmenden Strukturierung des Ichs verliert sich bei den meisten Menschen die gestalterische Fähigkeit. In der Psychose erleidet der kranke Mensch, der keine Kompensations- und Verdrängungsmöglichkeiten mehr zur Verfügung hat, einen Kontroll- und Strukturverlust. Auffallend häufig greift der Kranke jetzt auf die verschütteten kreativen Fähigkeiten seiner Kindheit zurück. Es ist ihm ein geradezu elementares Bedürfnis, sich die so unverständlich gewordene und ferngerückte äußere Welt gestalterisch neu zu eigen zu machen, wieder zu entdecken und in wachsender Realitätsnähe zurückzuerobern. Im Gestalten kann er aber auch Ängste und unbewältigte Probleme darstellen, durch das «Sichtbarmachen» von innen nach außen transferieren[2], gestalterisch und real arbeiten und auflösen. Kehrt der Mensch aus der Krankheit, d.h. aus tiefer Regression während der Psychose wieder in seine «normale» Welt zurück, wie z.B. in das berufliche Umfeld, in dem ganz andere Dinge gefordert werden als «bildnerische» Fähigkeiten (Andreas ist Automechaniker), so verlieren sich, ähnlich wie in der Entwicklung vom Kind zum Erwachsenen, oft die kreativen Fähigkeiten wieder. Manchmal werden vorhandene Gestaltungswünsche sogar bewußt unterdrückt, da sie noch mit dem psychotischen, meist leidvollen Erleben während der Krankheit verbunden sind.

2 Siehe auch Benedetti, S. 105

5. Zusammenfassung der unterschiedlichen Haus-Aspekte

Zum schützenden Wohnraum
begrenzt sich der Mensch
seine endliche Welt.
(F. Fischer)

Das Haus ist ein Verband von Bildern,
die dem Menschen eine Stabilität beweisen
oder vortäuschen:
Alle diese Bilder zu unterscheiden,
hieße, die Seele des Hauses aussagen;
es hieße eine wirkliche Psychologie
des Hauses entwickeln.
G. Bachelard

5.1 Das äußere Haus-Bild und seine Umgebung

Von «Mirjam», einer psychotischen Patientin, gibt Benedetti (1) die Aussage wieder: «Zum Beispiel kann ein Raum im folgenden bestehen: Ich höre die Nachrichten, wo irgendetwas aus der äußeren Welt berichtet wird. Plötzlich hat die Tatsache, daß jemand spricht, eine furchtbare Tiefe, und die Tatsache, daß es sich beim Gesprochenen um etwas aus der Ferne der Welt handelt, hat auch Tiefe. Diese beiden Dinge sind noch ineinander verschachtelt, und das Ganze taucht riesig und unfaßbar aus der Seele hervor, und gleichzeitig betrifft es die äußere Welt, und das ist der schreckliche Raum, der gleichzeitig die Wahrheit ist. Ich bin dabei plötzlich dem unfaßbaren Raum ausgesetzt und schwanke darin, wie ein Rohr im Wind, und das Ganze ist gleichzeitig die Angst.» Vielleicht können wir erst durch das Erschrecken über die hier offenbar werdende Unfähigkeit, sich innerlich vom Außenraum abzugrenzen, ermessen, wie wesentlich unser «normales» Vermögen ist, nicht nur durch die Schaffung realer Häuser, sondern auch durch unsere «Ich-Grenzen» eigene Räume der Zuversicht zu errichten, die uns davor bewahren, daß wir uns im All verlieren.

Wir versuchten, anhand vieler Bilder und Bildbeschreibungen zu re-konstruieren, wo, wann und wie imaginäre Häuser errichtet werden können, und es wurde deutlich, daß bei aller Unterschiedlichkeit gewisse übergeordnete Gemeinsamkeiten, auf die wir in diesem Kapitel eingehen möchten, erkennbar wurden. Fischer (2) spricht von «subjektiven Distanzverwertungen», die er wiederum in «Lust- und Unlustwerte» einteilt: «Zu den Lustwerten gehören Geborgenheit und Bewegungsfreiheit, zu den Unlustwerten Einengung und Verlorenheit... Durch Unterschreitung der Geborgenheitswerte gelangen wir zum Minuswert der Einengung, durch Überschreitung der Werte für die Bewegungsfreiheit gelangen wir zum Gefühl der Verlorenheit im Raum.» Es scheint so einfach zu sein: Wenn unser «Ich» sich nur innerhalb der Verlorenheitsgrenzen und außerhalb der Einengungsschranken seinen Wohnraum sichern könnte, dann wären wir geborgen und frei zugleich.

Man muß nicht unbedingt psychotisch sein, um sich in den äußeren oder inneren Räumen zu verlieren. Erinnert sei hier etwa an die Formen der Agoraphobie, der Angst vor großen Plätzen und die entgegengesetzte Klaustrophobie, die Angst vor dem Eingesperrtsein im Raum. Wir wollten das Thema aber auch nicht auf spezielle neurotische Verarbeitungen des Raumerlebens einengen. Was uns bewegte, war die Tatsache, daß wir eher selten die *Selbst-Verständlichkeit* der *Raum-Geborgenheit* fanden. Dabei handelte es sich (mit einigen besonders erwähnten Ausnahmen) bei unseren Bilddarstellern um Menschen, die – äußerlich betrachtet – ihren Raum in dieser Welt nicht nur gefunden hatten, sondern auch behaupten konnten. Aber wie viele «Altlasten», Irritationen, tauchten dabei auf, wieviel Anstrengungen mußten investiert werden, um das Seelen-Haus in Ruhe bewohnen zu können! Andererseits beeindruckten uns die kreativen Potenzen, die es selbst scheinbar hoffnungslos «Unbehausten» doch ermöglichten, sich im Diesseits einzurichten.

Bild 152 Der Zaun ist wichtiger als das Haus

Bild 153 Das kleine Haus wird vom Wald beschützt

Bild 154 Das ungeschützte Haus am Abgrund

Wir möchten an Frau I. S. (s. S. 126) erinnern, die panische «Angst hatte, sich im Raum zu verlieren» und daher ohnmächtig und in sich «verdreht» an der Wand Halt suchen mußte. Später konnte sie sich nach einem Haus-Tanz zwar die vagen Umrisse eines Hauses vorstellen, viel wichtiger war ihr aber die *Abgrenzung* zum Umraum durch einen *Zaun* (Bild 152). Anschließend tat sie sich schwer mit dem Ausmaß des eigenen Hauses, so daß sie zunächst die Vorläufigkeit einer Hütte bevorzugte. Die Abgrenzung zur Außenwelt blieb ihr, auch als sie allmählich ein stabiles (Körper-)Haus fand, jedoch weiterhin so wichtig, daß sie letzteres durch ein Wäldchen eingrenzen mußte (Bild 153). Geradezu entgegengesetzt präsentierte sich ein Haus (Bild 154) am *Abgrund*, dessen Standfestigkeit zwar sehr stabil schien, das aber im Hinblick auf seine Lage beängstigend *ungeschützt* wirkte: Eine markante Wiedergabe der Lebensumstände seiner Erbauerin, die sich früh verselbständigen und behaupten mußte.

Manchem hat der Gegenwind so hart ins Gesicht geblasen, daß sein Haus Rückendeckung braucht. Wir fanden gelegentlich, daß die Häuser solcher vom Schicksal unsanft Betroffener, mit der einen Seite an einen Felsen gelehnt waren, um Rück-Halt vor der feindlich erlebten Welt zu suchen. Felswände können aber auch gegenteilig bebaut werden: Statt unter oder an einem Felsüberhang Schutz zu finden, kann ein Haus sich weit über denselben hinauslehnen (Bild 155). Es war im übrigen ein sehr lebendiges und originelles Haus, dessen Erbauer sich durchaus nicht in den Abgrund stürzen wollte. Sein Haus erinnerte ihn überraschend an den gescheiterten Lebensentwurf seiner jungen Jahre, seine Vorstellung von einer «idealen Familie» die, auch durch sein Mitverschulden, zerbrochen war. Einen neuen Anlauf hatte er nicht mehr genommen, er war unverheiratet und hatte keine Kinder. Um so betroffener drängte sich ihm die Vorstellung der «verpaßten Gelegenheit» und der «verschenkten Jahre» auf, als

Bild 155 Das Haus über dem Abgrund

er in seinem Haus (über dem Abgrund) ein gänzlich verstaubtes Kinderzimmer entdeckte, das ihm wie eine Abstellkammer vorkam. Das fehlende Stück Fels unter diesem Raum entsprach dem bröckelnden Putz an der Außenwand und einem fehlenden Fenster, so daß der Raum fast dunkel war. Er wurde lediglich von einer schwachen Glühbirne erleuchet. Dieses Bild paßte nicht zu dem sonst sehr wohlbestellten Haus, aber es paßte zu dem Bruch im Lebensplan des Mannes, der nach der Imagination seine weiteren Pläne noch einmal intensiv durchdachte. – Abgebrochene Entwicklungslinien, tabuierte Familienmythen (wie etwa bei Frau A., S. 67) oder auch persönliche «abgrundtiefe» Konflikte können sich auf diese und ähnliche Weise enthüllen, und so kann ein derart angesiedeltes Haus die Signalfunktion übernehmen, das Abgründige heraufzuholen, um es zu klären.

Im letzten Bild zeigte sich besonders die enge Verflechtung zwischen Umgebung und Haus: Über dem Abgrund lag der Konfliktherd, der sich zugleich am bröckelnden Putz der Außenwand bemerkbar machte. Das lenkt uns weiter zur Betrachtung der «eigentlichen» Häuser und ihrer äußeren Aspekte. «Ein Haus ist mehr als die Höhle. Das Haus hat Türen und Fenster, welche nicht nur dem Licht Eintritt gewähren, sondern die Kommunikation mit anderen Menschen und dem Kosmos ermöglichen.» So charakterisiert Kirchhoff (3) unser Anwesen. Kein Erwachsener in unseren Breitengraden würde sich heute im realen Leben eine Höhle einrichten, er wird vielmehr das Haus mit Fenstern und Türen als die beste Möglichkeit humanen Wohnens betrachten. Das ist bei imaginären Häusern keineswegs selbstverständlich. Da kehren wir nicht selten wieder in die Onto- und Phylogenese der «Höhlenmenschen» zurück, in den Urraum des Mutterleibes oder zu «Mutter Erde» selbst.

Der Sinn einer solchen Rückkehr kann unterschiedlich sein: Es kann sich um die tröstende Kompensation einer ausweglosen Ungeborgenheit (Krebs im letzten Stadium) handeln, so wie wir es bei Frau J.'s «Gruft» (s. S. 80) sahen. Es kann, wie bei Herrn F. G. (s. S. 128) auch ein hilfloses Sich-(ver)-bergen im mütterlichen Schutzraum der Erde sein, wenn man sich aktiv noch nicht seinen Platz in der Welt zu erobern vermag. Es kann sich um die vorübergehende Einkehr in eine karge Geborgenheit, wie bei Frau A.'s nackter Höhle handeln (s. S. 66), die die Erinnerung und Bearbeitung kindlicher Verlassenheitsängste ermöglichte. Die Höhle kann gelegentlich zum Hort einer pseudoprogressiven Selbstversorgungsidylle, wie bei dem 11jährigen Scheidungskind Marco (s. S. 31) geraten, die neben dem illusionären auch einen gesunden Ansatz zur Selbsthilfe ermöglichte. Schließlich müssen wir an dieser Stelle Natur-Häuser, die zugleich Miniatur-Höhlen sind, erwähnen: Schneckenhäuser, die sich bei extremen Rückzugstendenzen anbieten können: Wir erinnern an den «Einsiedlerkrebs» (s. S. 66) und an Frau W. A. (s. S. 127). Im Gegensatz zu diesen überwiegend bergenden Aspekten kann sich die Höhle auch bedrohlich-einengend gestalten, worauf Lippmann anhand eines Falles hinweist (4).

Einen deutlichen Übergangscharakter zu «richtigen» Häusern haben die mehrfach erwähnten *Baum-Häuser.* Wir fanden sie, sozusagen als «normale» Übergangs-Häuser häufig bei älteren Kindern, wir entdecken sie gelegentlich auch bei Erwachsenen. Dazu zwei Beispiele: Der 12jährige

Bild 156 Das Baum-Haus von Rainer

Rainer hat sein riesiges Baum-Haus (50 m hoch und 20 m breit) (Bild 156) neben ein Hoch-Haus (rechts) mit einem Liegestuhl auf dem Dach und einem Schwimmbad mit einer Rutsche (links) dargestellt. In diesem Baum-Haus gibt es so phantastische Dinge wie einen Fahrstuhl, einen Goldschatz, unterirdische Gänge mit Karten, damit man sich nicht verirrt. Dort wohnt Rainer mit seinen Eltern wie in einem «Stammbaum». (Die unterirdischen Gänge wurden schon vor «Hunderten von Jahren» von seiner Familie gebaut.) Rainer erweist sich hier aber nicht mehr als kleiner Junge, sondern als Selbstversorger mit eigener Kochstelle und Essensvorräten. Sein Baum-Haus ist insofern ein sehr charakteristisches Exemplar dieser Altersstufe: Es zeigt ebenso die omnipotenten, narzißtisch überhöhten Phantasien, wie das realistische Noch-Eingebundensein in die Familie (Science-fiction-Häuser pubertierender Knaben, S. 22, könnten hier auch eingeordnet werden).

Das zweite Baum-Haus wurde von der 35jährigen Frau B. S. imaginiert (Bild 157). In diesem Alter haben Baum-Häuser einen anderen Hintergrund. Während die in der (Prae-)Pubertät vorkommenden Baum-Häuser in der Regel einen progressiven Charakter haben, sind sie bei Erwachsenen eher regressive Zufluchtsstätten. Frau B. S. fühlte sich mit ihren ausgeprägten geistigen Neigungen schon als Kind nicht von der Familie verstanden. Sie war dann mit ihren Büchern in den einen oder anderen Baum geklettert, um ungestört lesen zu können. So war es naheliegend, daß sie sich im KB während einer kritischen Lebenssituation in ein Baum-Haus zurückversetzte und an alte Vertrautheiten anknüpfte. Die Gestaltung

Bild 157 Das Baum-Haus von Frau B. S.

ihres «verstiegenen» Hauses läßt trotz des anderen Hintergrundes doch gewisse Übereinstimmungen mit den Größenvorstellungen der Kinder-Baum-Häuser erkennen: So mag sie sich als Jugendliche auch «erhaben» über die Banalitäten der Umgebung gefühlt haben.

Einen Übergangscharakter haben auch *Hütten und Zelte*. Mit ihrem flüchtigen Charakter können sie entweder als Vorläufer zu einem «richtigen» Haus bei Menschen auftreten, die sich eine feste Bleibe in ihrer derzeitigen Lage nicht vorstellen können und daher ein ungebundenes Nomaden-Leben (oder ein «Indianer-Leben» wie Andreas, S. 138) bevorzugen. Sie können sich – wie auf den Seiten 97 ff beschrieben – aber auch bei Schwerkranken einstellen, die ahnen, daß sie in dieser Welt keine «bleibende Statt» mehr haben.

Von den *Natur- und Übergangs-Häusern* (Höhlen, Felsspalten, Baum-Häusern, Hütten) möchten wir jetzt zu den *«richtigen» Häusern* kommen. Es scheint uns sinnvoll, zunächst eine *tabellarische Übersicht* zusammenzustellen:

a Wohn-Häuser
b Sakrale Häuser
c Schlösser, Burgen, Türme
d Bunker, Wachtürme
e Öffentliche Gebäude
f Ruinen
g Mobile Häuser
h Anthropomorphe Häuser

Am häufigsten begegneten uns – wie erwartet – Wohn-Häuser in allen Variationen: Vom Garten-Häuschen bis zur Luxus-Villa, vom Bauernhof bis zum Mietshaus. Was uns dabei auffiel, waren die relativ häufigen Diskrepanzen zwischen dem Charakter des Hauses und den Vorstellungen seiner Bewohner. So konnte sich ein 40jähriger Mann gar nicht mit einer imaginierten Luxus-Villa anfreunden. Er war betroffen über die «kalte Pracht» und wußte zunächst nicht, warum sich ausgerechnet bei ihm, dessen Traum immer «das einfache Leben» gewesen war, eine solche Bleibe eingestellt hatte. Es gelang ihm schließlich, den Schlüssel zu seinem befremdlichen Haus zu finden: Er war ein Mensch, der es «allen recht machen wollte» und dabei hohe Ansprüche an sich stellte. Wenn er beispielsweise Besuch hatte, mußte «alles vom Feinsten» angeschafft werden. Ängstlich beobachtete er dann die Gäste, ob sie dennoch etwas beanstanden könnten. Unter solchem Perfektionsdruck verlor sich fast jede Unbefangenheit. Dennoch – oder gerade deshalb – galt seine tiefe Sehnsucht einem schlichten und ungekünstelten Leben. Durch die «kalte Pracht» war ihm die zwanghaft konventionelle Wirklichkeit seines Umgangsstiles bewußt geworden.

Ein ähnliches «Überraschungs-Haus», wie wir das Phänomen genannt haben, daß ein vermeintlich passendes Haus nicht das eigene ist (z.B. das Reetdach-Haus von Frau B., S. 68) oder daß ein scheinbar unpassendes Haus auftaucht, fanden wir auch bei Frau A. Z. (s. S. 116): Statt des erwarteten Holz-Häuschens befand sie sich unversehens in einem großen Haus mit mehreren Etagen und vielen Wohnungen. So deutlich war es ihr bis dahin nicht bewußt gewesen, daß zu ihren Geborgenheitsvorstellungen die Nachbarschaft von Menschen gehörte (das Kontrastprogramm zu ihren Alpträumen von der unpersönlichen Bahnhofshalle).

Relativ häufig stellten sich auch *«sakrale Häuser»* ein. Oft vertraten sie internalisierte, moralische Elterninstanzen. Wir erinnern an das Beispiel des 9jährigen Hannes (s. S. 19), für den zwei Fenster in einem Kirchturm die ihn beobachtenden Eltern darstellten. Auch das mütterliche, einengende Kirchenschiff von Herrn G. (s. S. 73) wurde, als er in Versuchung geriet, aus seinem bürgerlichen Familienleben auszubrechen, wie eine moralisch-verweisende Instanz erlebt. – Für Frau A. E. (s. S. 129) hingegen, die sich ihren Körper in der Tanz-Meditation als «Tempel des Herrn» vorstellt, waren es die geistlichen Kräfte des Gotteshauses, von denen sie sich Heilung und Stärkung versprach. Und für die 47jährige Frau E. K. geriet ein Kirchenraum zur Reinkarnation ihres «wahren Selbst»: Sie fand dort in einem Sarg eine leblose junge Frau, die ihr ähnlich sah, spürte aber bald, daß die junge Frau lebendig war. Sie nahm sie an die Hand und half ihr aus dem Sarg heraus. Es wurde ihr klar, daß hier eigene, vitale Anteile, die sie aus Angst vor dem alkoholkranken, aggressiven Vater ständig unterdrückt hatte, «lebendig begraben» worden waren. Das Kirchenschiff, das auch den mütterlichen Schutzraum der Therapie symbolisierte, wurde so zum Ort der Selbstfindung.

Häufig bei Kindern (s. S. 22), zum Teil auch bei Jugendlichen, seltener bei Erwachsenen, fanden wir *Schlösser.* Frau H. G., Anfang 50, die in ihrer Therapie viele märchenhafte Motive imaginierte, gehörte zu den Ausnahmen. Sie befand sich auf einer ihrer KB-Wanderungen unversehens in einem Schloß. Auf der einen Seite genoß sie das prächtige Ambiente, andererseits war es ihr peinlich. «Es paßt nicht zu mir», äußerte sie. Sie konnte jedoch später akzeptieren, daß sich hier ein Kindheitsdrama geltend machte, das sie nie wahrhaben wollte: Das Sich-nicht-akzeptiert-fühlen durch die Mutter und den geheimen Neid der ältesten Tochter auf die scheinbar hübschere kleine Schwester, die in der Familie zur verwöhnten «Prinzessin» avanciert war. Nun hatte sich Frau H. G. in der Therapie ein eigenes Traum-Schloß geschaffen, und sie konnte sich dort mit der unerledigten Kindheitssituation noch einmal befassen.

Im Gegensatz zu «reinen» Schlössern finden wir deren Verwandte wie *Burgen oder Festungen* häufiger bei Erwachsenen. Ihr wehrhafter Charakter weist auf das Bedürfnis, das eigene Territorium zu verteidigen, hin. Es kann sich aber auch um eine passagere Rückzugstendenz handeln, die aus einer Überforderungssituation resultiert. – Über den unterschiedlichen Charakter von *Türmen* haben wir uns bereits ausführlich geäußert. Das Spektrum der Turm-Identität ist erstaunlich breit. Es kann die jungfräuliche Abgeschiedenheit einer von ihrer Mutter eifersüchtig bewachten Tochter (s. S. 51) ebenso symbolisieren wie die Einsamkeit eines ehrgeizigen, schwer gestörten Jugendlichen (s. S. 53). Es kann aber auch zum Sinnbild der Lebensvollendung eines betagten Gelehrten (s. S. 106) geraten.

Weniger vieldeutig scheinen *Bunker* wegen ihres eindeutigen Verteidigungscharakters zu sein. Und doch erweisen sich solche «Häuser» unter Umständen als differenzierter, als man zunächst meint. Wir erinnern an das Haus eines Russenkindes (s. S. 39), das durch die formale Gestaltung zwar einem Bunker glich, aber durch seine goldene Farbe, Blumen und rote Fenstergardinen so ausgestattet worden war, daß es wie ein mütterlicher Raum wirkte, der eine Kostbarkeit barg. – Wieder anders offenbarte sich der «Unterwasser-Bunker» von Frau I. G. (s. S. 119), der als eine Art Geburtsstätte kreative Impulse aus einem frühen Versagenserleben freisetzen konnte. – Schließlich kann der Bunker von Ralf (s. S. 50), aus dem er sich und seine Freunde befreite, als Initiations-Raum des reifer werdenden Ich angesehen werden. (Auch Lippmann, 4, schildert einen ähnlichen Befreiungsakt aus einem Bunker.)

Es geht ja bei der Entdeckung des eigenen Hauses oft um Befreiungen aus alten, einengenden Gebäuden. In diesem Sinn können auch *Ruinen* nicht selten als Geburtsstätten einer neuen Lebensphase angesehen werden. Für den eben zitierten Ralf war es nicht minder wichtig, in einem imaginierten Rundumschlag das Arbeitszimmer des Vaters, der nie für ihn Zeit hatte, zu «ruinieren», um dann sein eigenes Haus zu finden. Auch Frau G. B., deren Haus nach dem Tod ihres Mannes eine Ruine wurde (s. S. 94), konnte nach der Auseinandersetzung mit dem zerfallenen Ehe-Haus ein eigenes Haus für sich entdecken ... «und neues Leben blüht aus den Ruinen». (Schiller)

Aber es müssen keineswegs symbolträchtige Gebäude wie Kirchen, Schlösser, Burgen oder auch Ruinen sein, die sich szenisch zum Austragungsort von Konflikten erweitern. Auch ganz banale, *öffentliche Gebäude*, beispielsweise, können diese Funktion übernehmen. Wir erinnern hier an die Verlassenheitsvorstellungen von Frau A. Z., die sich im anonymen Menschengetümmel einer riesigen Bahnhofshalle manifestierten. Gerichtsgebäude oder gar Gefängnisse eignen sich besonders als Projektions-Räume für Schuldgefühle oder für Lebenssituationen, in denen man sich stark eingeengt, «gefangen» fühlt. – Mitunter besteht das Bedürfnis, ein Haus an einen anderen Ort zu verpflanzen. Wollschläger[1] berichtet von einer 29jährigen Patientin mit einer Bulimie, die sich zunächst von einem moderigen, verfallenen Haus (auch eine Ruine) befreien mußte, um ein neues einrichten zu können. Sie war aber auch danach nicht zufrieden, sie brauchte eine andere Umgebung. Also erfand sie im KB Räder, die sie unter ihr Haus setzte. Nach langer Fahrt hatte sie einen akzeptablen Platz in einem reifen Kornfeld gefunden, wo sie ihr Haus ansiedelte. Ein solches *mobiles Haus* ist nach unseren Erfahrungen im Erwachsenen-Alter die Ausnahme. Öfter kommt die Phantasie des «fahrbaren Untersatzes» bei Jugendlichen vor, die ihr Haus als Wohnwagen bei ihren Entdeckungsreisen gleich dabei haben. Häufiger findet sich aber bei Erwachsenen eine andere Art des mobilen Hauses in Gestalt eines *Schiffes*. Wir erinnern an Frau B., die sich vom Mutter-Arche-Haus trennen mußte und einen Ozeandampfer bestieg, um ihr Haus in einer «neuen Welt» zu entdecken.

An letzter Stelle möchten wir auf die *«anthropomorphen Häuser»* hinweisen, die wir relativ häufig fanden; sie hatten ausgesprochen menschliche Züge, meistens stellten sie ein Gesicht vor (s. S. 17). Die Fenster waren dann die Augen, die Tür der Mund. Ein besonders originell vermenschlichtes Haus stellte sich ein älterer Student im imaginativen Tanz vor: Es war ein Haus auf Elefantenbeinen (Bild 158), das sein «Pubertäts-Haus» verkörperte. Er war damals «hoch aufgeschossen» und hatte mit seinen langen, ungelenken Gliedern oft das Gefühl, sich «wie ein Elefant im Prozellanladen» zu bewegen. Wo er hintrat, «wuchs kein Gras mehr»: Die Spuren sind die grauen Flecke am Boden seines Bildes. In der Nabelgegend (der Beginn der Beziehung zur Mutter) seines Körper-Hauses erlebte er ein warmes Gefühl, das er in dem gelbroten Ring ausdrückt. Es war zugleich ein Symbol

1 persönliche Mitteilung

für die zu enge Mutterbindung, die auch ein Hinauswachsen aus den Kind-Körper-Proportionen verzögert hatte, wie er meinte. Das Thema kehrte im Dachstübchen wieder: Das Wohlbehütetsein im grünen Dach, von ihm eher als Überfürsorge erlebt. Er betrachtete sein Elefanten-Haus als «Durchgangs-Haus», das er im Tanz noch einmal bewohnen (erleben) mußte, um mit den erwachsenen Maßen seines Körper-Hauses (losgelöst von der Nabelschnur), vertrauter zu werden.

Wir können die Betrachtungen über die äußeren Haus-Aspekte nicht beenden, ohne auf einige spezielle Merkmale, die weitere wichtige Aussagen beinhalten, hinzuweisen. Zunächst möchten wir sie wieder in einer Aufstellung zusammenfassen:

Spezielle Merkmale der äußeren Hausgestaltung
a) Unmittelbare Umgebung wie Garten, Hof u.ä.
b) Proportionen, Anzahl der Stockwerke
c) Dach, Schornstein
d) Haustür, Fenster
e) Material, Farbe, Ornamente, Defekte an der Fassade
f) Mögliche Diskrepanzen

Bild 158 Das Haus mit den Elefantenbeinen

Zunächst zur *unmittelbaren Hausumgebung*, die im Gegensatz zu dem von der Natur vorgegebenen Territorium vom Hausbewohner selbst gestaltet werden muß. Es dürfte unmittelbar einleuchten, daß ein weitgehend naturbelassener, bunter Bauerngarten einen anderen Charakter offenbart, als ein sauber gepflegtes, vielleicht sogar pedantisch eingeteiltes oder ein verwahrlostes Anwesen, auf dem nur noch Unkraut wächst. Manches Haus steht ohne irgendwelche Garten-Attribute einfach in der Landschaft, es kann aber einen geschützten Hinterhof mit großen Pflastersteinen haben, wie es eine Frau in mittleren Jahren nach einer depressiven Phase imaginierte. Ihre Therapeutin erfuhr im Gespräch, daß sie den mit soliden Steinen gepflasterten Innenhof «noch brauchte». Er gab ihr die Vorstellung von Sicherheit, zugleich auch die Möglichkeit, sich noch nicht zu sehr «preiszugeben». Mit einem offenen Garten hätte sie «zu viele Gefühle herausgelassen». Das ängstigte sie zu dem Zeitpunkt der Therapie: Man würde ihre Gefühle «vielleicht nicht ernst nehmen» und sie damit sehr verletzen können. Auf den Pflastersteinen hingegen hätte jeder ruhig «rumtrampeln können», sofern er überhaupt Zugang zu ihrem Hinterhof gefunden hätte.

Auch die *Proportionen eines Hauses* können allerlei über bestimmte Schwerpunkte des Hausbewohners aussagen. Wir sahen mehrfach die Bevorzugung des «Ober-» bzw. «Dachstübchens» bei Menschen, die sich mit geistigen oder transzendenten Themen auseinandersetzen, bzw. sich in diesem Teil des Hauses besonders sicher fühlen. Manchmal ist die Betonung der oberen Bereiche erst zu bemerken, wenn die Innenräume besichtigt werden. Es kann sich aber auch schon bei der äußeren Gestaltung mitteilen. Besonders augenfällig war hier das Haus der körperbehinderten Frau J. M. (s. S. 105) mit der Betonung der Glaskuppel und den «Dirigentenhänden». Bei Herrn M.W. (s. S. 129) ist die Betonung des Oberstübchens weniger Ausdruck der intellektuellen Prävalenz als eines ausgeprägten Sicherungsbedürfnisses. Umgekehrt fiel uns bei Frau L. A. (s. S. 121) auf, daß sie nur ihren Kellerbereich ausgebaut hatte. Das lag aber nicht daran, daß sie keine geistigen

Interessen hatte, sondern daß sich (wie sich später zeigte), ihre mittlere Etage zunächst nicht ausbauen ließ. – Viele Haus-Erbauer lassen keine Bevorzugung der oberen oder unteren Räume erkennen. Es handelt sich dann meist um kleine einfache Häuschen, die alles in einem überschaubaren Rahmen beherbergen. Nicht selten verbirgt sich dahinter die (kompensatorische) Sehnsucht nach einem einfachen, zufriedenstellenden Dasein. Das kann stark zu einem äußerlich anspruchsvollen und unruhigen Leben kontrastieren (wie bei dem 40jährigen Akademiker, S. 115). Es kann aber auch harmonisch übereinstimmen mit den «zur Ruhe gekommenen» Lebensansprüchen, wie wir es bei Frau M. (s. S. 79) sahen. Mehr-Etagen-(Miet-)Häuser oder Hoch-Häuser haben nicht unbedingt den Anspruch des «Hoch-hinaus-wollens» (wie es häufig bei Türmen der Fall ist), sie vermitteln eher das Gemeinschaftserleben, aber auch das Sich-in-der-Anonymität-verstecken-können, mitunter bis zum «Persönlichkeitsverlust» reichend. Herr N. G. bezeichnete sich in seiner Hoch-Haus-Bewohner-Identität als «Irgendwer-Nirgendwer». Ihm war dabei der Zustand der «Verantwortungsentbindung» (daß er nicht für ein Haus, d.h. für sich selber, sorgen mußte) angenehm, die fehlende Verankerung im eigenen Haus erschreckte ihn aber zugleich. Herrn E. O. (s. S. 130) war das Weit-weg-von-den-anderen-sein auf dem Hoch-Haus zunächst durchaus recht. Er erkannte erst in der Gruppengemeinschaft seine Isolation, was ihn dann dem Erdboden und den Mitmenschen näher brachte.

Einen besonderen Stellenwert kann das *Dach* einnehmen, auch der auf ihm sitzende *Schornstein*, dessen Rauchentwicklung fast immer mit Lebendigkeit gleichgesetzt wird. Das Hervorheben der Farbe des Daches (rot als Alarmsignal, S. 129, unter Umständen auch als Ausdruck geistiger Regsamkeit) wie seines Materiales (das Reetdach als Äquivalent der Gemütlichkeit und Geborgenheit) sind Ausdruck dafür, wie wichtig dem Haus-Bewohner das schützende und wärmende Dach[2] zu sein pflegt. Einige Fall-Beispiele, bei denen das Dach nicht vorhanden, zerstört oder gar weggeflogen war (Frau M. D., S. 97 und Frau A. S., S. 155) konnten immer als Zeichen der Ungeborgenheit angesehen werden (z.B. bei einer schweren Erkrankung oder nach dem Verlust eines nahen Angehörigen). Der Ausdruck «kein Dach über dem Kopf haben» steht für hilfloses Ausgeliefertsein, und «jemandem aufs Dach steigen» ist ein Synonym für einen Triumph bzw. einen materiellen oder ideellen Sieg über den anderen.

Die von Kirchhoff (3) als spezifische Charakteristika des Hauses hervorgehobenen *Fenster und Türen* verdienen in der Tat unsere besondere Aufmerksamkeit: «Ursprünglich hatte die „Uröffnung" des Wohnraumes der Tür- und Fensterfunktion zugleich gedient», schreibt Fischer (2). Aber dann differenzierten sich der spezielle Aspekt des kommunikativen Ein- und Ausganges durch die Tür und die Licht- und Luft-Öffnungen der Fenster immer mehr. – Wir wollen uns bei den Türen zunächst auf den Aspekt der *Außentür* beschränken. Sie kann gar nicht vorhanden sein (wie bei dem oben zitierten freundlichen Bunker des Russenkindes) oder sie findet sich versteckt an der Rückseite des Hauses (wie bei Monika, S. 59). So gut wie immer läßt sich das als ein Zeichen dafür deuten, daß Besuche derzeit nicht gerade erwünscht sind. Eine auffallend große, vielleicht gar weit offen stehende Tür lädt hingegen mögliche Besucher zum Hereinkommen unmittelbar ein. Die große, offene Tür kann auf einer tieferen, symbolischen Ebene auch Ausdruck für (allzu) große Erwartungen sein, den Wunsch nach Versorgtwerden vermitteln («orale» Erwartung). Wir denken u.a. an das Haus des scheinbar autarken Selbstversorgers Klaus (s. S. 21). Manchmal deuten nur diskrete Zeichen auf eine allzu große Bereitschaft hin, das Haus zu öffnen (der «Klingelknopf», S. 121). Riegel an der Innenseite, eine schwere Türklinke, die sich nicht rührt und dergleichen mehr deuten auf das Gegenteil: Das Bedürfnis, sich besonders zu sichern. G. Furth (5) weist auf ein auffallendes Phänomen der 30jährigen «Alice» hin: Sie hatte neben ihr eigenes Nachbar-Häuser gezeichnet, zu deren Eingängen Wege führten. Aber die Wege endeten nicht vor den Türen, sondern jedesmal daneben, an der Mauer. Alice hatte Krebs, und sie meinte, daß die anderen (Freunde, Nachbarn, Verwandte) «nicht darüber sprechen wollten, daß ich Krebs habe, und sie wollen auch nicht, daß ich damit anfange». Sie konnte also – so meinte sie – wegen ihres Problems nicht mit den anderen kommunizieren und hatte unwillkürlich

2 Es gibt Übergangs-Wohnheime für psychisch-kranke Menschen, die sich den Namen «das Dach» gegeben haben.

durch ihr seltsames Bild ausgedrückt, daß es keine Wege zu anderen Türen gab. Weber und Stierlin (6) sprechen zu Recht von «Beziehungstüren». (Wir kommen im nächsten Kapitel darauf zurück.) Bachelard (7) erwähnt den speziellen Aspekt des Herausgehens aus dem Haus, über die Schwelle (= die eigene Grenze) und spricht in diesem Zusammenhang «von den Türen des Zauderns»: Wir kennen sie, die schwer zu öffnenden Türen bei Menschen, die sich nichts zutrauen. Solche Türen sind äußerlich oft besonders unscheinbar und eher klein. Umgekehrt kennen wir prächtige, schon von weitem auffallende Türen, z.B. aus geschnitztem Eichenholz mit kostbaren Beschlägen. Dahinter verbirgt sich oft ein ausgeprägtes Selbstbewußtsein, ein Stolz auch auf das bisher Erreichte im eigenen Haus; manchmal erweist es sich auch als inadäquates Imponieren-wollen. Franzke (8) weist noch auf die Möglichkeit hin, daß ein türloses Haus «die Frage des Eingeschlossenseins» aufwerfe.

Die Kommunikationsbereitschaft drückt sich – wir sagten es schon – gleichfalls in den Fenstern aus. Große Fenster zeigen meistens an, daß man in das Haus hineinsehen oder auch hineinkommen kann. Wir erinnern an Monikas Haus-Front (s. S. 58), die ihre Kontaktbereitschaft mit einer großen Fensterreihe kundgetan hatte. Aber dann überkamen sie alte Zweifel, und es tat sich ein dichter Zaun vor dem Haus auf, dessen Tür übrigens nicht zu sehen war. – Die Zahl der Fenster stimmt oft mit der Zahl der in dem Haus lebenden Menschen überein, mitunter paßt die unterschiedliche Größe der Fenster sogar zur Größe bzw. dem Alter der Haus-Bewohner. Der 9jährige Hannes (s. S. 19) hatte in einem Kirchenschiff drei unterschiedlich große Fenster gesehen, die er sich und seinen Geschwistern zuordnete. Die «Über-Ich»-Fenster der Eltern – wir erwähnten es bereits – befanden sich hingegen über den Kinderfenstern hoch oben im Kirchturm und erwiesen sich als strafende, kontrollierende Teilaspekte eines Gesichtes und der dahinter stehenden Person. Natürlich können Fenster auch freundlich «gucken». Einige Male fanden wir «blinde Fenster»[3] an solchen Stellen des Hauses, hinter denen sich ein schlimmes Geheimnis verbarg. Man sollte dort nicht hineinsehen können. Das Haus mit dem «verbotenen Zimmer» von Frau D. (s. S. 69) kann hier als besonders eindrucksvoll erwähnt werden.

Gardinen oder Blumen an den Fenstern deuten daraufhin, daß sich im Haus freundliche Menschen befinden. Manchmal – wie bei Frau H. P. – kann es sich auch um eine aufgesetzte Freundlichkeit handeln, die Fortsetzung eines von den Eltern intendierten «Sei-lieb»-Verhaltens. Ganz anders ist der Charakter von «Seelenfenstern» zu deuten, die sich fast nur bei Menschen fanden, die sich mit transzendenten Themen auseinandersetzten (s. S. 99).

Wir wiesen auf die möglicherweise wichtige Bedeutung der *Farbe* des Daches hin. Das gilt natürlich auch für den *Hausanstrich.* Er kann aber auch nebensächlich sein und nicht einmal klar erkannt werden. Wird die Farbe jedoch ausdrücklich erwähnt, so sollte immer nachgefragt werden, was sie ausdrücken könne bzw. solle. Eine junge Künstlergruppe aus Weißrußland nennt sich «Gelbes Haus». Es sind Autodidakten, die bewußt anders malen als es in den Akademien gelehrt wird. Sie werden daher nicht staatlich unterstützt, keiner hat ein eigenes Atelier, nur zwei haben eine Wohnung (von fünfen). Der Name «Gelbes Haus» geht auf das bekannte, gleichnamige Bild von van Gogh zurück. Es sei «der Traum von einem Heim, einem warmen Herd». Es bedeutet auf belorussisch aber auch «Irrenhaus», und auf dieses Attribut sind sie stolz, denn von den Akademikern werden ihre avantgardistischen Bilder als «Wahnsinn, Verrücktheiten» abqualifiziert. Wie sie sich sonst ihr «Gelbes Haus» vorstellen, wird nicht gesagt, entscheidend ist die Farbe. – Bei anderen Häusern ist hingegen das *Material* viel wichtiger: Ein Haus aus Stein sagt etwas anderes aus als ein Holzhaus.

Eine ganz persönliche Note kann ein Haus durch bestimmte *Ornamente* (mit einer möglicherweise verschlüsselten Symbolik) erhalten. Wilke (9) weist auf ein solches Zeichen beginnender Selbstbewußtwerdung im Haus hin (s. S. 71). Statt derartiger «Zugaben» können sich aber auch *Defekte* zeigen, die dem Haus einen nicht minder persönlichen «Stempel» aufzudrücken vermögen. Wir erinnern an den Riß in einem Familien-Haus (s. S. 93) oder den herausgebröckelten Putz an

3 Als ein Meister im Malen «blinder Fenster», die «jeden Einblick in den inneren menschlichen Wohnbereich verhindern», erweist sich der Amerikaner Edward Hopper (10). Zugleich malt er Innenansichten mit Fenstern, durch die das Licht so gleissend einfällt, daß jede Intimität des Raumes aufgehoben wird. Im einen wie im anderen Fall erlebt der Betrachter Distanz, Kühle und Vereinsamung.

der Fassade eines Drogenabhängigen (s. S. 70). Ein besonders eindrucksvolles Beispiel schildert M. Rust (11). Ein Mann, der wegen ganz anderer Beschwerden eine Therapie (KB) absolviert, imaginiert folgendes: «Ich nähere mich... einem bäuerlichen Anwesen. Es scheint... gut proportioniert, behäbig. Der Charakter ist anders als bei einem Stadt-Haus, sehr handwerklich... Das Haus ist aus roten Tonziegeln erbaut, sehr fest, gute Arbeit. Ich beobachte das Haus von der Bank aus. Seltsam, da ist jetzt ein Riß in der Haus-Wand. Das dürfte aber nicht sein! Aber tatsächlich: Ein fast handbreiter Riß vom Dachansatz bis zum Erdboden. Versteh' ich nicht, wie das passieren kann. Ich sitze hier in Krampfhaftigkeit und sehe auf die Wand...» Eine Woche später erlitt der Patient einen Herzhinterwandinfarkt.

Einige Male – und damit schließen wir dieses Kapitel ab – fanden wir auffallende Diskrepanzen, die zwiespältige Einstellungen zum sozialen Umfeld offenbarten. Wir erwähnen nochmals Frau H. P., welche die Vorderseite ihres Hauses mit bunten Gardinen, Blumen u.ä. einladend und freundlich dargestellt hatte. Zu ihrer Verwunderung erwies sich die Rückseite bei der Imagination mit heruntergelassenen Rollos jedoch als ausgesprochen unzugänglich. Frau H. P. verstand schnell, daß sie vorne nur eine «Vorzeige-Fassade» aufgebaut hatte, während die Rückseite genau ihrem damaligen depressiven, verschlossenen Zustand entsprach. – Es kann auch quantitative Unterschiede geben, beispielsweise in der Zahl der Fenster: Von außen lassen viele Fenster eine einladende Atmosphäre vermuten. Innen überfällt den Haus-Besitzer im Tag-Traum vielleicht der Wunsch, sich abzukapseln, sich ganz auf sich zu konzentrieren. Zu seiner Verwunderung kann er dann erleben, daß statt der vielen Fenster nur noch ein kleines Fenster in einer abgeschiedenen Ecke existiert, so daß ihn eine einhüllende Dämmerung umgibt und von Außenreizen abschirmt.

Das, was uns an Häusern so wesentlich ist, ihre «Standhaftigkeit» wird uns vielleicht besonders deutlich durch die Paradoxie einer «ver-rückten» Paraphrase von E. Reyer (12) über das «Häuser-Leben». Zu einem Bild, auf dem an einem felsigen Strand ein Haus zu sehen ist, das auf dem Kopf (Dach) liegt, hat er unter der Überschrift «Gestrandetes Haus oder die Ruhe nach dem Sturm» folgendes geschrieben:

Daß Häuser herumstehen,
daß sie aufgebaut,
umgebaut, abgerissen
werden, zusammenfallen
können, wissen wir.
Doch sind wir uns der
Häuser sicher? Sind sie
als Symbol unserer
Behaustheit ewig?
Stellen wir uns vor, sie
kümmerten sich
nicht mehr um unsere
Ansprüche an sie. Sie
fingen an zu tanzen,
zu streiten, auf Reisen
zu gehen, Abenteuer
zu bestehen – kurz
sich von dem ihnen
zugewiesenen Platz
loszulösen und (vielleicht
mit Menschen an Bord,
die sie mit entführen)
täten, was wir gewohnt
sind, in ihnen zu tun,
nämlich die
Tapeten wechseln.

Anmerkungen

1 Benedetti, G.: Psychotherapie als existentielle Herausforderung. Vandenhoeck und Ruprecht, Göttingen, 1992.
2 Fischer, F.: Der Wohnraum. Artemis, Zürich, 1965.
3 Kirchhoff, H.: Urbilder des Glaubens. Haus, Garten, Labyrinth, Höhle. Kösel, München, 1988.
4 Lippmann, R.: Übergangsphänomene im Katathymen Bilderleben. In: Wilke, E. und Leuner, H. (Hrsg.): Das Katathyme Bilderleben in der Psychosomatischen Medizin. Huber, Bern, 1990.
5 Furth, G. M.: The Secret World of Drawings. sigo Press, Boston, 1988. – Deutsch: Heilen durch Malen. Walter, Olten, 1991.
6 Weber, G. und Stierlin, H.: In Liebe entzweit. Rowohlt, Reinbek, 1989.
7 Bachelard, G.: Poetik des Raumes. Hauser, München, 1975.
8 Franzke, E.: Der Mensch und sein Gestaltungserleben. Huber, Bern, 1977.
9 Wilke, E.: Strukturauflösung und Neustrukturierung in der KB-Therapie der Magersucht. In: Bartl, G. und Pesendorfer, F. (Hrsg.): Strukturbildung im therapeutischen Prozeß. Litereras, Wien, 1989.
10 Hopper, E.: Vierzig Meisterwerke. Schirmer/Mosel, München, 1988. (Kommentiert von H. Liesbrock).
11 Rust, M.: Der Riß in der Hauswand... In: Wilke, E. und Leuner, H. (Hrsg.): Das Katathyme Bilderleben in der Psychosomatischen Medizin. Huber, Bern, 1990.
12 Reyer, E.: Häuserleben. «Die Zeit», 33, 1990.

5.2 Das innere Haus-Bild

Die Einteilung in äußere und innere Aspekte des Hauses scheint klar und einfach zu sein: Das Äußere spiegelt die Kommunikationsmöglichkeiten des Haus-Individuums, seine Abgrenzungsbedürfnisse und -fähigkeiten sowohl zum sozialen, wie zum kosmologischen Umfeld. Das Innere hingegen, offenbart den Lebensstil des Haus-Bewohners und seine möglichen Konflikte. Wir sahen jedoch, daß sich intime Geheimnisse unwillkürlich auch im äußeren Bild des Hauses verraten können: Die «blinden Fenster» über dem «verbotenen Zimmer» beispielsweise. Das heißt, wir können zwar bewußt Fassaden über die wunden Stellen legen und eine scheinbare Unversehrtheit vortäuschen, aber die Fassaden können nicht mehr alles verbergen. Der «normopathisch Leidende», wie Benedetti (1) Menschen nennt, die eigentlich «normal» sind, aber natürlich auch Probleme haben, drückt sein inneres Leiden auch in äußeren Gebärden, Handlungs- und Gesprächsabläufen aus; entsprechend «äußern» sich die Haus-Bilder. Und doch gibt es ganz *spezielle Bereiche im Inneren* des Hauses, die eine besondere Affinität zu bestimmten seelischen Vorgängen zeigen. Wir wollen diese noch einmal fokussieren und tabellarisch zusammenstellen:

Innere Aspekte des Hauses:

1 Die Polarität zwischen Unten und Oben
   - a Keller
   - b Dachboden
   - c Treppen als verbindende Elemente

2 Der unterschiedliche Charakter der Lebensräume
   - a Wohnraum
   - b Arbeitszimmer
   - c Küche
   - d Schlafzimmer
   - e Bad, Toilette (treten selten auf)
   - f Flur, Diele

3 Die Wände
   - a Struktur, Farben
   - b Türen und Fenster (Innenaspekte)

4 Spezielle Einrichtungsgegenstände
   - a Möbel, Lampen
   - b Herd, Kamin
   - c Bilder, Spiegel
   - d Teppiche, Kissen
   - e Truhen, Schränke
   - f akzessorische Gegenstände

Bachelard (2) beschreibt das Haus als «ein vertikales Wesen»... «es erhebt sich». Er postuliert, daß die Vertikalrichtung durch die «Polarität von Keller und Dachboden gesichert» sei. Dabei setzt er der *Irrationalität des Kellers* die *Rationalität des Dachbodens* entgegen: «Im Dachboden sieht man mit Vergnügen das starre Gerippe des Balkenwerks bloßgelegt. Man hat teil an der soliden Geometrie des Zimmermanns.» Und der Keller? «Man wird ihn rationalisieren, indem man seine Bequemlichkeiten aufzählt. Zuerst ist er jedoch das dunkle Wesen des Hauses, das Wesen, das an den unterirdischen Mächten teilhat.» Bachelard zitiert Jung (3a) mit einer Parabel, die noch einmal den Kontrast des Unbewußten im Keller zum Bewußtsein im Dachboden ausmalt: «Das Bewußtsein benimmt sich wie ein Mensch, der ein verdächtiges Geräusch im Keller gehört hat und zum Dachboden eilt, um festzustellen, daß dort keine Diebe sind und infolgedessen das Geräusch reine Einbildung war. In Wirklichkeit hat dieser „vorsichtige Mann" sich nicht in den Keller hinuntergewagt... Anstatt dem Keller (dem Unbewußten) die Stirn zu bieten, sucht der „vorsichtige Mann" Jungs auf dem Dachboden Alibis für seinen (fehlenden) Mut.»

Die Frage stellte sich uns, ob unsere Haus-Bilder diese Annahmen bestätigen[1]. Zunächst konnten wir feststellen, daß sehr viel häufiger Besichtigungen im Keller als auf dem Dachboden stattfanden. Die Angst vor einer Auseinandersetzung in der Tiefe muß wohl doch nicht so groß sein, wie Jung annahm. – Die Atmosphäre im Keller unterschied sich in der Tat aber deutlich von der des Dachbodens: Es war nicht nur die Dunkelheit, das Geheimnisvolle, ja Unheimliche, es waren auch die vielen runden, höhlenartigen Räume, Gänge u.ä., die uns auffielen und an die Nähe zu «Mutter Erde» denken ließen (Bild 159). Es gab auch tröstende, vor allem schöpferische Impulse für einen Neubeginn nach einer Kellerkonfrontation, und schließlich dokumentierte der mütterlich-orale Bereich sich gelegentlich mit reichlichen Essens-

1 Wir erinnern hier auch an die unterschiedliche Atmosphäre im Keller und Boden bei Wilhelm (S. 19), ferner an das «Gespenst» im Keller (S. 66).

Bild 159 Keller-Höhlen

vorräten (s. S. 105). Auf dem Dachboden fanden wir höhlenartige Räume nie. Sie waren immer rechteckig, manchmal verwinkelt, oft verstaubt; Spinnennetze konnten die Sicht verbergen. Alte Kisten, abgelegte, meist Erinnerungs-Dinge, wie Spielzeug, Bücher, Fotoalben, fanden sich häufig. Fast immer roch es staubig nach alten Sachen, nie aber moderig wie in feuchten Kellerräumen. Insofern ist Bachelards allgemeine Charakterisierung der Keller- und Boden-Atmosphäre gut getroffen.

Wir möchten statt weiterer Worte zwei Bildbeispiele anführen, die wir als charakteristisch für beide Bereiche ansehen. Sowohl die Keller- als auch die Dachboden-Impressionen stammten von Frau H. G. (s. S. 153), die wir schon einmal mit der Imagination eines Schlosses zitiert haben. Sie kam wegen einer Lebenskrise mit starken Selbstwertzweifeln, obendrein durch das Klimakterium belastet, zu uns. Beim *Erkunden des Kellers* muß sie zunächst eine Klapptür aus altem, schwerem Holz hochziehen. Sie sieht eine Treppenleiter, die tief hinunterführt. Irgendwo ist etwas Licht, das sie hinter sich läßt. Je tiefer sie kommt, desto feuchter, dunkler, moderiger wird es. Sie erkennt, daß sie sich jetzt im Erdbereich, «wie in einem Burgverlies» befindet. Die Leiter führt immer weiter nach unten, bis es ganz dunkel ist. Da taucht eine grüne Schlange überraschend vor ihr auf; sie strahlt ein leuchtendes Hellgrün aus, so daß der Raum schwach erhellt wird. Die Schlange wirkt sehr geheimnisvoll[2] mit ihren glänzenden, schwarzen Augen, die an «einen tiefen See» erinnern. Das Tier verschwindet kurzfristig und kehrt dann mit einem kleinen Schlangenkind wieder, einer zarten, fast zerbrechlichen Schlange, die Frau H. G. in die Hände gelegt wird. Frau H. G. spürt, daß sie die Eigenbewegung der Schlange nicht stören darf. «Es geht um den Lebensrhythmus, wir dürfen nichts gegen die Lebensbewegung tun.» Sie steigt mit der kleinen Schlange, die sich um ihr Handgelenk

2 Auch Goethe («Das Märchen», in «Unterhaltungen deutscher Ausgewanderten») und Jung (3b) erwähnen grüne Schlangen mit geheimnisvollen Kräften.

gelegt hat, vorsichtig noch tiefer, bis sie wieder an eine Tür kommt. Als sie die Tür geöffnet hat, sieht sie erneut die Schlangenmutter, die ihr ein rotes Kissen zum Ausruhen auf eine Steinbank gelegt hat (Bild 160). Frau H. G. geht anschließend durch einen dunklen Gang und liest in einer Nische die eingemeißelten Worte: «Hier ruht in Frieden...». Sie muß an den Großvater denken, den sie sehr verehrt hat. Abermals muß sie eine Tür (die dritte) öffnen: Ein großer Raum ist mit paarweise angeordneten Kerzen ausgeleuchtet. Es herrscht eine feierliche Stimmung. Am Ende eines weiten Ganges entdeckt Frau H.G. schließlich einen Brunnen, eine Quelle. Dort liegt eine weibliche Gestalt, die ihr gleicht. Sie wirkt leblos, und Frau H.G. weiß zunächst nicht, ob sie aus Marmor oder «doch irgendwie lebendig» ist. Dann entdeckt sie, daß die Augen der Gestalt weinen, während alles andere «wie versteinert» wirkt. – Es gelingt Frau H. G., die Gestalt nach und nach zu erwärmen. Sie erhebt sich, und beide baden in der Quelle, stärken sich an geheimnisvollen Früchten, und immer ist die Schlange anwesend, die Frau H. G. rät, was sie tun soll. Am Ende verschmilzt Frau H. G. mit ihrer «Schwester». Sie gelangt – nochmals durch einen langen Gang gehend – auf eine Frühlingswiese. Vor ihr liegt ein altes Bauernhaus, «ihr» Haus, und daneben steht eine Kuh. Sie kann die Kuh melken; die frische Milch stärkt sie. Sie fühlt sich «dem Leben wieder zurückgegeben». Aber sie weiß, daß sie sich noch Zeit nehmen muß, um ihre Gefühle besser kennenzulernen, sich nicht immer gleich «versteinert» zurückzuziehen, so wie es ihr das andere Ich in der Tiefe gespiegelt hat.

Bild 160 Die Schlange im Keller

Wir erkennen hier nicht nur ein tief verborgenes Wissen in Mutter Erdes Schoß, es gesellt sich auch das archaische Symbol der weisen Schlange hinzu, die (nach Riedel, 4) dem Erd-Archetypus zugerechnet wird. Riedel sagt, man träumt von Schlangen, wenn man krank wird oder wenn sich in der Tiefe des Körpers etwas zur Gesundung verändert. In der Tat ist die Schlange ein vieldeutiges, geheimnisvolles Tier: Sie bewegt sich ohne Beine über die Erde, sie lebt in Erdlöchern, gebärt Junge, die wie Vögel aus Eiern schlüpfen. Sie löst Ängste durch ihren giftigen Biß aus, aber das Gift kann auch als Heilmittel angewandt werden. Durch ihre sich häutende, regenerierende Fähigkeit und die ihr zugeschriebene Sexualsymbolik ist sie nicht nur ein Sinnbild des Todes, sondern auch des Lebens. Sie wird im Aesculapstab als Heilungssymbol (Lurker, 5) angesehen. Im Märchen wird gesagt, daß Schlangen nur dann hilfreich sind, wenn man auf ihre Stimme hört. Frau H. G. hat die geheimnisvolle Sprache im unbewußten Wissen um ihren Wahrheitsgehalt intuitiv verstanden und ernst genommen.

Anders gestaltete sich Frau H.G.' imaginärer *Aufstieg zum Dachboden*. Sie mußtte eine schmale, steile Stiege hochklettern. Auch hier gab es eine Holztür, die knarrte, als sie sie öffnete. Im Gegensatz zum Kerzenlicht und dem Licht der Schlange im Keller kam hier das Licht durch Dachluken von außen herein. Zunächst sah Frau H. G. nur Spinnweben, hinter denen sie etwas «Uraltes, was fast vergessen, in Ruhe gelassen worden war» vermutete.[3] Sie entdeckte dann in einer Ecke eine alte Frau, «wie bei Dornröschen», die emsig Fäden an

3 Unsere in der Einleitung ausgesprochene Vermutung, daß das «Senium» in der höchsten Ebene angesiedelt sein könnte, wird tatsächlich in kollektiven (Märchen) und individuellen Bildern häufig bestätigt.

einem Spinnrad spann. Die freundlichen Augen der Alten schienen zu sagen, daß sie Frau H. G. schon erwartet habe. Sie forderte sie auf, ihr Herz auszuschütten, was Frau H. G. unter Tränen tat. Derweil spann die alte Frau ihren Faden ruhig weiter. Frau H. G. verstand es so, als ob sie ausdrücken wollte: «Warte nur ab, es läuft schon alles seinen Gang, ganz von allein.» Später hielt Frau H. G. ein Knäuel mit feingesponnenen Fäden in der Hand. Sie wollte es mitnehmen und sah die alte Frau fragend an. Diese bedeutete ihr stumm mit der Augensprache, sie müsse es selber entscheiden. Frau H. G. nahm das Knäuel und verabschiedete sich. Sie hatte den Einfall, daß die Alte ihr den Lebensfaden überlassen habe, damit sie ihr weiteres Leben selber in die Hand nehme. Später begegnete Frau H. G. noch einmal der alten Frau, die diesmal die Fäden in regelmäßigen Abständen abschnitt und damit ausdrückte, daß dies die einzelnen Lebensabschnitte seien, die unaufhaltsam zu Ende gingen. Der Raum war diesmal dunkler (Bild 161). Frau H. G. erfüllte die Unausweichlichkeit ihres Lebensendes nicht mit Schrecken, sie sah auch, daß auf ihrem Knäuel noch ein ziemlich langer Faden war. Sie faßte es als eine Mahnung auf, die verbleibenden Lebensabschnitte sinnvoll zu nutzen.

Auch bei dieser Begegnung erfährt Frau H. G. einen weisen Rat. Aber alles wirkt hier bewußtseinsnäher. Wir erinnern noch einmal an die verschiedenen «Ober-» oder «Dach-Stübchen», die immer die intellektuelle, die überschaubare Wirklichkeit repräsentieren: Frau H. G. soll selbst entscheiden, was sie tun möchte und ihr Entschluß, das Leben selber in die Hand zu nehmen, ist viel mehr vernunftgesteuert, als die starke, gefühls- und körperbetonte Begegnung mit ihren versteinerten Wesensanteilen in der Tiefe des Hauses.

Bild 161 Die weise Frau auf dem Dachboden

Ähnliches sahen wir auch bei Herrn B., der das Skelett eines Kindes unter der Kellertreppe fand und sich trauernd mit dem abgestorbenen Selbstanteil befaßte. Wir wiesen schon darauf hin, daß wir relativ häufig Skelette in Kellergewölben fanden. Was uns auffiel, war die Tatsache, daß es dabei nicht nur um «Trauerarbeit» ging, sondern häufig um einen Neubeginn, ein kreatives Stirb und Werde in den erdnahen Räumen.

Zwiespältig werden oft die *Treppen* (Leitern) erlebt, die zu den unteren oder oberen Räumen führen. Häufig ahnt der/die Imaginierende, daß er/ sie sich in ein fremdes, vielleicht sogar unheimliches Territorium begibt. So können wir das «Zaudern», das Bachelard den Türschwellen zuschreibt, hier gleichfalls antreffen. Nicht selten sind in der Imagination auch Türen dazwischengeschaltet, damit sich der/die Haus-Bewohner/in wie in einem Ritual von Tür zu Tür auf neue Begegnungen *stufenweise einstellen* kann. Es scheint mitunter, als sollten sich die verschiedenen Bewußtseinsebenen nicht vermengen. Die Treppe, als eigentlich verbindendes Element, kann dann eher wie eine Tabuzone das Oben und Unten trennen. Wir erinnern an Frau L. A. (s. S. 121), die sich von der verführerischen Landsknechtsatmosphäre im Keller nicht nur durch die Treppe, sondern auch durch eine Glastür abschirmen mußte. Und Frau I. S. (s. S. 126) blieb auf «halber Treppe» vom oberen geistigen zum unteren Körperraum stehen, weil sie in ihrer leib-seelischen Gespaltenheit den integrierenden Zwischenbereich nicht erleben konnte.

Wenn wir uns jetzt den unterschiedlichen Räumen zuwenden, so möchten wir mit dem «eigentlichen», dem *Wohnraum* beginnen. Er ist oft das Herz, das Zentrum des Hauses, und wir können anhand seiner Ausgestaltung viel erfahren über die Wesens-Ausstrahlung des Haus-Bewohners. Ist der Raum kaum oder kahl möbliert, vermittelt er gar Kälte und Abweisung, so muß man klären, ob dies überhaupt der eigene Wohnraum ist oder ob sich nicht die subjektiv erlebte Atmosphäre des Elternhauses (bzw. einer anderen Person/Institution) widerspiegelt. Natürlich können sich auch eigene kühle Wesenszüge eines zwiespältigen oder unzufriedenen Menschen auf diese Weise kundtun. Nicht selten erfährt man im anschließenden Szenarium, warum der/die Betreffende sich so verhalten «mußte», vielleicht nur aus einer augenblicklichen Konfliktsituation heraus. Es kann hilfreich sein, im imaginären Probehandeln eine freundlichere Atmosphäre zu schaffen, um zu merken, daß man vielleicht so abweisend gar nicht sein muß. Gardinen, Teppiche, Kissen, auch ein Kaminfeuer, Tischdecken, Blumenvasen usw. sind Beigaben, die dem Raum Wärme und Geborgenheit verleihen. Manchmal kann das Wohnzimmer eine gemütliche Atmosphäre verbreiten, während ein anderer Raum, z.B. das Schlafzimmer, auffallend dazu kontrastiert. Da pflegen Erinnerungen und assoziative Vorstellungen aufschlußreich zu sein, um spezifische Konflikte zu eruieren.

Entlarvend kann die Möblierung eines *Arbeitszimmers* (Bild 162) sein. Frau B., die sich entschlossen hatte, sich lieber ihrem leiblichen, als einem geistigen Kind zu widmen (s. S. 88), fand unübersehbare Zeichen in ihrem Arbeitsraum, die auf ihre mangelne Arbeitsmotivation deuteten: Auf dem Tisch lag kein Buch, kein Schreibblock o.ä., stattdessen schmückte ihn eine schöne Blumenvase, die eigentlich besser ins Wohnzimmer gepaßt hätte. Der Blick aus dem Fenster ging auf das faszinierende Meer hinaus und lenkte jeden Rest von innerer Konzentration nach draußen. Vor dem Tisch stand kein Stuhl – wie hätte sie hier sitzen und arbeiten können? Hatte sie sich vorher noch einreden wollen, daß sie eines Tages doch wieder zum Arbeiten kommen könnte, so wurde ihr bei diesem Raum klar, daß es dazu erheblicher Anstrengungen bedurft hätte.

Leuner (6) rechnet die *Küche* der «oral-versorgenden Sphäre bzw. der mütterlichen Repräsentanz» zu. Wir fanden z.B. bei Magersüchtigen beides, sowohl eine reich ausgestattete Küche mit verlockenden Lieblingsspeisen (die ganz andere, sich hinter der scheinbaren «Appetitlosigkeit» verbergende Bedürfnisse und Wünsche offenbarten). Daneben gab es Häuser, die nicht die geringste Andeutung einer Küche erkennen ließen und somit ein tabuiertes, verleugnetes Thema verdeutlichten. Menschen, denen das Essen und seine Zubereitung eher gleichgültig sind, finden häufig nur eine unzureichend ausgestattete Küche, die unaufgeräumt und ungemütlich wirken kann.

Der bekannte Satz von Freud (7) «Zimmer im Traume sind zumeist Frauenzimmer» muß nach unseren Erfahrungen in dieser Verallgemeinerung

Bild 162 Das unzureichende Arbeitszimmer

Bild 163 Nach der Krebsoperation: Das Schlafzimmer fliegt weg

relativiert werden. Die Sexualität spielt sich nicht nur in der Realität, sondern auch im imaginären Haus vor allem im *Schlafzimmer* ab. Hier kann die Ausgestaltung des Raumes, des Bettes, wichtige Hinweise auf sexuelle Bedürfnisse und Ängste des jeweiligen Bewohners geben: Eine relativ junge Frau, Frau A.S., mußte wegen eines Ovarialcarcinoms (Eierstockkrebs) operiert werden. Sie imaginiert im Anschluß an den Klinikaufenthalt ihr Haus auf einer Anhöhe. Beim Nähertreten fliegt das Dach und anschließend das obere Stockwerk davon (Bild 163). Blitzschnell kommt Frau A.S. der Gedanke: «Mein Schlafzimmer ist weg», und es folgt die bange Frage: «Was wird aus meiner Sexualität?» (In der Klinik hatte sie nicht nach den psychologischen Auswirkungen auf ihr Sexualleben zu fragen gewagt.) Sie war jetzt jedoch erleichtert, daß es kein Schlafzimmer in ihrem Haus mehr gab. Ins imaginierte Haus zurückgekehrt, richtet Frau A. S. sich ein neues Zimmer ein und stellt sich einen großen Spiegel vor die Couch. Er spiegelt ihr den Bauch mit einer langen Narbe wider. Mehrmals muß sie ihre Hand auf den Bauch legen, um die Narbe zu spüren und sich der Veränderung bewußt zu werden. Dabei kommt ihr der Gedanke, das ehemalige Schlafzimmer in ein gemütliches Wohnzimmer zu verwandeln. Sie schafft sich einen neuen Sessel an, hängt Bilder auf und stellt einen großen Blumenstrauß mit roten Blumen auf den Tisch. Am rechten Bildrand taucht ein Einzelbett auf: Sie wird vorerst allein schlafen (Bild 164). Die Verunsicherung ist noch zu groß und die Kinderlosigkeit ein nicht bewältigtes Thema. Frau A. S. benötigte vorerst einen Schonraum für sich selbst. Sie hat übrigens bis heute keinen Rückfall (Metastasen) erlitten. – Schlafzimmer können auch Sterbe- und Abschiedszimmer sein. Für Frau B., beispielsweise, geriet das Schlafzimmer der Großmutter zum Sterbezimmer. Sie imaginierte die sterbende Großmutter in ihrem Bett und konnte dort Abschied von ihr nehmen.

Bild 164 Aus dem Schlafzimmer wird ein Wohnzimmer

(In Wirklichkeit war die Großmutter in einer Klinik gestorben, ohne daß Frau B. die Möglichkeit hatte, in der Todesstunde bei ihr zu sein.)

Der *Flur* oder die *Diele* spielt als Vorzimmer oder auch als verbindender (Gemeinschafts-)Raum eine große Rolle bei Häuser-Vorstellungen. Hier teilt sich schon viel von der besonderen Atmosphäre des Hauses mit. Manchmal ist es dunkel, und es breitet sich eine ungewisse Angst aus. Es kann aber auch ein warmer Kamin freundlich zum Nähertreten einladen. Seltsame Geräusche und/oder Gerüche lassen Böses oder Gutes ahnen. Hier gehen die Türen zu den verschiedenen Zimmern ab, und wir können unterschiedliche Erwartungen oder Vorahnungen wahrnehmen. Unausgeräumte Kisten und Koffer im Flur (s. S. 89) können darauf hindeuten, daß das Haus noch nicht eingerichtet worden ist. Manchmal handelt es sich um eine alte, muffig riechende Diele mit knarrendem Holzboden, und man ist erstaunt, wenn dann die anderen Räume ganz modern wirken. Bei solchen Diskrepanzen ist es immer wichtig, nach weiteren Einfällen zu fragen. Die eben skizzierte Diele löste sofort die Erinnerung «Großeltern» aus, zumal ein Bild der Großeltern an der Wand hing. Das gab der ängstlich-zögernden Frau E. Z. Vertrauen und Mut, sich an die Erkundung der anderen Zimmer zu wagen, die nun aber nichts mehr mit den Großeltern zu tun hatten, sondern eigenen Vorstellungen entsprachen. Die Großeltern-Diele war nur ein hilfreicher Übergangsraum.

Die Größe eines Raumes, aber auch seine Atmosphäre, werden von den *Wänden* bestimmt. Ein Zimmer mit viel Zwischenraum von einer Wand zur anderen vermag bei dem einen ein wunderbares Gefühl der Freiheit auszulösen, bei einem anderen eher Verlorenheit und Leere. Wenn die Wände dann noch in kaltem Weiß gehalten sind, kann sich ein Schaudern vor dem Unpersönlichen ausbreiten. Kleine Räume können hingegen beengen oder auch das Wohlempfinden intimer Geborgenheit vermitteln. Da diese Eindrücke immer etwas mit den persönlichen Gegebenheiten und Eigenschaften der Hausbewohner zu tun haben, sollten wir denselben genügend Zeit lassen, ihre Empfindungen wahrzunehmen und einzuordnen.[4] In einem zweiten therapeutischen Akt mag

4 Wir erinnern an den 3. Traum (s. S. 115) von Frau T. R. und die Behutsamkeit, mit der die Wände sich zusammenfügen mußten.

es aufschlußreich sein, zu sehen, welche Veränderungen vorgenommen werden. Die Wände können versetzt, herausgeklopft werden, oder man kann neue Wände einziehen, anders streichen oder tapezieren. Man kann eine Gardine oder ein Rollo vorziehen, wenn man eine Abgrenzung braucht. Wir erinnern an Frau L. A. (s. S. 123), die sich zunächst durch Glaswände[5] von ihren Angehörigen abschirmen mußte. Das wurde noch einmal korrigiert, indem sie sich stärker durch ein heruntergelassenes Rollo abgrenzte. – Die Funktion des Haltgebens einer Wand lernten wir vor allem bei Frau I. S. (s. S. 126) kennen, die sich an der Wand festhalten mußte, um «nicht vom Raum verschluckt zu werden».

Wände werden von *Fenstern* und *Türen* durchbrochen. Sie haben uns schon bei der Betrachtung der Außen-Aspekte beschäftigt. «Türen und Fenster sind die Störenfriede des Raumes», sagt Fischer (8): «Sie gehören dem Wohnraum an, und dennoch lassen sie sich als Bestandteile der Außenwelt auffassen.» *Türen in* den *Häusern* haben oft noch andere Aufgaben als Außentüren: Sie können wichtige Aufschlüsse über den Kommunikationsstil innerhalb des Familiensystems geben. Hubschmidt (9), sowie Weber und Stierlin (10) weisen beispielsweise auf die mangelnden innerfamiliären Abgrenzungsmöglichkeiten bei Magersüchtigen hin, die sich durch nicht vorhandene Türen äußern können. Selbst bei Intim-Räumen, wie Toilette und Bad, fehlen manchmal die Türen. Wir erinnern uns an eine magersüchtige Patientin, die eine Zeitlang, während die Familie aß – anstatt mitzuessen – bei offener Tür defäzieren «mußte». Sie hatte umgekehrt bei ihren heimlichen Rohkostmahlzeiten, die sie rituell in winzigen Häppchen zu sich nahm, «so ein komisches Türgefühl»: Einerseits sollte eine Tür sie vor möglichen neugierigen Blicken schützen, andererseits fühlte sie sich hinter einer Tür immer «schrecklich ausgeschlossen». Die Angst des nicht Dazugehörens ist es wohl auch, die bei imaginären Haus-Bildern von Magersüchtigen häufig Einheitsräume entstehen läßt. Wir erinnern an Monikas Einraum-Hütte auf den Stelzen (s. S. 58). Türen innerhalb eines Hauses können auch einen «verbotenen Raum» verbergen. Oft ist das Verbotene hinter der Tür schon von außen zu spüren (die Panzer-Türen von Frau B., S. 89), und es bedarf großer Überwindung, sie zu öffnen. Bei Frau B. änderte sich darüber hinaus die zweite verbotene Tür im Aussehen. Die dunkle Farbe verwandelte sich im Moment des Erinnerns an den Schwangerschaftsabbruch in das kalte, metallene Weiß eines Operationsraumes. Bei Frau D. (s. S. 70) sahen wir auch ein unbewußtes Bedürfnis, die hellen, harmlosen Räume durch eine Tür, von dem «verbotenen», dunklen Raum zu trennen, offenbar um das Unheimliche auszugrenzen.

Fenster können die Engigkeit eines Innenraums erweitern (Luft hereinlassen) und so eine mögliche Beklommenheit lösen. Sehr häufig werden sie als Zugänge von Sonnenlicht und -wärme dankbar wahrgenommen. Wir sahen auch, daß sie einem ängstlich-mißtrauischen Hausbewohner als kontrollierende Augen dienen können (s. S. 129). Fischer (8) weist darauf hin, daß der gotische Ausdruck für Fenster «Augadauro» (=Augentor) heißt, während die lateinische Sprache mit «fenestra» (= Maueröffnung) die unspezifische Urform charakterisiert.

Einrichtungsgegenstände pflegen weitgehend den Charakter eines realen Zimmers und seines Bewohners zu bestimmen. So verhält es sich auch in imaginären Räumen, manchmal sogar noch intensiver als «in Wirklichkeit». Wir haben es erlebt, daß beispielsweise Bilder geradezu bedrohlich wirkten. Ein Kruzifix, dessen Rückseite ein Hakenkreuz trug, konnte ein lange verdrängtes Familiengeheimnis entlarven. Oder eine alte Truhe mit Tagebüchern und Fotos fing an, Geschichten zu erzählen, die in der Imagination so lebendig wurden, wie es nur mit der Einbildungskraft und nicht in der nüchternen Realität möglich ist. *Möbel* können sich als aufschlußreiche Spiegelbilder der Seele erweisen. Sie sind z.B. nüchtern, bequem, verspielt usw. Sie können aber auch Eltern-Repräsentanzen vertreten, wie bei Frau L. A. (s. S. 121). In vielen Fällen hat es sich als weiterführend erwiesen, wenn von den alten Möbeln Abschied genommen und eigene aufgestellt werden konnten. *Lampen* (evtl. Kerzen) tragen viel zum Atmosphärischen bei: Das zu helle, gleißende Licht etwa kann bedrohlich-enthüllend erlebt werden. Eine schwache, «schummrige» Beleuchtung verbreitet eher Intimität, Geborgenheit,

5 Glaswände ermöglichen eine besondere Form der Abgrenzung: Man kann sich nicht berühren, oft auch nicht hören, aber man sieht sich noch – eine mögliche, wichtige Kontrollfunktion.

Märchenstimmung. Gelegentlich kann das so entstehende «Halbdunkel» auch unheimlich wirken.

Die lebendige, einladende Atmosphäre, die von einem *Herd* oder *Kamin* ausgeht, haben wir schon erwähnt. Gelegentlich löste ein *nicht* brennender Kamin das Gefühl von Trostlosigkeit und Hoffnungslosigkeit aus. «Der Ofen ist aus», sagt man auch im übertragenen Sinn, wenn eine Situation nicht mehr zu retten ist. Manchmal ist der Herd im Beginn einer Imagination noch kalt, und es kann ein wichtiges Zeichen beginnender «Positivierung der Selbst-Identität» (Benedetti, 1) sein, wenn es dem Imaginierenden gelingt, den Herd (Ofen usw.) zum Brennen zu bringen.

Auch auf die Bedeutung von *Bildern* sind wir schon eingegangen. Besondere Aufmerksamkeit sollte man *Spiegeln* widmen. Für die Studentin Ulrike (s. S. 60), die sich lange Jahre an einer männlichen Identität orientiert hatte, war die Spiegelung ihrer weiblichen Nacktheit in ihrem Körper-Haus eine hilfreiche Bestätigung des immer noch schwankenden Selbst-Bildes. Frau H. G. (s. S. 145) hatte von der Mutter wenig Bestätigung ihrer Weiblichkeit erfahren. Sie wurde ausgesprochen unkleidsam angezogen und ermahnt, sich nicht im Spiegel zu betrachten. Das wurde als Eitelkeit abgewertet, «es gehörte sich nicht». Nachdem Frau H. G. es akzeptiert hatte, daß sie sich in einem Traum-Schloß erleben konnte, sah sie sich eines Tages im KB auch als kleines Mädchen vor einem großen Spiegel stehen. Im ersten Moment wollte sie achtlos daran vorbeigehen. Als ihre Therapeutin sie ermutigte, doch einmal hineinzusehen, entdeckte sie nicht nur ein unerwartet erfreuliches Spiegelbild, sie begann anschließend auch mit großem Vergnügen, auf dem Spiegel mit ihren Kinderhänden «herumzupatschen» und «Abdrücke zu hinterlassen». Später wurde sie ernst und erinnerte sich an Cocteaus Film Orphée, der sie vor vielen Jahren sehr beeindruckt hatte. Sie spürte in der Imagination kurzfristig eine ähnliche Spannung zwischen dem Real-Leben und der imaginären Unterwelt, die Orphée den Schritt *durch* den Spiegel wagen ließ. Frau H. G. begnügte sich allerdings mit dem Spiel *vor* dem Spiegel. «Der innere Vorgang will sich im Spiegel erfassen, um von dorther volle seelische Wirklichkeit zu werden», sagt Benedetti (1).

Der nackte Fußboden scheint für viele Häuser-Bildernde den Aufforderungscharakter zu haben, ihm mit wärmenden *Teppichen* und *Matten* auszustatten. Der «eigene Teppich» kann ein wichtiges Objekt sein, um sich in sich selbst zu Hause zu fühlen. Wir erinnern nochmals an Frau L. A. (s. S. 123) und ihren dickflorigen, grünen Teppich, auf dem sie lange Zeit ruhte und Kräfte für weitere progressive Schritte sammelte. Eine ähnliche Funktion haben *Kissen*, meist mit einem besonders intimen Charakter. In der Regel werden sie auf Stühle, Sofas oder Betten plaziert, gelegentlich auch auf dem Fußboden. Oft werden sie als verwöhnende, sich selbst etwas gönnende Beigaben erlebt. Die nie verwöhnt gewesene Frau H. G. genoß es im KB, daß die grüne Schlange ihr ein rotes Kissen zum Ausruhen auf einer Steinbank bereitet hatte (s. S. 153).

Recht geheimnisvoll können *Truhen* sein. Lange bevor Frau H. G. wagte, sich wohlgefällig im Spiegel zu betrachten, entdeckte sie auf dem Dachboden eine alte Truhe. Es war in der ersten Zeit ihrer Therapie, als sie noch große Selbst-Zweifel hatte. Die Truhe war so verstaubt, daß sie sie mit einem Lappen abputzen mußte. Langsam schälte sich in der Mitte ein Marienbild heraus, rechts im Hintergrund sah Frau H. G. eine Wasserfläche. Auf der linken Seite schien sich in einer blanken Fläche etwas zu spiegeln. Es war eine Sonnenblume, die sich eigentlich hätte spiegeln «müssen». Aber es gab kein Spiegelbild, die Spiegelfläche war beschädigt, hatte schwarze Schlieren. Frau H. G. verstand das damals nicht. Ihre spätere Spiegelbild-Szene (s. links) erklärte nachträglich, warum die Sonnenblume (ein idealisierter Selbst-Aspekt) sich nicht spiegeln «durfte», schon gar nicht unter den Augen der Gottes-Mutter. Frau H. G. öffnete später die Truhe und zog zunächst ein Stück grobes Sackleinen hervor. Je länger sie daran zog, desto feiner wurde das Gewebe. Schließlich hielt sie weiche, gelbe Seide in der Hand. Sie legte vorsichtig das gelbe Tuch um sich und spürte, wie sie lockerer wurde, sich wohl und leicht fühlte. Es war «ein Gefühl, ich sollte mich so annehmen. Aber so strahlend, so golden, das ist nicht wirklich». Dennoch schaute sie verstohlen kurz auf die spiegelnde Fläche der Truhe. Sie konnte wohl das Gelbe sehen, angedeutet auch ihre Gestalt, aber nicht das Gesicht. Sie erinnerte sich jetzt, daß, wenn sie einmal stolz auf sich war und das erkennen ließ, die Mutter sie öfter getadelt hatte: «Du hast dich mal wieder produziert.» Trotzdem behielt sie das gelbe Gewand an und erlebte ahnend, daß sie sich vielleicht eines Tages doch so «annehmen» könne, wie in dieser Szene.

Auch ein *Schrank* kann sich mit geheimnisvollen Erinnerungen offenbaren. Frau H. (s. S. 73) hatte ihr Haus bereits beim Betreten als unerwartet «tiefgründig» erlebt. Bei der Betrachtung ihres Wohnzimmers entdeckte sie einen alten, ihr fremden Schrank, der sich wie ein (Miniatur-)«Haus im Haus» darstellte (Bild 165). Es gab hier wie in einem «richtigen» Haus eine Dreiteilung der «Stockwerke». Im oberen Teil sah Frau H. links ihren Lieblings-Teddy, mit dem sie lange gespielt hatte; in der Mitte eine Spieluhr mit einem tanzenden Clown darin, ein Symbol für die hinter der Fröhlichkeit versteckte Traurigkeit. Rechts bemerkte sie noch einen Glaskelch, den sie zum Abschied nach einer für sie sehr wesentlichen Zeit erhalten hatte. Sie erlebte die Erinnerungsgegenstände als Übergangsobjekte, die zur Zeit der Imagination noch einmal wichtig für sie wurden, weil ein neuer Lebensabschnitt mit vielen Erwartungen, aber auch Ängsten vor ihr lag. In der Mitte des Schrankes gab es «lauter Kleinigkeiten» aus ihrer realen Welt (zum Teil auch aus der Arbeitswelt, wie Buntstifte oder Büroklammern) «zur Abwehr von Größenphantasien» – wie sie es interpretierte. Im unteren Teil des Schrankes erlebte sie – etwas überrascht – die Dominanz des Violett als Sinnbild ihrer zwiespältigen «emanzipatorischen Weiblichkeit». Die Kissen (dahinter verbarg sich Bettzeug) betonten ihre sexuellen Hingabewünsche, die mit konkurrierenden männlichen Anteilen in Widerspruch standen. (Die auf S. 151 erwähnte vertikale Polarisierung des Hauses wiederholte sich in ähnlicher Weise in diesem Schrank.)

So wie in dem eben beschriebenen Fall erfahren wir über irgendwelche «Kleinigkeiten» oft mehr als durch das ganze Haus. Wir möchten daher am Ende des Buches auf die speziellen Möglichkeiten der Miniaturoffenbarungen hinweisen, ohne daß es uns möglich ist, eine vollständige Aufzählung aller *akzessorischer Gegenstände* vorzunehmen. Eine Art «Haus im Haus» stellte sich auch im Bild des Vogelbauers dar, als eine Metapher der Mutter-Kind-Beziehung bei zwei werdenden Müttern (s. S. 88). Und scheinbar wie nebenbei entdeckte

Bild 165 Der geheimnisvolle Schrank

Frau B. die auf der Kippe stehende, klebrige Glasvase, die ihr – pars pro toto – ungelöste Anteile der Beziehung zur Mutter deutlich machte. Auch bei Frau M.B. offenbarte eine Vase verborgene, eigentlich nicht zu ihr und ihrem Haus passende «strenge» Wesenszüge, ein «Erbe», das sie vom Vater übernommen hatte. Eigentümlich eng und steif hinderte die Vase eine in ihr stehende Blume an der freien Entfaltung. So ähnlich hatte sich Frau M.B. manchmal an gewissen Härten des sonst so großzügigen Vaters gestoßen, und gelegentlich empfand sie die Strenge auch als einen eigenen ihr «eigentlich fremden Wesenszug», den sie gern verdrängte. Die unerwartete Konfrontation (durch die Vase) mit dieser Wesensseite war ihr jedoch hilfreich, damit sie ihre andere Seite um so deutlicher spüren konnte.

Anmerkungen

1 Benedetti, G.: Psychotherapie als existentielle Herausforderung. Vandenhoeck und Ruprecht, Göttingen, 1992.
2 Bachelard, G.: Poetik des Raumes. Hauser, München, 1975.
3a Jung, C. G.: Seele und Erde. In: Seelenprobleme der Gegenwart. Zürich, 1931. Zitiert b. Bachelard.
b – Psychologie und Alchemie. Walter, Olten, 1987[5].
4 Riedel, I.: Hans mein Igel. Weisheit im Märchen. Kreuz, Zürich, 1988[4].
5 Lurker, M.: Wörterbuch der Symbolik. Kröner, Stuttgart, 1991[5].
6 Leuner, H.: Lehrbuch des Katathymen Bilderlebens. Huber, Bern, 1987[2].
7 Freud, S.: Die Traumdeutung. GW II/III, Imago, London, 1955[3].
8 Fischer, F.: Der Wohnraum. Artemis, Zürich, 1965
9 Hubschmid, T.: Der Wohnungsgrundriß – ein diagnostisches und therapeutisches Instrument in der Familientherapie. Familiendynamik, 3, 221, 83.
10 Weber, G. und Stierlin, H.: In Liebe entzweit. Rowohlt, Reinbek, 1989.

Die Autorinnen

Hannelore Eibach, geb. 1932 in Ostfriesland. Aufgewachsen in der DDR. Medizinisches Staatsexamen 1960, Promotion 1964, beides in Göttingen, wo sie auch heute noch lebt und als Psychotherapeutin mit dem Katathymen Bilderleben in Einzel-, Gruppen- und Paar-Therapie arbeitet. Seit 1975 ist sie Dozentin am Institut für Katathymes Bilderleben, Göttingen. Neuere Arbeiten beschäftigen sich mit Tanz und Imagination in der Psychosomatischen Medizin, sowie Sterbehilfe bei Krebskranken in der Medizinischen Universitätsklinik Göttingen.

Edda Klessmann, geb. 1925 in Schleswig Holstein. Aufgewachsen in Ostpreußen. Medizinstudium in Kiel und Heidelberg (1953 Staatsexamen und Promotion). Ausbildung als Kinderärztin in der Universitäts-Kinderklinik Heidelberg. Weitere Fortbildung u.a. am Psychoanalytischen Institut in Hamburg zum Zusatztitel «Psychotherapie». In Hamburg Leitung der Psychotherapeutischen Beratungsstelle Eppendorf. – 1964 durch Heirat nach Lemgo/Lippe umgezogen. Dort in der Familien-, Ehe- und Jugendberatung des Kreises Lippe, sowie in eigener psychotherapeutischer Praxis tätig. Seit 1974 Dozentin am Institut für Katathymes Bilderleben, Göttingen.

Sophie Krietsch, geb. 1922 in Oberbayern. Gymnastiklehrerin. 1955 Bewegungstherapeutin im Psychiatrischen Landeskrankenhaus Schussenried (Oberschwaben). 1962 Weiterbildung zur Therapeutin für Funktionelle Entspannung (FE) bei Marianne Fuchs, mit Zertifikat abgeschlossen. 1977 Lehrbefugnis für FE. 1982 aus der klinischen Arbeit ausgeschieden. Seither in einer nervenärztlich-psychotherapeutischen Praxis als FE-Therapeutin in Rechtenstein. Außerdem Lehrbeauftragte für Funktionelle Entspannung.

Flora Gräfin von Spreti, geb. 1941 in Berlin. 12 Semester Studium der Malerei an der Akademie der bildenden Künste, München. Ausbildung zur Gemälde-Restauratorin, Bayerische Staatsgemäldesammlung München. Freiberuflich als Malerin und Restauratorin in München tätig. 1985–1988 Studium der Kunsttherapie in München. Seit 1988 Kunsttherapeutin an der Psychiatrischen Klinik (Akutstation) der Technischen Universität München.

Nachwort und Danksagung

Wir sind von der Unermeßlichkeit des Raumes und der Notwendigkeit, sich darin einen begrenzten Um-Raum zu schaffen, zum engeren, eigentlichen Bild des Hauses gelangt und in diesem wiederum zu intimen Enthüllungen, die zugleich umfassende Botschaften kollektiver Weisheiten sein können: «Die Dialektik des Großen und des Kleinen», wie Bachelard es nennt. Wir haben das Buch mit einigen Gedanken Bachelards begonnen und möchten es mit zwei weiteren Zitaten des Literatur-Philosophen beenden.

«Der von der Einbildungskraft erfaßte Raum kann nicht der indifferente Raum bleiben, der den Messungen und Überlegungen des Geometers unterworfen ist... Das Problem der Poetik des Hauses ergibt eine Überfülle von Fragen: Wie werden verborgene Zimmer, verschwundene Zimmer zu Wohnungen für eine unvergeßliche Vergangenheit? Wo und wie findet die Ruhe ihre bevorzugten Situationen? Wie empfangen vorübergehende Zufluchtsorte und zufällige Schlupfwinkel manchmal von unseren intimen Träumereien Werte, die keinerlei objektive Grundlagen besitzen? Mit dem Bilde des Hauses halten wir ein wirkliches Prinzip psychologischer Integration in der Hand... Die Bilder des Hauses bewegen sich in zwei Richtungen: sie sind in uns ebenso, wie wir in ihnen sind.»

Mit dieser Feststellung möchten wir die metaphorischen Häusertüren, die wir so weit wie möglich zu öffnen versuchten, wieder schließen. Wir können dies aber nicht tun, ohne vorher unseren Dank an alle, die zum Gelingen des Buches beigetragen haben, auszusprechen.

Vor allem möchten wir uns bei den Haus-Gestaltern, deren Darstellungen uns immer wieder tief beeindruckt haben, bedanken, auch dafür, daß sie uns das Material so verständnisvoll zur Publikation überließen. Einige Kolleginnen und Kollegen, die unsere «Bilder-Sammlung» freundlicherweise bereicherten und uns fachlich-klärend zur Seite standen, möchten wir hier – soweit sie im Text nicht erwähnt worden sind – namentlich dankend erwähnen: Frau Dipl.-Psych. Elke Ammann, Frau Sabine Annis, Frau Dipl.-Psych. Monika Bühl, Frau Henny de Caluwé, Frau Dipl.-Psych. Angelika Enke, Frau Dipl.-Psych. Rita Fehr, Frau Hedi Hamacher, Herr Dipl.-Psych. Ulrich Kobbé, Herr Dr. Eckard Kuhn, Frau Lore Link, Herr Dr. Dietrich Müller, Herr Dr. Heinz Schäfer, Frau Dr. Barbara Schlichte-Hiersemenzel, Frau Ebba Schmitz-Hübsch, Frau Dr. Gabriele Wilhelm.

Herrn Prof. Dr. Hiddemann, Göttingen, dürfen wir unseren besonderen Dank aussprechen für sein großzügiges Engagement, das die Drucklegung des aufwendigen Buches entscheidend unterstützte.

Herrn Dr. Peter Stehlin, dem Verlagslektor, möchten wir für die sachkundige und einfallsreiche Begleitung danken, vor allem aber auch dafür, daß er uns so geduldig in allen Krisen bei der Entstehung des Buches beigestanden hat.

Ohne die vorbildliche und zügige Arbeit der Druckerei Hubert und Co., insonderheit das Engagement von Herrn Manfred Becker, wäre die termingerechte Fertigstellung des Buches unmöglich gewesen. Auch hierfür möchten wir unseren herzlichen Dank aussprechen.

Frau Gabriele Nitsche, Lemgo, sind wir für ihre unermüdliche Bereitschaft und Zuverlässigkeit bei den Schreibarbeiten zu großem Dank verpflichtet und Frau Erika Wagener-Köhler, Lemgo, sei last, but not least noch einmal herzlich für ihr kritisches und anteilnehmendes Korrekturlesen gedankt.

Literaturverzeichnis

Vorbemerkung: Dieses Verzeichnis enthält – um der besseren Übersicht willen – nochmals alle in den Anmerkungen bereits aufgeführten Literaturangaben.

Alexander, S.: Marc Chagall. Eine Biographie. Kindler München, 1984.

Ammann, R.: Traumbild Haus. Von den Lebensräumen der Seele. Walter, Olten, 1987.

Anonyma: Verführung auf der Couch. Core, Freiburg, 1988.

D'Arcais, F.: Experientielle Psychotherapie und Katathymes Bilderleben – eine gegenseitige Annäherung. Vortrag beim 1. Internationalen Kongreß «Symbooldrama» in Noordwijkerhout, Niederlande, November 1990.

Bach, S. R.: Spontanes Malen schwerkranker Patienten. Heft 8. Geigy, Basel, 1966.

Bachelard, G.: Poetik des Raumes. Hanser-Verlag, München, 1975.

Barz, H.: Blaubart. Weisheit im Märchen. Kreuz, Zürich, 1987.

Baumgardt, U.: Kinderzeichnungen – Maltherapie: Schlüssel zum Verständnis seelischer Prozesse. In: Klosinski, G. (Hrsg.): Psychotherapeutische Zugänge zum Kind und zum Jugendlichen. Huber, Bern, 1988.
– Kinderzeichnungen – Spiegel der Seele. Kreuz, Stuttgart, 1990.

Becker, W.: Eben-Ezer. Der Turm... In: Die Waage, 3, 29, 1990.

Benedetti, G. und Rauchfleisch, U. (Hrsg.): Einleitung zu «Welt der Symbole». Vandenhoeck und Ruprecht, Göttingen, 1988.

Benedetti, G.: Todeslandschaften der Seele. Vandenhoeck und Ruprecht, Göttingen, 1991[3].
– Psychotherapie als existentielle Herausforderung. Vandenhoeck und Ruprecht, Göttingen, 1992.

Biehl, P.: Symbole geben zu lernen. Einführung in die Symboldidaktik anhand der Symbole Hand, Haus, Weg. WdL 6, Neukirchner Verlag, Neukirchen-Vluyn, 1989.

Bjerre, P.: Das Träumen als Heilungsweg der Seele. (Schwed. Original-Titel: Drömmarnas naturliga system.) Rascher, Zürich, 1936.

Boesch, E.: Kultur und Handlung. Huber, Bern, 1980.

Bollnow, O. F.: Mensch und Raum. Kohlhammer, Stuttgart, 1980[4].

Bowlby, J.: Mutterliebe und kindliche Entwicklung. Reinhardt, München, 1972. (Deutsche Übersetzung der Originalausgabe: Child Care and the Growth of Love, 1953.)

Bruch, H.: Der goldene Käfig. Fischer, Frankfurt/Main, 1980.

Cooper, J. C.: Illustriertes Lexikon der traditionellen Symbole. VEB Seemann, Leipzig, 1986. (Lizensausgabe für die BRD: Dreililien, Wiesbaden.)

Corboz, R. J. und Gnos, P. U.: Der Dreibaumtest in der Volksschule. Acta paedopsychiatr. 46, 83, 1983.

Drewermann, E.: Die kluge Else. Rapunzel, Grimms Märchen tiefenpsychologisch gedeutet. Walter, Olten, 1990[4].
– Kleriker. Psychogramm eines Ideals. Walter, Olten, 1988[2].

Dürrenmatt, F.: Der Turmbau zu Babel. In: Turmbau, Diogenes, Zürich, 1990.

Elkind, D.: Barn och unga i Piagets psykologi. Natur och Kultur, Stockholm, 1983.

Erikson, E. H.: Kindheit und Gesellschaft. Klett-Cotta, Stuttgart, 1984[9].
– Jugend und Krise, die Psychodynamik im sozialen Wandel. Klett, Stuttgart 1970.

Ermann, M. und Seifert, Th. (Hrsg.): Die Familie in der Psychotherapie. Springer, Berlin, Heidelberg, 1985.

Eschenbach, U.: Hänsel und Gretel. Das geheime Wissen der Kinder. Reihe: Weisheit im Märchen, Kreuz, Stuttgart, 1986.

Escher, M. C.: Graphik und Zeichnungen. Benedikt, Berlin, 1991.

Fillipetti, R. und Trotereau, J.: Zauber, Riten und Symbole. Bauer, Freiburg, 1987.

Fischer, F.: Der Wohnraum. Artemis, Zürich, 1965.

v. Franz, M.-L.: Traum und Tod. Was uns die Träume Sterbender sagen. Kösel, München, 1984.

Franzke, E.: Der Mensch und sein Gestaltungserleben. Huber, Bern, 1977.

Freud, S.: Die Traumdeutung. GW II/III. Imago, London, 1955[3].

Fuchs, M.: Funktionelle Entspannung. Hippokrates, Stuttgart, 1989[4].

Furth, G. M.: The Secret World of Drawings. Sigo Press, Boston, 1988. – Deutsch: Heilen durch Malen. Walter, Olten, 1991.

Grotjahn, F.: Wo Gott wohnt, ist auch der Mensch zu Hause, Radius, 3/1990.

Grünwald, M.: Raumschema. In: Koch, K.: Der Baumtest, Huber, Bern, 1969.

Grunberger, B.: Vom Narzißmus zum Objekt. Suhrkamp, Frankfurt/M., 1982.

Guggenbühl-Craig, A.: Die närrischen Alten. Betrachtungen über moderne Mythen. Schweizer-Spiegel-Verlag, Raaben-Reihe, Zürich, 1986.

Hametner, K., Meler, W. und Spiola, P.: Hundertwasser-Haus. Orac, Wien, 1988.

Hampe, J. Chr.: Sterben ist doch ganz anders. Erfahrungen mit dem eigenen Tod. Kreuz, Stuttgart, 1976[3].

Hardtmann, G.: Spuren des Nationalsozialismus bei nichtjüdischen Kindern, Jugendlichen und ihren Familien. In: Cogoy, R., Kluge, I. und Meckler, B. (Hrsg.): Erinnerungen einer Profession. Erziehungsberatung, Jugendhilfe und Nationalsozialismus. Votum, Münster, 1989.

Heimannsberg, B. und Schmidt, Ch. (Hrsg.): Das kollektive Schweigen. Nazivergangenheit und gebrochene Identität in der Psychotherapie. Asanger, Heidelberg, 1988.

Hentzen, A.: Lyonel Feininger, Aquarelle. Piper, München, 1988.

Hesse, H.: Gesammelte Werke, Gedichte. Suhrkamp, Berlin, 1947.

Hirsch, M. (Hrsg.): Der eigene Körper als Objekt. Springer, Berlin, Heidelberg, New York, 1989.

Hoghe, R.: Unser Kind starb an Krebs. «Die Zeit», 14, 4, 1982.

Hopper, E.: Vierzig Meisterwerke. Schirmer/Mosel, München, 1988.

Horn, G.: Therapie eines schwer gestörten Jugendlichen mit dem Katathymen Bilderleben. In: Leuner, H., Horn, G. und Klessmann, E. (Hrsg.): Katathymes Bilderleben mit Kindern und Jugendlichen. Reinhardt, München, 1990[3].

Hubschmid, T.: Der Wohnungsgrundriß – ein diagnostisches und therapeutisches Instrument in der Familientherapie. Familiendynamik, 3, 221, 1983.

Inhelder, B. and Piaget, J.: The Growth of Logical Thinking from Childhood to Adolescence. Basic Books. New York, 1958.

Jacobi, J.: Vom Bilderreich der Seele. Wege und Umwege zu sich selbst. Walter, Olten, 1989[3].

Jaffé, A. (Hrsg.): Erinnerungen, Träume, Gedanken von C. G. Jung. Walter Olten, 1988[6].

Jersild, P. C.: Fem hjärtan i en tändsticksask. (Fünf Herzen in einer Streichholzschachtel) Autobiographischer Roman. Bonnier Pocket, Trondheim, 1989.

Jollet, H., Krägeloh, C. und Krippner, K.: Das KB bei Objektbeziehungsstörungen. In: Bartl, G. und Pesendorfer, F. (Hrsg.): Strukturbildung im therapeutischen Prozeß. Literas, Wien, 1989.

Jung, C. G.: Seele und Erde. In: Seelenprobleme der Gegenwart. Zürich, 1931 (zitiert bei Bachelard).
– Psychologie und Alchemie. Walter, Olten, 1987[5].
– v. Franz, M. L. et al.: Der Mensch und seine Symbole, Walter, Olten, 1988[11]
– Erinnerungen, Träume, Gedanken. Siehe auch bei Jaffé.

Kafka, F.: Ein Hungerkünstler. Vier Erzählungen. Fischer, Frankfurt/M., 1988.
– Das Schloß. In: Die Romane. Fischer, Frankfurt/M., 1965.

Kaiser, E.: Wo Liebe war, ist jetzt Trauer. In: Schultz, H. J. (Hrsg.): Trennung. Kreuz, Stuttgart, 1985[2].

Kaschnitz, M. L.: Das Haus der Kindheit. Fischer, Frankfurt, 1989.

Kern, H.: Labyrinthe. Erscheinungsformen und Deutungen – 5000 Jahre Gegenwart eines Urbildes. Prestel, München, 1983[3].

Keul, A.: Housing Wishes of Austrian School Children and Young People. A pilot study of the housing savings bank «Wüstenrot» from the bulk of the 1990 future contest material.
Vom selben Autor im Druck: Inhaltsanalyse der Zeichnungen zum Thema: Wohnen beim Zukunftswettbewerb einer großen österreichischen Bausparkasse.

Kiepenheuer, K.: Die innere Welt des sterbenden Kindes. Familiendynamik, 3, 1978.

Kirchhoff, H.: Urbilder des Glaubens. Haus, Garten, Labyrinth, Höhle. Kösel, München, 1988.

Klein, P.: Tanztherapie. Eres Edition Lilienthal, Bremen, 1987.

Klemm, M., Heberle, G. und Häcker, G. u.W. (Hrsg.): Tränen im Regenbogen. Ad Tempto-Verlag, Tübingen, 1991[6].

Klessmann, E. und H. A.: Heiliges Fasten – Heilloses Fressen. Die Angst der Magersüchtigen vor dem Mittelmaß. Huber, Bern, 1990[2].

Klessmann, E.: Psychogene Polyurie – ein anachronistisches Konversionsyndrom? Z. Psychother. med. Psychol. 37, 205, 1987.

Klußmann, R.: Psychoanalytische Entwicklungspsychologie. Springer, Berlin, Heidelberg, 1988.

Kohut, H.: Narzißmus, Suhrkamp, Frankfurt/M., 1971.

Kottje-Birnbacher, L.: Strukturierende Faktoren des Katathymen Bilderlebens. Prax. Psychother. Psychosom. 37, 164, 1992.
– Erste Ergebnisse der Paar-Therapie mit dem Katathymen Bilderleben. In: Leuner, H. (Hrsg.) Katathymes Bilderleben. Ergebnisse in Theorie und Praxis. Huber, Bern, 1980.

Kris, E.: Psychoanalytic Exploration in Art. Int. Univ. Press, New York, 1952.

Kübler-Ross, E.: Kinder und Tod. Kreuz, Stuttgart, 1986.

Küchenhoff, J.: Eine Krypta im Ich. Forum Psychoanalyse, 7, 31-46, 1991.

Lander, H. M. und Zohner, M. R.: Meditatives Tanzen, Kreuz, Stuttgart, 1987.
- Trauer und Abschied. Rituale und Tanz für die Arbeit mit Gruppen. Grünewaldt, Mainz, 1992.

Landgarten, H.: Klinische Kunsttherapie, Gerardi, Karlsruhe, 1990.

Laplanche, J.: Die allgemeine Verführungstheorie und andere Aufsätze. Tübingen, 1988.

Leuner, H.: Lehrbuch des Katathymen Bilderlebens, Huber, Bern, 1987[2].
- Katathymes Bilderleben. Grundstufe, Thieme, Stuttgart, 1988[4].

Lessing, D.: Die Memoiren einer Überlebenden. Fischer, Frankfurt, 1989.

Lidz, Th.: Das menschliche Leben. Die Entwicklung der Persönlichkeit im Lebenszyklus. Suhrkamp, Frankfurt, 1970.

Lippmann, R.: Übergangsphänomene im Katathymen Bilderleben. In: Wilke, E. und Leuner H. (Hrsg.): Das Katathyme Bilderleben in der Psychosomatischen Medizin. Huber, Bern, 1990.

Löffler, H.: Das sprachliche Symbol. In: Benedetti, G. und Rauchfleisch, U. (Hrsg.): Welt der Symbole. Vandenhoeck, Göttingen, 1988.

Loos, G. K.: Spiel-Räume. Fischer, Stuttgart, 1986.

Lurker, M.: Wörterbuch der Symbolik. Kröner, Stuttgart, 1983.

Mahler, M.: Die psychische Geburt des Menschen. Fischer, Frankfurt, 1978.

Möricke, E.: Sämtliche Werke. Klassiker. K. Desch, Wien, München, Basel, 1956.

Mühlbauer, R. und Rink, H.: Himmelszelt und Schneckenhaus. Sauerländer, Aarau, 1979.

Müller-Sternberg, R.: Die Dämonen. Allegorie und Symbol. Schünemann, Bremen, 1964.

Nordström, M.: Utemiljön viktigast. Dagens Nyheter. 34, 1991.

Nemiah, J. C. and Sifneos, P. E.: Affect and Fantasy in Patients with Psychosomatic Disorders. In: Hill, O.W. (ed): Modern Trends in Psychosomatic Medicine. Butterworth, London, 1970.

Peter-Bolaender, M.: Tanz und Imagination. Junfermann, Paderborn, 1992.

Perger, W. A.: «Wände, die stören. Europawahl und europäisches Haus: Ein architektonisches Abenteuer.» Sonntagsblatt, 24, 1989.

Petersen, P. (Hrsg.): Ansätze kunsttherapeutischer Forschung. Springer, Berlin, Heidelberg, 1990.
- Schwangerschaftsabbruch - unser Bewußtsein vom Tod im Leben. In: Bernauer, U. (Hrsg.): Kinderwunsch-Wunschkind, Kathol. Akademie, Freiburg, 1991.
- Der silberne Löffel. In: Schwalm, J. (Hrsg.): Almanach deutscher Schriftsteller - Ärzte 92, Breit, Marquartstein, 1991.

Piaget, J.: Six Psychological Studies. Random House, New York, 1967.

Plaschnick, F.: Suche nach dem Seelenhaus. Frankfurter Rundschau, 14. März 1992.

Rambert, M.: Das Zeichnen als therapeutisches Mittel in der Kinderanalyse. In: Biermann, G. (Hrsg.): Handbuch der Kinderpsychologie. Bd. I, Reinhardt, München, 1969.

Rauchfleisch, U.: Die Verwendung des Symbols in der psychoanalytischen Psychotherapie. In Benedetti, G. und Rauchfleisch, U. (Hrsg.): Welt der Symbole, Vandenhoeck, Göttingen, 1988.

Reyer, E.: Häuserleben. «Die Zeit», 33, 1990.

Richter, H.-E.: Eltern, Kind und Neurose. Psychoanalyse der kindlichen Rolle. Klett, Stuttgart, 1963.
- Russen und Deutsche. Alte Feindbilder weichen neuen Hoffnungen. Hoffmann und Campe, Hamburg, 1990.

Riedel, I.: Tabu im Märchen. Walter, Olten, 1985.
- Bilder in Therapie, Kunst und Religion. Reihe «Symbole». Kreuz, Stuttgart, 1988.
- Hans mein Igel. Wie ein abgelehntes Kind sein Glück findet. Reihe: «Weisheit im Märchen.» Kreuz, Stuttgart, 1988[4].
- Farben in Religion, Gesellschaft, Kunst und Psychotherapie. Reihe: «Symbole», Kreuz, Stuttgart, 1991[9].

Rieß, G.: Traumbild Feuer. Walter, Olten, 1986.

Rust, M.: Der Riß in der Hauswand ... In: Wilke, E. und Leuner, H. (Hrsg.): Das Katathyme Bilderleben in der Psychosomatischen Medizin. Huber, Bern, 1990.

Rutschky, M.: Freud und die Mythen. In: Bohrer, K. H. (Hrsg.): Mythos und Moderne. Suhrkamp, Frankfurt, 1983.

Schiefenhöfel, W. und Eibl-Eibesfeld, I.: Jahrestagung der deutschen Liga für das Kind in Familie und Gesellschaft, 1989.

Schipperges, H.: Sein Alter leben. Herder, Freiburg, 1986.

Schultz, H. J. (Hrsg.): Trennung. Kreuz, Stuttgart, 1985[2].

Seifert, Th.: Schneewittchen. Das fast verlorene Leben. Reihe: «Weisheit im Märchen», Kreuz, Stuttgart, 1990.

Siegel, E.V.: Tanztherapie. Seelische und körperliche Entwicklung im Spiegel der Bewegung. Klett-Cotta, Suttgart, 1986.

Spitz, R. A.: Hospitalism: An Inquiry into the Genesis of Psychiatric Conditions in Early Infancy; a Follow up. The Psychoanalytic Study of the Child, 2, 113, 1946.

Stahel, N.: Das Erkennen seelischer Störungen aus der Zeichnung. Reutsch, Erlenbach-Zürich, 1969.

Tausendfreund, R.: Die Therapie einer Spätadoleszentin. In: Leuner, H., Horn, G. und Klessmann, E. (Hrsg.): Katathymes Bilderleben mit Kindern und Jugendlichen. Reinhardt, München, 1990[3].

Ullmann, H.: Übergangsphänomene und restriktive Phantasiebildung im Katathymen Bilderleben. Prax. Psychother. Psychosom. 33, 46, 1988.

Unterbruner, U.: Umweltangst – Umwelterziehung. Vorschläge zur Bewältigung der Ängste Jugendlicher vor Umweltzerstörung. Veritas, Linz, 1991.

Waiblinger, A.: Dornröschen. Reihe: «Weisheit im Märchen», Kreuz, Stuttgart, 1990[2].

Watzlawik, P.: Wie wirklich ist die Wirklichkeit. Neuausgabe bei Piper, München, 1978.

Weber, G. und Stierlin, H.: In Liebe entzweit. Rowohlt, Reinbek, 1989.

Wenk, S. L.: House-Tree-Person-Drawings. An Illustrated Diagnostic Handbook. Western Psychogical Services, Los Angeles, 1990.

v. Westernhagen, D.: Die Kinder der Täter. Das Dritte Reich und die Generation danach. Kösel, München, 1987.

Wilke, E.: Strukturauflösung und Neustrukturierung in der KB-Therapie der Magersucht. In: Bartl, G. und Pesendorfer, F. (Hrsg.): Strukturbildung im therapeutischen Prozeß. Literas, Wien, 1989.
– Leuner, H. (Hrsg.): Das Katathyme Bilderleben in der Psychosomatischen Medizin. Huber, Bern, 1990.

Willke, E.: Hölter, G. und Petzold, H. (Hrsg.): Tanztherapie, Theorie und Praxis. Ein Handbuch. Junfermann, Paderborn, 1991.

Winnicott, D.W.: Kind, Familie und Umwelt. Reinhardt, München, 1969.

Wirsching, M.: Krebs – Bewältigung und Verlauf. Springer, Berlin, Heidelberg, 1990.

Wosien, B.: Der Weg des Tänzers, Veritas, Linz, 1988.

Wosien, M. G.: Sakraler Tanz, Kösel, München, 1988.

Wurmser, L.: Die Maske der Scham. Springer, Berlin, Heidelberg, New York, 1990.

Yourcenar, M.: Die imaginären Gefängnisse des Giovanni Battista Piranesi. In: Oesterle, H. (Hrsg.): Traum. Texte und Bilder. Konkursbuchverlag, Tübingen, 1986.

Zorn, F.: Mars. Kindler, München, 1977.

Verzeichnis der Bilder

			Fallgeschichten	Seite
1.1 Häuserbilder in der Kindheit	*Bild 1*	Das «dicke Dach»	1, 2	16
	Bild 2	Das «dicke Dach» ist weg	Julika	16
	Bild 3	«Panzerhaus» Bruno		17
	Bild 4	Der «Turm» eines 3jährigen		18
	Bild 5	«Dornröschenturm» eines 13jährigen		18
	Bild 6	«Forschungslabor»		19
	Bild 7	Vaters Hausboot		21
	Bild 8	Haus des «Selbstversorgers»		21
	Bild 9	Schloß einer 7jährigen		22
	Bild 10	Jutta verläßt das schwarz-graue Elternhaus		23
	Bild 11	Das «schöne Haus»		23
	Bild 12	Der «weiße Klotz»		23
	Bild 13	Sprung in den Goldschatz	13, 14, 15, 16	24
	Bild 14	3-Bäume-Test	Max' Bilder	24
	Bild 15	Schwarzes Fensterkreuz	vor und nach	24
	Bild 16	Baumhaus	dem Unfall	25
	Bild 17	Hütte mit Häschen		25
	Bild 18	«Bach»-Haus der Einnässerin		26
	Bild 19	Wehr-Turm des Hodgkin-Kranken		26
	Bild 20	Jens, der Baumstumpf unter dem Balkon		27
	Bild 21	Anna, die schwarzen Vögel	19–25	28
	Bild 22	Felix, der Ruf aus dem Vogelkäfig	Häuser der	28
	Bild 23	Katrin, die schwarze Regenrinne	Leukämie-Kinder	29
	Bild 24	Michael, Fußball und Springseil		30
	Bild 25	Martin, 3 Häuser nehmen Abschied		30
	Bild 26	Haus unter der Erde	26, 27	32
	Bild 27	Ritt durch den Schornstein	Marco	32
	Bild 28	Vater-Mutter-Kind-Haus I	28, 29	32
	Bild 29	Vater-Mutter-Kind-Haus II	Jochen	32
	Bild 30	Wilhelms verschiedene Stockwerke		34
	Bild 31	«Kuppelhaus» als Zukunftsvision		36
	Bild 32	Kahles, erleuchtetes Haus mit Fernseher		37
	Bild 33	Blockhaus, Holzzaun, einsame Menschen		38
	Bild 34	Rakete mit grünen Zweigen		38
	Bild 35	«Brot, Salz und Wasser»	33–40	38
	Bild 36	Atomexplosion	Häuser der	39
	Bild 37	Panzer im Dachstuhl und «Mir»-Fahne	russischen	39
	Bild 38	«Goldenes Haus»	Kinder-Gruppe	39
	Bild 39	Weg durch den Todesstreifen		39
	Bild 40	Bausteine für das Europa-Haus		40
	Bild 41	Menschenkette um das Europa-Haus		40
	Bild 42	Einladung: «Kommt»		41
	Bild 43	Europa-Bus	41–48	41
	Bild 44	Buntes Zelt in der Wiese	Häuser der	41
	Bild 45	Gute und schlechte Seiten Europas	deutschen	42
	Bild 46	Welt unter der Lupe	Kinder-Gruppe	42
	Bild 47	Offene Haustür mit Müll		42
	Bild 48	Haus Europa auf einer Insel		43
1.2 Das Motiv des Hauses in der Adoleszenz	*Bild 49*	Roboter und Schloß	49–51	46
	Bild 50	Igelkugel	Caroline	47
	Bild 51	Haus am Hang		48
	Bild 52	Spinne im Haus	52, 53	49
	Bild 53	Berghaus	Beate	49
	Bild 54	Trümmer	54 Ralf	50
	Bild 55	Backofen	55 Rebecca	51
	Bild 56	Stotterer-Turm		53
	Bild 57	Feuerecke		55
	Bild 58	Krokus in der Asche	57–59	55
	Bild 59	Waldhütte	Bettina	55

			Fallgeschichten	Seite
	Bild 60	Raubtier auf dem Dach	60, 61	56
	Bild 61	«Matte» auf dem Dach	Angela	56
	Bild 62	Uneinnehmbare Burg		57
	Bild 63	Haus auf der Straße		58
	Bild 64	«Pfeilerhaus»	64–66	58
	Bild 65	«Haus im Griff»	Monika	59
	Bild 66	«Baum-Haus»		59
	Bild 67	«Oberstübchen»	67, 68	60
	Bild 68	«Bei den Nieren»	Ulrike	60
2.1 Das Motiv des Hauses im mittleren Lebensalter	*Bild 69*	Haus der Wohngruppe	69, 70	65
	Bild 70	Haus auf dem Berg	Patientin mit Anfällen	66
	Bild 71	In der Höhle	71–73	67
	Bild 72	Im Steinhaus	Frau K.	67
	Bild 73	Abgrund-Haus		67
	Bild 74	Elternhaus ohne Balkon		68
	Bild 75	Sakral-Ruine	74–77	68
	Bild 76	Ozeandampfer	Frau B.	68
	Bild 77	Fabrik		69
	Bild 78	Haus mit «Aussicht»	78–80	72
	Bild 79	Haus mit Tiger	Herr G.	72
	Bild 80	Haus als Kirche		73
	Bild 81	«Die tiefe Treppe»		74
	Bild 82	Weißes Prisma und Elternhäuser		75
2.2 Das Motiv des Hauses im höheren Lebensalter	*Bild 83*	Baum mit grüner Krone und Haus		79
	Bild 84	Der unfertige Turm des Emeritus		80
	Bild 85	Die «Gruft» von Frau J.		81
3.1 Das Haus-Bild bei Familiengründungen	*Bild 86*	Ankes Familienhaus I	86–88	85
	Bild 87	Andreas' Familienhaus I		85
	Bild 88	Ankes und Andreas' Familienhaus II		86
	Bild 89	Das versunkene Elternhaus	89–91	87
	Bild 90	Kinderzimmer	Frau Y.	87
	Bild 91	Rundes Zimmer mit Schaukelstuhl		88
	Bild 92	Madonna in der Bibliothek	92, 93	88
	Bild 93	Die verbotenen Türen	Brau B.	89
3.2 Das Haus-Bild bei Trennungen	*Bild 94*	«Versteinerung»	94, 95	92
	Bild 95	Trauer in der Krypta	Frau C. A.	92
	Bild 96	Der Riß im Haus		93
	Bild 97	Das «Trümmerhaus»		94
	Bild 98	Einsames Haus in der Steppe	98–100	94
	Bild 99	Ruine	Frau G. B.	94
	Bild 100	Haus der Hoffnung		94
	Bild 101	Stützende Hände		95
	Bild 102	Abschiedshaus		95
3.3 Das Haus-Bild bei schweren Krankheiten, Behinderungen und Tod	*Bild 103*	Das unbekümmerte Haus		97
	Bild 104	Das Haus mit dem großen Tor	103–106	98
	Bild 105	Das Haus mit schwarzem Fenster	Frau M. D.	98
	Bild 106	Das eiförmige Haus in der Frühlingswiese		98
	Bild 107	Erdhaus		99
	Bild 108	Das Bett im Zelt		100
	Bild 109	Zelt mit Trennwand und Feuerzungen	109, 110	100
	Bild 110	Todesraum im Zelt	Frau L. G.	101
	Bild 111	Engel im «Seelenfenster»		102
	Bild 112	Der Lichttunnel		103
	Bild 113	Baumallee mit Häusern im Hintergrund		103
	Bild 114	Golgatha		104
	Bild 115	Das Glashaus		104
	Bild 116	Das auseinandergerissene Haus		105

Kapitel	Bild	Titel	Fallgeschichten	Seite
3.4 Das Haus-Bild bei «Unbehausten»	*Bild 117*	Flucht	117, 118 Frau K. N.	107
	Bild 118	Die neue Welt		108
	Bild 119	Unerreichbare Häuser		108
	Bild 120	Dunkle Vergangenheit	120, 121 Frau E. P.	109
	Bild 121	Mahnmal		109
	Bild 122	Die Eltern-Kirchenhäuser	122–124 Frau G. Q.	109
	Bild 123	Leeres Haus mit Händen		110
	Bild 124	Das graue, tote Haus		110
	Bild 125	Haus mit heiligem Feuer	125, 126 Frau H. R.	111
	Bild 126	Das «Todes-Haus» wird fortgetragen		111
4.1 Das Haus in Träumen	*Bild 127*	Das Haus und die Hände	127, 128 Frau T. R.	114
	Bild 128	Das Haus und die Flügel		114
4.2 Das Haus im Katathymen Bilderleben	*Bild 129*	Unterwasser-Haus I	129–132 Frau I. G.	119
	Bild 130	Unterwasser-Haus II		119
	Bild 131	Unterwasser-Haus III		120
	Bild 132	Unterwasser-Haus IV		120
	Bild 133	Der Klingelknopf	133–138 Frau L. A.	121
	Bild 134	Landsknechtsszene im Keller		121
	Bild 135	Auf der Leiter zwischen Dach und Keller		122
	Bild 136	Eingeengt von oben und unten		122
	Bild 137	Das Vakuum		123
	Bild 138	Deckeneinbruch		123
4.3 Das Haus in Tanz und Imagination	*Bild 139*	Haltsuche an der Wand		126
	Bild 140	Höhle mit Rauchzeichen		128
	Bild 141	Wärterhäuschen		128
	Bild 142	Beobachtungsturm		128
	Bild 143	Rotes Dach und Spirale		129
	Bild 144	Blaues Erdhöhlen-Haus mit Wurzeln		129
	Bild 145	Tempel		130
	Bild 146	Schwarz-weiß-rote Dächer und KZ-Baracke		130
	Bild 147	Das geschrumpfte Hoch-Haus		130
	Bild 148	Zwillings-Haus		131
4.4 Das Haus in der funktionellen Entspannung				
4.5 Das Haus in der Kunsttherapie	*Bild 149*	Das «Augen-Haus»		136
	Bild 150	Das Indianerzelt	150, 151 Andreas	138
	Bild 151	Das leere Haus		139
5.1 Das äußere Haus-Bild und seine Umgebung	*Bild 152*	Der Zaun ist wichtiger als das Haus		142
	Bild 153	Das kleine Haus wird vom Wald beschützt		142
	Bild 154	Das ungeschützte Haus am Abgrund		142
	Bild 155	Das Haus über dem Abgrund		143
	Bild 156	Das Baum-Haus von Rainer		144
	Bild 157	Das Baum-Haus von Frau B. S.		144
	Bild 158	Das Haus mit den Elefantenbeinen		147
5.2 Das innere Haus-Bild	*Bild 159*	Keller-Höhlen		152
	Bild 160	Die Schlange im Keller		153
	Bild 161	Die weise Frau auf dem Dachboden		154
	Bild 162	Das unzureichende Arbeitszimmer		155
	Bild 163	Nach der Krebsoperation: Das Schlafzimmer fliegt weg		155
	Bild 164	Aus dem Schlafzimmer wird ein Wohnzimmer		156
	Bild 165	Der geheimnisvolle Schrank		159

Sachregister

Abenteuer, architektonisches 13
Abgrenzung 11
Abgründe 11
Ablösungsprozeß 20
Abriß 105
Abschieds-Haus 95
Abschirmungsmauer 70
Abstellkammer 143
Abstürze 19
Adoleszenz 11
Agoraphobie 141
Alexithymie 26
Alptraum-Haus 115
Altar 81, 88
alte Hexe 22, 51
Altenheim 78
Alters-Durchblick 78
Altersregression 67
Altlasten 141
Altwerden, Akzeptanz des 79
Arbeitstisch 80
Arbeitszimmer 146
Archetypen 10, 11, 75
Architektursprache 46
Asche des Hauses 55
Aspekte, männliche 10
Augadauro (= Augentor) 157
Augenhaus 135
Aus-Wege 9
ausbauen 63
Auschwitz 108
Außenseitertum 46
Ausgang 22
aushäusig 63
Aussichtsplattform 72
Aussichtsturm 73
Ausstattung des Hauses 48
Ausweg 11
Ausweglosigkeit 27
Bach-Haus 26
Backofen 51
Backsteine, rote 80
Bad 72, 157
Bahnhof 65
Bahnhofshalle 115
Balken 71
Balkon 27
Balkontür 67
Balustrade 72
Bank 67, 81
Bau, sakraler 68
Bauabschnitt 77
Bauchraum 132
Bauernhaus 65
Bauhaus-Maler 12
Bauklötze 85
Baum, beschützend 85
Baum der Erkenntnis 81
Baum-Häuser 21, 24, 33, 51
Bäume 15, 48
Baumeister 63
Bausteine 39, 70
Baustellen 9
Baustruktur 71
Bechterew-Erkrankung 74
Bedrohung 10
Behausung 48
Behausung, höhlenartige 128
Behausung, verläßliche 135
Beheimatetsein 107
Beobachtungsturm 129
Betonnischen 119
Betonsockel 67
Betonwohnsilos 35
Bett 17, 71
Bettzeug 159
Bewegungen, raumfüllende 127
Bewohnbarkeit 31
Bewohner 9
Beziehungstüren 149
Bibel 10, 29, 101
Bilder 157
Bleibe, feste 64
Bleibe 9
Block-Haus 38
Blumenfenster 69

Blumenkasten 97
Boden, aufgerissener 96
Bodenständigkeit im Tanz 131
Bodentreppe 133
Bollinger-Turm 19
Bretter, rohe 71
Bretterhaufen 73
Brüchigkeit 37
Brücke 20
Brückenfunktion 87
Bruchstücke 94
Brunnen 153
Brustkrebs 99
Bücherregale 50
Bunker 39, 50
Burg 57
Charakter, phallischer 18
Charakter, provisorischer (Zelt) 101
Charakter, provisorischer (Hütte) 25
Chemotherapie 26, 28, 97
Dach, gläsernes 105
Dach, offenes 97
Dach 9, 16, 27, 97
Dachboden 34
Dachbodenecke 49
Dächer über der Seele 36
Dachgeschoß 86, 122
Dachstübchen 11, 105
Dachterrasse 93
Deckeneinbruch 123
Defekte 26
Der goldene Käfig 64
Diele 11, 156
Domizile 51
Doppeltür 33
Drama, anthropokosmisches 10
Drei-Baum-Test 24
Dreieck 100
dritte Haut des Menschen 35
drogenabhängig 70
Durchgangs-Haus 147
Ecke 127
Ehe-Häuser 11, 94
Eigenheim 46, 47
Eigenständigkeit 47
Einfamilienhaus 54
Eingang 59
Eingang zur Höhle 32
Eingangstür 74
Einkehr, stille 78
Einsiedlerkrebs 66
Einraum-Häuser 17
Einzelbett 156
Elfenbeintürme 19
Eltern-Häuser 31
Elternbett 24
Elternhände 115
Elternhaus, Entidealisierung des 50
Elternhaus-Dach 32
Elternhaus 11, 15, 20, 27, 48, 51, 67
Endzeitvision 9
Engel 102
Erdhaus 99, 110
erdverbunden 12
Erinnerungs-Häuser 11
Erlebnis- und Entwicklungsraum, geschützter 118
Erwachsenen-Haus 136
Erwachsenenzeit 11
Es 10
Europa-Häuser 43
Fabriken 36, 42, 69
Fachwerkhaus 74
Familiengefängnis 58
Familienhaus 11, 29, 84
Familienschutt 123
Familientisch 122
Farbverlust 28
Fassade, konventionelle des Umgangs 69
Fassade des Hauses 69
Fehlkonstruktionen 77
Felsspalten 144
fenestra (= Maueröffnung) 157
Fenster, blinde 70
Fenster der Verwundbarkeit 95
Fenster 17, 19, 22, 29, 32
Fensteraugen 34
Fensterchen 51
Fensterkreuz, schwarzes 24
Fensterläden 56, 115
Fensterreihe 59
Fensterscheiben 50
Fensterscheiben, erleuchtete 107
Ferienhaus 124, 135
Fernseher 36
Festung 57
Feuer 131
Feuerstelle 110
Flur 156
Formen, rund 86
Forschungslabor 19

Frauenzimmer 155
Freiräume, innere 66
Freitod 95
Frühgestörte 127
Fundament 63, 71, 127
Funktionelle Entspannung 132
Funkturm 54
Gänge, dunkle 117
Ganzheit, psychische 19
Garten 20, 27
Gartenhaus 78
Gartentor 22
Gebäude, festungsartiges 124
Geborgenheit 78
Geborgenheit des Uterus 137
Geburtsphantasie 67
Gefängnis 37
Gefängnisse, imaginäre 11
Gefängniskomplex 71
Gefängnisleben 52
Gefängnis, moralisches 73
Gefängnis-Schloß 47
Gegenstände, akzessorische 159
Geheimgang 24
Geheimnis 15
Gelbes Haus 149
Gemäuer, bröckelndes 26
Gemeinschaftserlebnis des Tanzes 130
Generations-Ebenen 87
Gepäck 69, 115
Gerichtsgebäude 146
Geschirr 17
Gesicht 18
Giebel 27
Gitterbett 70
Glaskäfig 66
Glaskuppel 79
Glaswand 123
Gleichnisse 9
Golgatha 103
Gotteshaus 145
Gräber als Häuser des Lebens 99
Grabplatte 94
Grenze 117
Grenzenlosigkeit 127
Großstadt-Haus 32
Großstadt-Zimmer 13
Gruft 80
Grundmauern, brüchige 93
Grundriß 69
Grundstück 20
Gucklöcher 17
Hakenkreuz 89
Halle, weite 69
Halt 126
Hände 110
Haus am Berghang 49
Haus auf Elefantenbeinen 146
Haus auf Fels 63
Haus aus Fachwerk 67
Haus, bedrohtes 33
Haus bestellt haben 77
Haus, brennendes 113
Haus der Familie 16
Haus der Hoffnung 95
Haus der Kindheit 81
Haus der Todesahnung 80
Haus des eigenen Ichs 11
Haus, einsames 25
Haus, erdhöhlenartiges 129
Haus, gemeinsames europäisches 9, 36
Haus, gespaltenes 31
Haus im Haus 159
Haus, irdisches 10
Haus, leeres 58
Haus ohne Hüter 94
Haus, romantisches 20
Haus, rundes 39
Haus, schmalbrüstig 132
Haus, schönes 22
Haus, schwebendes 48
Haus, schwimmendes 13
Haus, verfallenes 34, 71
Haus, verletzliches 114
Haus, verschlossenes 111
Haus-Besucher 33
Haus-Bewohner 33
Haus-Boot 10
Haus-Front 149
Haus-Geschichte 48
Haus-Identität 16
Haus-Persönlichkeit 70
Haus-Proportionen 74
Haus-Tanz 127
Haus-Traum 114
Haus-Träume, große 75
Haus-Vorstellung im Tag-Traum 74
Haus-Vorstellung, innere 12
Hausanstrich 149
Hausbau 63

Hausbesitz 78
Hausboot 21
Häuser, anthropomorphe 18
Häuser der Einbildung 12
Häuser, nichtssagende 26
Häuser, zerstörte 78
Häuser-Entwürfe 58
Häuser-Impressionen 13
Häuser-Leben 150
Häuser-Schablonen 15
Häuser-Sprache 74
Hauserneuerung 23
Hausgemeinschaft 63
Hausgestaltung 48
Hausgründung 83
Hausidentität 18
Hausstand, eigener 59
Hausstand 84
Haustreppe 38
Haustür 22, 71
Hauswand 65
Hauswände, dünnhäutig 98
Haut als Hülle und Grenze 132
Haut, gläserne 104
Heimbewohner 65
Heizung 133
Herberge 101
Herberge, letzte 77
Herdfeuer 56
Herdfeuer im Zelt 138
Herr im eigenen Hause 12, 31, 63
Herzhinterwandinfarkt 150
Hexenhaus 54
Hinterhof 147
Hinterzimmer 133
HIV-infiziert 70
Hochhäuser 18, 36, 93, 130
Hochrisikogruppe 27
Hoffnungsseite 29
Höhle, prähistorische 10
Höhlen 11, 30, 32, 51, 128
Holzgerüst 80
Holzhaus 149
Holzhäuschen 12
Holzhütte 55
Holzzaun, undurchlässiger 38
Hospitalismus-Syndrom 111
House-Tree-Person-Test 18
Hülle 16
Hundertwasser-Haus 35
Hüterin des Hauses 61
Hütte 10, 25, 127
Hypotheken abtragen 90
Ich-Achse 133
Ich-Haus 136
Ich-Identität 12
Ich 10
Ideogramme 9
Imaginationen 97
Indianerphantasien 138
Individuation 22
Individuationsschritt 20
Informationszentrum 60
Initial-Traum 117
Initiations-Raum 146
Inneneinrichtung 20, 55
Innenhof 147
Inneres von Häusern 19
Intim-Räume 157
Irrationalität des Kellers 151
Irrenanstalt 117
Irrenhaus 149
Isolation des Hauses 22
Isolation bei Kindern 38
Isolation im Altenheim 78
Isolierung in der Gesellschaft 97
Jäger-Hochsitz 80
Jägerzaun 22
Jenseits 79
Käfig 64
Kamin 124
Kammer 53
Kammer, verbotene 64
Kanonenöfchen 133
Katathymes Bilderleben (KB) 19, 66, 71
KB-Häuser 24, 45, 118
Keller-Atmosphäre 122
Keller 19, 34, 121
Kelleretage 11
Kellergeschoß 105
Kellergewölbe 154
Kellerverlies 66
Kind, unbehaustes 107
Kind-Körper-Haus 110
Kinder, krebskranke 27
Kindergartenkollektiv 17
Kinderheim 71
Kinderphantasie, megalomane 19
Kinderzimmer 49, 134
Kindheit 11

Kindheits-Häuser 64
Kirche 109
Kirchenbau 73
Kirchenschiff 19
Kisten 89
Klang und Rhythmus 131
Klapptür 152
Klaustrophobie 141
kleines Fenster 51
Kleinigkeiten 159
Klingelknopf 17
Klingelknopf-KB 121
Klotz, weißer 23
Knochengerüst 132
Koffer 35
Koffer, unausgepackte 89
Kombinations-Haus 32
Kommunikationsmöglichkeiten 85
Konflikt auf der Instanzenebene 72
Konfliktherd 143
Königsschloß 53
Konsolidierung 56
Kontroll- und Strukturverlust 139
Kontrolltürme 128
Konturen, rechteckig 86
Körper – das bewohnte Haus 132
Körper-Haus 11, 28, 46, 59, 87, 98, 99, 127, 132
Körper-Hausbesetzung 61
Körperbehinderte 104
Körpergrenzen 126
Körperhülle 123
Krankheitsraum 100
Krebs 11, 80
Krebskranke, geheilte 105
Krebskranke 78, 97
Kreuz, geschwärztes 79
Kreuz 109
Kruzifix 89
Krypta 92
Küche 11, 21, 72, 155
Kuppel 36
Kuppelsaal 60
KZ-Baracke 130
Labyrinth 124
Lagerhalle 129
Lampen 157
Latenzalter 33
Leben, Vertikale des 98
Lebens-Haus 116
Lebensbaum 27, 81
Leere 69
Leichen im Keller 90
Leiter 122, 128
Leukämie 27, 28
Magersucht-Familie 124
Magersucht-Häuser 21
Magersucht-Türme 57
Magersüchtige 11, 127
Mahagoni-Möbel 123
Mahnmal 108
makrokosmisch 9
Mamma-Carcinom 97
Märchen 20
Märcheninterpretationen 19
Material, verdrängtes 11
Mauerfragment 95
Mauern 9, 41, 53
Mauersteine 70
Mehrfamilienhaus 49
Metaphern 9
Metastasierungsprozeß 98
mikrokosmisch 9
Mitbewohner 130
Möbel 117
Möbelwagen 89
Morbus Hodgkin 26, 31
Mutter-Erde Schoß 153
Mutter-Haus 32, 34, 74
Mutter-Kind-Dyade 84
Mutter-Turm 52
Mutterleib 32
Mütterlichkeit, bergende 10
Mutterschoß 19
Nacht-Träume 113, 118
Nähe 11
Natur-Häuser 143
Naturzufluchtsstätten 51
Neurodermitis 127
Nischen, stille 11
Noahs Arche 10
Notunterkünfte 37
Oberstübchen 60, 129
Obstipation 132
ödipale Stufe 22
Öffnungen des Körperhauses 132
Orientierung, Rechts-Links 34
Ornamente 71
Ort der Reifung 19
Ort des Unbewußten 11
Ovarialcarcinom 155

Ozeandampfer 68
Pagode 20
Panzer im Dachstuhl 38
Panzerhaus 18
Papphaus 133
Parese, psychogene 25
Parterre 11
Pflastersteine 92
Phantasie-Haus 64
Phobie 93
Polyuria nervosa 59
Primär chronische Polyarthritis 104
Prognose 25, 26
Psychose 69
Psychosomatische Manifestationen 130
Psychotische Episoden 130
Psychotische Welt 137
Pubertäts-Haus 146
Puppenhäuser 20, 46
Puppenwagen 55
Putz, abbröckelnd 70
Pyromanie 71
Quelle 153
Rahmen 136
Rationalität des Dachbodens 151
Rauch 22
Rauch, schwarzer 98
Rauchsäule 128
Raum, äußerer 126
Raum, imaginärer 10, 11
Raum, väterlich-mütterlicher 74
Raum, verfügbar und seine Grenzen 127
Raum-Zeit-Zuordnungen 34
Räume, leere 26
Raumerleben 126
Raumschema 34
Raumsymbolik 27
Realitätsgehalt 33
Rechts-Links-Symbolik 74
Reetdach 56, 67
Refugium 48
Regenbogen 87
Regenfaß 29
Regentonne 68
Regression 118, 139
Reich, eigenes 87
Reihenhaus 15
Renovierung 72
Repräsentanten des Icherlebens 12
Riß in der Haus-Wand 150
Risse 93
Roboter 46
Rohbau 64, 121
Rollo 123
Rückzug 97
Rückzugs-Häuser 11
Ruinen 19, 50, 94
Rundbogen 88
Rundraum 87
Sarg 54, 145
Schatz 15
Schaukel 22
Schaukelstuhl 60, 88
Scheiben, blind 69
Scheidung 93
Scheintüren 98
Schießscharten 54
Schiff 10
Schiff, arche-ähnliches 68
Schlafzimmer 11, 155
Schlange 101, 153
Schlangenträume 80
Schloß 18, 22, 46
Schlüssel 12, 17, 53
Schnecken-Haus 127
Schneckengehäuse 66
Schornstein 17, 22, 27, 32, 98
Schrank, alter 73
Schränke 11, 159
Schranken, unsichtbare 104
Schreibtisch 50
Schubladen 11
Schulkinder 17
Schuppen aus Stein 67
Schutthaufen 123
Schutz 37
Schutzraum 111
Schwachstelle 70
Schwangerschaftsabbruch 90, 96
Schwelle 45, 149
Schwellensituationen 111
Schwimmbad 21
Science-fiction-Vorstellungen 22
Seelen-Haus 11, 12, 20
Seelen-Fenster 28, 79, 95, 99
Seelenschlupflöcher 99
Seelen-Wohnungen 11
Seite des Lebens 100
Seitenrepräsentanz, väterlich-mütterliche 34
Selbstportrait 17, 54

Selbstrepräsentanz 15
Selbstversorger 21
Senium 11
Separations-Haus 124
Seßhaftigkeit 63
Sexualität 155
Sicherheitsschlösser 17
Sinn-Bilder 9
Skelett 19
Sofa 55
Souterrain 11
Spalt, schmaler 66
Spalt, tiefer 93
Spaltungsphänomen 70
Spiegel 10, 60, 156
Spielzeug 87
Spielzimmer 72
Spinnen-Netz 49
Spinnweben 153
Spirale 127, 129
Stachelpanzer 48
Stadium, präoperationelles 17
Standard-Motiv des KB 118
Standfestigkeit 134
Standortbestimmung 126
Statt, bleibende 111
Steinboden 66
Steine 71
Steinwände 12
Stelzenhaus 58
Sterbebegleitung 105
Sterben 30
Sterbezimmer 156
Stiege 153
Stirb und Werde 154
Streben nach Vollkommenheit 19
Strickleiter 58
trukturdiagramm der menschlichen Seele 10
ufen, morsche 132
l 48
ole der Hoffnung 28, 97
olik des Hauses 10
aum, gelenkter 118
m-Phantasie 65
23
apie, imaginative 128
pie 126
seln 150
rrn 129
Teppich 60, 81, 123
Terrasse 11, 74
Territorium, persönliches 65
Therapeuten-Dach 115
Therapeuten-Flügel 115
Tiger auf dem Dach 72
Tisch 48
Tischlampe 50
Tod, Horizontale des 98
Tod 31
Todes-Haus 110
Todesphantasien 97
Todesraum 101
Todesvorzeichen bei alten Menschen 79
Toilette 72, 157
Tor 21, 56
Torbogen 74, 98
Transzendenz 78
Trauerarbeit 67, 154
Traum-Häuser, literarische 11
Traum-Häuser 33, 63
Traum-Schloß 158
Traumschiff 21
Trennwand 100
Treppe 73, 132
Treppe der Hoffnung 129
Treppenabsatz 126
Tresor 34
Triangulierung 84
Truhen 35, 157
Trümmer 71
Trümmer-Traumhaus 94
Trümmerfeld 105
Tunnel 102
Tür 12, 29, 32
Tür zur Ewigkeit 77
Türangeln, eingerostete 133
Türen des Zauderns 149
Türen, dunkle 89
Türklinke 148
Turm 15, 51
Turm-Prävalenz 18
Turm-Symbolik 56
Turmbau zu Babel 10
Turmbewohnerin 52
Turmdasein 52
Turmgestalt 19
Turmidentität 15, 27
Turminneres 27
Turmstübchen 52

U-Boot 19
Über-Ich-Ebene 122
Über-Ich 10
Überbehütung 48
Übergangs-Häuser 69, 127
Übergangsraum 118
Übergangswohnheime 10
Überraschungs-Haus 145
umbauen 63
ummöblieren 64
Umraum 126
umziehen 64
Umzüge 77
Unbe-dacht-sein 97
Unbe-haust-sein 107
Unbewußtes, kollektives 10
Ungeborgenheit, schicksalhafte 43
Ungeborgenheit 100
Unterwasser-Häuser 22, 120
Unterwasserlabor 50
Unvollständigkeit 27
Ur-Raum 98, 115
Uröffnung 148
Urraum des Mutterleibes 143
Vater-Haus 32, 74
Veränderlichkeit, Zukunfts-Perspektive der 77
Vergitterte Fenster 29
Verkörperung von Unräumlichkeit 127
Versteinerung 92
Villa 65, 66
Vogel im Käfig 28
Vögel, schwarze 27
Vogelbauer 88, 89
Vogelkäfig 89
Vorahnung, unbewußt 81
Vorhänge 50, 89
Vorläufigkeit des Hauses 48
Vorpubertät 20
Vorschulkinder 15
Vorzeige-Fassade 150
Vorzimmer 156
Wachtraumphantasie 10
Wachtürme 39
Waffenarsenal 19
Wälder 11
Wand 59, 126
Wände, schützende 11
Wandlungsprozeß 24
Wärterhäuschen 128
Wasser-Haus 26
Weg 27
Weg aus den Trümmern 135
Weggang vom Elternhaus 20
Wegstationen, psychotherapeutische 9
Wehrturm 26, 54
Welten-Haus 9
Weltraumstation 50
Weltsicht 78
Wende 9
Wendeltreppe 53, 72, 105
Werkstatt, alt, verstaubt und unbenutzt 80
Wesen, anthropomorphisiertes 10
Wiedervereinigungs-Haus 32, 33
Wiege 81, 87, 89
Wohnsitz 63
Wohnung-haben im Körper 31
Wohnwagen 146
Wohnzimmer 21, 32, 55, 72
Wolken 29
Wolkenkuckucksheim 64
Wunsch-Häuser 11, 124
Wünsche, orale 21
Wurzeln eines Lebensbaumes 129
Zaun 20, 48
Zaun, dichter 79
Zelt 40, 101
Zelt, winddurchlässiges 100
Zeltdach 20
Zentrum des Hauses 17
Zerfall des Körperhauses 31
Zimmer, verbotenes 69, 90
Zu Hause sein 31
Zuflucht 9, 71
Zuflucht, Stätte der 81
Zufluchtsstätten 61
Zufluchtsstätte, natürliche 11
Zufluchtsstätten, regressive 144
Zuhause 30, 70
Zukunftshaus, gemeinsames 124
Zukunftshäuser 20, 45
Zukunftsseite 27
Zwischenaufenthalt 78
Zwischenwände 78